Der Umbau der Welt

Über das Buch

Vor etwa einem Jahrzehnt initiierte Peking das größte Infrastrukturprojekt der Menschheitsgeschichte. Es betrifft alle Kontinente, Australien und die Arktis ausgenommen. Was steckt dahinter? Uwe Behrens beschreibt alle Vorhaben, die laufenden wie die geplanten, und die Absichten, die damit verfolgt werden. Dabei setzt er sich gleichzeitig mit Unterstellungen und Behauptungen auseinander, die dagegen sprechen.

Über den Autor

Uwe Behrens, promovierter Logistiker, lebte und arbeitete 27 Jahre in China. Darüber berichtete er sehr kenntnisreich und kompetent in seinem Bestseller »Feindbild China. Was wir alles nicht über die Volksrepublik wissen«. Als Unternehmer und Manager war er auch beteiligt an den Anfängen der Neuen Seidenstraße. Er analysiert hier Pläne und Intentionen, die mit der *Belt and Road Initiative* verbunden sind.

Uwe Behrens

DER UMBAU DER WELT

Wohin führt
die Neue Seidenstraße?

edition ost

Inhalt

9 Vorwort

13 Die historische Seidenstraße als Vorlage
20 Jahre der Kriege und des Hungers und die Alternative
29 Die Geschichte wiederholt sich
34 Die erste Renaissance der Seidenstraße
38 Chinesischer Propaganda-Coup?
49 Investitionen auf der Neuen Seidenstraße

53 Die Neue Seidenstraße und wichtige internationale Organisationen zur Unterstützung der BRI
54 Brasilien, Russland, Indien, China und Südafrika (BRICS)
54 Die Shanghaier Organisation für Zusammenarbeit (SCO)
56 Eurasische Wirtschaftsunion (EAEU)
57 Chinesisch-Afrikanisches Kooperationsforum (FOCAC)
58 Gemeinschaft der Lateinamerikanischen und Karibischen Staaten (CELAC)
59 17+1-Initiative
62 Institutionen zur Finanzierung der BRI
63 Asian Infrastructur Investment Bank (AIIB)
64 Regionale umfassende Wirtschaftspartnerschaft (RCEP)

68 Die maritime Seidenstraße
79 Häfen der Perlenkette

95 Diverse Seidenstraßen und einzelne Abschnitte
95 Die arktische Seidenstraße
96 Russland
103 Mongolei
105 Kasachstan
112 Usbekistan
114 Turkmenistan

116 Kirgisistan
118 Tadschikistan
119 Afghanistan
122 Pakistan
124 Indien
125 Nepal
127 Iran
131 Türkei

134 Tor zur Neuen Seidenstraße, die Provinz Xinjiang

143 Wege übers Land – die Straßen der *Belt and Road Initiative* in Südostasien
148 China – Myanmar (West-Route)
149 Pan Asian Railway (zentrale Route)
151 Vietnam (Ost-Route)
152 Kambodscha
154 Philippinen
155 Indonesien
157 Bangladesch

159 Die *Belt and Road Initiative* in Afrika
163 Afrikanische Union und Chinesisch-Afrikanisches Kooperationsforum
167 Investitionen
170 Panafrikanische Freihandelszone
173 Industrialisierung
175 Landwirtschaft
176 Ausgewählte Projekte
178 Digitalisierung
180 Gesundheitswesen
181 Bekämpfung der Armut
183 Sicherheit
184 Chinas Reputation in Afrika

186 **Die Neue Seidenstraße in Europa**

198 **Lateinamerika**
204 Pazifik

205 **Digitale Neue Seidenstraße**

218 **Die Neue Seidenstraße und der Klimawandel**

226 **Die Neue Seidenstraße der Gesundheit**

234 **Die Schuldenfalle und der Neokolonialismus**

241 **Build Back Better World und Gobal Gateway**

247 **Harmonie statt Hegemonie**

Vorwort

Es gibt inzwischen eine Reihe von Publikationen zur Neuen Seidenstraße, elektronische und Printmedien berichten darüber. Und je nach Standort des Autors oder der Autorin wird entweder ablehnend oder positiv geurteilt. Es dominieren die tendenziell kritisch-distanzierenden Urteile, was wohl ursächlich darauf zurückzuführen ist, dass die Verfasser die offizielle Sicht der westlichen Staaten in Bezug auf die Volksrepublik China und deren Kommunistischer Partei teilen. Die Vorgaben des Mainstreams – die Freiheit des Wortes her oder hin – lassen wenig Raum für ein differenziertes, objektives Urteil. Und oft mangelt es auch an Sachkenntnis.

Ich reklamiere für mich, erstens frei im Denken und im Urteil zu sein, weil ich weder dem Mainstream noch irgendwelchen Vorgaben folgen muss. Und zweitens kann ich auf Kenntnisse und Erfahrungen zurückgreifen, die ich in einem halben Jahrhundert beruflicher Tätigkeit auf dem Gebiet internationaler Tansportökonomie gesammelt habe. Ich habe zum Thema studiert und promoviert und fast dreißig Jahre auf diesem Feld in der Volksrepublik China und auch in Indien gearbeitet. Ich habe in den beiden volkreichsten Staaten gelebt, die sich in Geschichte und Gesellschaft gewaltig unterscheiden. Ihre Traditionen und ihre Vorstellungen von der Zukunft habe ich ebenso kennengelernt wie deren Blick auf den »demokratischen Westen«, der sich selbst als Krönung der menschlichen Zivilisation versteht.

Kurzum, ich meine hinlänglich Kenntnisse in verschiedenen Kulturen gesammelt zu haben, die mir ein qualifiziertes Urteil erlauben. Ich kann Zustände und Entwicklungen bewerten etwa in Asien und im christlich-abendländischen Kulturkreis, in welchem der Kapitalismus geboren wurde, zur Blüte gelangte und sich im 20. Jahrhundert zum Beherrscher der Welt aufschwang.

In China leben vier Mal so viele Menschen wie in den USA und doppelt so viele wie auf unserem Kontinent Europa. Das ist eine nicht zu bestreitende Tatsache. Diese etwa 1,4 Milliarden Chinesen teilen den Wunsch aller Erdbewohner, in Frieden und Wohlstand glücklich und zufrieden zu leben. Wenn die Chinesen auch nur halb so gut leben wollen wie wir Europäer oder die Amerikaner (womit es gewiss recht unterschiedliche Vorstellungen von Wohlstand gibt), so hat dies eine logische Konsequenz: Die Volksrepublik China muss ihre Wirtschaftskraft derart steigern, dass sie am Ende die stärkste Wirtschaftsmacht der Welt sein wird. Und der Zusammenhang von Ökonomie und Politik führt zwangsläufig dazu, dass die Volksrepublik China auch eine politische Weltmacht, eine Supermacht werden wird.

Und nicht minder nüchtern und rational ist auch der Umkehrschluss. Wenn man verhindern möchte, dass also die Chinesen annähernd so gut leben können wie die Amerikaner und die Europäer, dass sie also wieder in Armut und Not vegetieren wie im 19./20. Jahrhundert – dann muss man politisch, ökonomisch und militärisch dafür sorgen, dass China sich nicht entwickelt.

Das ist keine Demagogie, sondern Realität.

Die westlichen Industriestaaten, insbesondere die USA, unternehmen alles, um Chinas Entwicklung zu be- und zu verhindern. Ein Konkurrent soll ausgeschaltet werden.

Das kapitalistische Selbstverständnis richtet sich auch gegen andere Staaten und Kontinente, aber diese Auseinandersetzung, diese Verhinderungsstrategie des reichen Westens richtet sich insbesondere gegen China. Die Volksrepublik muss eingehegt werden, um die ökonomische und damit die politische Vorherrschaft des Westens auf der Welt zu sichern.

Dabei dient die Ideologie, die vermeintliche Auseinandersetzung zwischen Demokratie und Diktatur, nur als Nebelvorhang. Und die Legitimation liefert das eurozentristische Weltbild – nämlich die Vorstellung, dass die in diesem Kulturkreis entstandene Form gesellschaftlichen Zusammenlebens als Erfolgsmodell überall praktiziert werden könnte und notfalls auch mit Waffengewalt durchgesetzt werden müsste. Die Heilslehre von *freedom and democrazy,* von *nation building,* von Menschenrechten ist die propagandistische Verhüllung ausschließlich ökonomischer Interessen. Sie schließt andere Formen gesellschaftlichen Zusammenlebens aus. Vor allem dann, wenn die kapitalistischen Eigentums- und Produktionsverhältnisse grundsätzlich in Frage gestellt und darum überwunden werden sollen.

Die Volksrepublik China geht andere Wege. Sie folgt als jahrtausendealte Kulturnation eigenen historischen wie gegenwärtigen Erfahrungen. Sie adaptiert die Überlegungen ihrer eigenen Denker wie die der ganzen Welt. Und sie nimmt auch in der Ökonomie Anleihen in der Vergangenheit. Etwa bei der Wiederbelebung der Seidenstraße – ein Begriff, den übrigens ein deutscher Geograf im 19. Jahrhundert kreierte. Damit bezeichnete der Forschungsreisende Freiherr Ferdinand von Richthofen ein Netz von Karawanenstraßen, das China und Europa miteinander verband. Mehr als anderthalbtausend Jahre lang zogen Kaufleute, Gelehrte und Handwerker von Ost nach West und von West nach Ost, um miteinander zu handeln und voneinander zu lernen. Sie überwanden über sechstausend Kilometer unter oft widrigen Bedingungen, aber zum gegenseitigem Vorteil. Verschiedene geostrategische Entwicklungen führten zum Ende des produktiven Austausch. Auch soll der »Schwarze Tod« daran mit Schuld gewesen sein – über die Seidenstraße sollen auch die Pestbakterien von Asien nach Europa gekommen sein.

Die chinesische Führung hat Vorstellungen von einer *Neuen Seidenstraße* entwickelt. 2013 stellte Xi Jinping den Auf- und Ausbau einer internationalen Handels- und Infrastruktur vor, in die – inzwischen – über 140 Staaten Asiens, Afrikas und Europas eingebunden sind. Der Plan trägt die Bezeichnung *Pinyin Yīdài Yīlù,* was so viel wie »Ein Gürtel, eine Straße« bedeutet (englisch: *One Belt, One Road,* abgekürzt mit den drei Buchstaben BRI für die inzwischen international übliche Benennung *Belt and Road Initiative*). In seiner Komplexität – bezogen sowohl auf seine räumliche Ausdehnung als auch auf die Tätigkeitsfelder – ist es das größte Infrastrukturprogramm, das es jemals in der Geschichte gab.

Im nachfolgenden Text werde ich alle Aspekte dieses Programms und die damit verbundenem Intentionen darstellen. Und mich, wie angekündigt, dem Gegenstand anders nähern als andere Autoren. Nämlich vorurteilsfrei, sachlich-kritisch, faktengestützt und frei von christlich-abendländischem Dünkel.

Uwe Behrens,
Island, im Februar 2022

Die historische Seidenstraße als Vorlage

1877 veröffentlichte Freiherr Ferdinand von Richthofen einen fünfbändigen Reisebericht über seine mehrjährigen Forschungsreisen nach und durch China. Darin benutzte er den Begriff »Seidenstraße« zum ersten Male. Er bezeichnete damit Handelsrouten, auf denen chinesische Seide aus dem Han-Reich (206 v. u. Z. bis 220 u. Z.) nach Zentralasien transportiert worden war.

Obwohl der Kartograph nicht einmal alle Verkehrsverbindungen betrachtet hatte, übernahmen andere Forscher und Wissenschaftler diese Bezeichnung für ein in Wahrheit ganzes Geflecht von Handelsrouten und trugen damit ihren Teil zum Mythos über den sagenhaften Reichtum im Osten bei. Wie eben auch zu Narrativen über die Verbreitung von Religionen, von politischen und militärischen Allianzen.

Was wir im Allgemeinen unter dem Begriff »Seidenstraße« verstehen – nämlich eine Route, eine Verkehrsverbindung von A nach B und dergleichen –, trifft sowohl zu, ist aber auch irreführend. Tatsächlich existierte eine Vielzahl von Transportwegen zwischen Asien, Zentralasien und Europa, auf denen Waren gehandelt wurden und über die sich Kulturen und Religionen ausbreiteten. Sie waren das Band, das geopolitische und geostrategische Allianzen begründen half. Erste historische Belege und archäologische Beweise über den Handel von chinesischer Seide zwischen China und dem heutigen Europa reichen zurück bis 1200 v. u. Z., es war die Zeit der Shang-Dynastie (1766–1046 v. u. Z.) In Ägypten fand man eine in Seide gehüllte Mumie, die dreitausend Jahre alt war. Das bedeutete, dass bereits damals Handelswege von Fernost nach Ägypten existierten.

Historiker datieren die Erfindung der Seidenproduktion auf 3000 Jahre v. u. Z. und gehen davon aus, dass mit der Domestizierung des Kamels als Reit- und Lastentier ein interkontinentaler Handel möglich wurde. Mit den Persern und später den Turkvölkern traten Vermittler zwischen Ost und West in die Geschichte.

Schriftliche Aufzeichnungen über den Verlauf der Routen liegen aus der Zeit der Han-Dynastie vor. Angefertigt hatte sie der chinesische Gesandte Zhang Qian (gestorben 113 v. u. Z.), der im Auftrage des Kaisers nach Zentralasien reiste, um mit – im heutigen Gebiet Usbekistans und Afghanistans lebenden – nomadischen Stämmen Allianzen gegen die »Hunnen« – eine Gruppe zentralasiatischer Reitervölker – zu schließen. Aus seinen Berichten wissen wir, dass der Handel über viele Handelsstationen, Oasen-Städte, kulturelle, religiöse und politische Zentren lief. Es ist anzunehmen, dass ein Ballen Seide mehrere Jahre unterwegs war, zwischendurch den Eigentümer mehrmals wechselte, bevor sich in Rom die aristokratischen Damen damit schmücken konnten.

Diese traditionelle Han-Dynastie-Route verlief von der damaligen chinesischen Hauptstadt Chang'an (heute Xi'an), über Wuwei, durch den Hexi-Korridor, über Dunhuang und Turpan in der Wüste Gobi, nach Urumqi in der heutigen Provinz Xinjiang und weiter durch das kasachische Grasland. In der Oasenstadt Dunhuang teilte sich die Route nach Süden und nach Norden, beide führten um die Wüste Taklamakan herum. Die eine ging weiter über Kaschgar, Samarkand, Buchara nach Mali im heutigen Iran. Von dort zogen die Händler nach Teheran, Bagdadad bis nach Rom und später Venedig.

Die andere Route führte über Kaschgar südlich über das Karakoram nach Islamabad im heutigen Pakistan.

Während der Han-Dynastie entwickelte sich der Handelsaustausch mit den Völkern Zentralasiens und mit Europa geradezu sprunghaft. Er war natürlich auch ein Instrument außenpolitischer Bemühungen. Deshalb tauschte man nicht nur Waren – Seide, Jade, Porzellan –, sondern auch Waffen, mit denen sich militärische Bündnisse und freundschaftliche

Allianzen bilden ließen. Der Handel vollzog sich nicht auf einer Einbahnstraße, es flossen nicht nur Gold und Silber aus dem Römischen Reich ins Reich der Chinesen. Nach Europa kamen etwa auch Pferde asiatischer Rassen und Obstsorten aus Europa nach Asien, beispielsweise die Wassermelone (Xigua, was »Westmelone« bedeutet) und die Tomate (Xihongshi, das heißt »rote Frucht aus dem Westen«).

Die etwa vierhundert Jahre der Han-Dynastie gelten als die klassische Ära der antiken »Seidenstraße«. Zu jener Zeit existierten am Mittelmeer, in Mesopotamien, in Persien, in Zentralasien und in China große Imperien, die die Handelsrouten absicherten. Mit dem Erstarken verschiedener nomadischer Völker und dem Verschwinden von Imperien wurde der Verkehr auf der »Seidenstraße« zunehmend unsicherer und gefährlicher. Belegt ist dies beispielsweise durch eine Reise des chinesischen Mönchs Zhang Qian, die er im Jahre 147 v. u. Z. im Auftrage des chinesischen Kaisers nach Zentralasien antrat. Er kehrte erst nach dreizehn Jahren zurück und verlor alle 98 Mitglieder seiner Delegation.

Die Geschichte der »Seidenstraße« spiegelt sehr gut die These wider, dass dem Handel stets Kulturen und Religionen folgen. Schon vor der Zeitenwende breiteten sich griechische und persische Religionen nach Zentralasien aus – die Säulen von König Ashoka, der im 3. Jahrhundert v. u. Z. das erste indische Großreich begründete, weisen Inschriften in Griechisch und Aramäisch auf. Vom Westen nach Osten kamen die griechischen Götter und die persischen Religionen, später auch der Buddhismus, das Christentum sowie der Islam. Umgekehrt erschien im Westen das Gedankengut der chinesischen Philosophen und das Wissen der Chinesen von der Herstellung des Papiers und des Schießpulvers.

Der griechische Historiker Herodot (480–429 v. u. Z.) erwähnte die Kontakte, und in chinesischen Museen kann man griechische Kunstwerke bewundern, die in Gräbern in den Wüstenoasen Turfan und Dunhuang gefunden wurden. Eine nicht unbedeutende Rolle spielte auch Alexander der Große, der griechische König und Heerführer, der 336 v. u. Z. bis nach

Indien marschierte und mit dessen Herrschaft das Zeitalter des Hellenismus in Europa begann. Zu jener Zeit verbreitete sich über die »Seidenstraße« auch der Buddhismus bis nach China.

Der Untergang der Han-Dynastie und des Römischen Reiches führten zu einem deutlichen Rückgang des Handels auf der »Seidenstraße«. Es gab praktisch nur noch Tauschhandel – *barter trade* genannt – zwischen den Oasen und nomadisierenden Stämmen des zentralasiatischen Graslandes. Erst während der Tang-Dynastie (618 bis 907 u. Z.) konsolidierte sich die Macht Chinas wieder, und der Handel nahm wieder zu.

Von außerordentlicher Bedeutung für die weitere kulturelle Entwicklung Chinas war die Reise des chinesischen Mönchs Xuan Zhang nach Westen. Zwischen 630 und 643 reiste er über den chinesischen Teils der »Seidenstraße« durch Afghanistan, Indien bis nach Sri Lanka und zurück über den Seeweg nach Südchina. Er sammelte buddhistische Schriften, die bis dahin in China noch nicht bekannt waren. Xuan Zhang brachte 657 Texte mit, die er im Auftrage des Kaisers übersetzte. In der Folge verbreitete sich der Buddhismus rasant, was von der daoistischen Führungsschicht in China akzeptiert wurde. Die buddhistischen Grotten in Kuche, Turpan oder Dunhuang lassen uns heute die Aktivitäten auf der »Seidenstraße« erahnen. Die mehreren Hundert Höhlentempel nahe der Stadt Dunhuang, bekannt als Mogao-Grotten, gehören zum Weltkulturerbe.

Im 9. Jahrhundert erschien der Islam auf der Weltbühne. Es entstanden im westlichen Teil der »Seidenstraße« verschiedene Kalifate, die sich zwar gegenseitig bekämpften, aber trotzdem den Warenaustausch förderten.

Die Ausbreitung des Islams nach Osten wurde gestoppt durch eine kriegerischen Auseinandersetzung zwischen einer islamischen und einer chinesischen Armee 751 u. Z. bei Taras, im heutigen Kirgisistan gelegen. Es war der Höhepunkt eines Jahrzehnte andauernden Konfliktes zwischen Arabern und Chinesen. Und es war, wie sich aber erst später erweisen sollte, eine der Entscheidungsschlachten der Weltgeschichte: Dadurch zog der Islam in die Turkvölker, weshalb heute Zentralasien zur islamischen Welt zählt.

Die Schlacht, die von zeitgenössischen Chronisten nahezu unbeachtet blieb, weil sie militärisch eher unbedeutend war, führte nicht nur zur Abgrenzung der beiden Reiche und Welten, sondern auch zum Ende des Handels. Im 10./11. Jahrhundert konsolidierte sich der westliche Teil der »Seidenstraße« so weit politisch, dass zumindest dort der Handel reaktiviert werden konnte. Wegen der mongolischen Eroberungen in Europa konnte er sich allerdings nicht durchgehend entwickeln. Das änderte sich erst mit der Herrschaft von Dschingis Khan (1162–1227), der durch die Festigung seines Reiches die »Seidenstraße« wieder sicherer machte.

Die Mongolen restaurierten die alten Mauerbauten, die schon seit Jahrhunderten China gegen die westlichen Reitervölker schützten, und reaktivierten die Karawansereien, in denen Händler sicheren Schutz fanden.

In jener Zeit bereisten Händler wie Marco Polo und Francesco Pegolotti, Missionare wie Johannes Plano di Carpine oder Wilhelm von Rubruck diese Route und brachten wundervolle Berichte nach Europa. Ihre Schilderungen begründeten den Mythos der sagenhaften »Straße in den Orient«, von mit Palmen gesäumten Oasen, goldenen Tempeln, von schönen Haremsdamen und Moscheen mit leuchtenden Kuppeln.

Während der Yuan-Dynastie (1279 bis 1368) lebten viele Nicht-Asiaten aus Europa im mongolisch beherrschten China. Die Gesellschaft war hierarchisch in vier Klassen eingeteilt: in Menschen mit farbigen Augen, in Mongolen, in Nordchinesen und in Südchinesen. Die Stellung Marco Polos am chinesischen Hofe war keine außergewöhnliche Besonderheit, er gehörte schließlich zur ersten Klasse, zu den Menschen mit farbigen Augen.

Wiederholt reisten Missionare der Franziskaner (dem römisch-katholischen Bettelorden) und der Dominikaner (ein in Spanien gegründeter Predigerorden) über die Routen der »Seidenstraße«. Ihnen verdanken wir viele Berichte, die Aufschluss über die damals sehr rege Handelstätigkeit mit Seide und Gewürzen geben. Im 14. Jahrhundert (1368) endete die Yuan-Dynastie, das Mongolen-Reich brach zusammen, wofür die Historiker mehrere Ursachen ausgemacht haben. Wesentlich war die Unfähigkeit, ein Weltreich dauerhaft zu verwalten, zweitens die Pest, die den Fernhandel zum Erliegen brachte, drittens mehrere Naturkatastrophen und viertens verschiedene Aufstände in Zentralchina.

Die Ming-Dynastie, die der Mongolen-Herrschaft folgte, wandte sich dem seeseitigen Handel zu und setzte auf Diplomatie. Vermutlich war das die Reaktion auf Timur (oder Tamerlan), ein islamischer Militärführer aus Samarkand (heute Usbekistan), dessen Reiter und Bogenschützen auf Kriegselefanten ein Territorium nach dem anderen eroberten und den Handel über die »Seidenstraße« zum Erliegen brachten. Timur besiegte die mongolischen Herrscher der Goldenen Horde an der Wolga, eroberte Damaskus und Bagdad und schuf eines der größten, wenn auch kurzlebigsten Reiche, die jemals in Zentralasien existierten. Dabei erlangte er den Ruf eines skrupellosen Eroberers, der die Bevölkerung in den unterworfenen Gebieten zu Hunderttausenden ermorden ließ.

Unter Zhu Di (1402–1424), dem zweiten Ming-Kaiser, segelten die legendären Dschunken-Flotten des Admirals He bis nach Afrika. Sie knüpften diplomatische Kontakte und organisierten Handelsverbindungen zum heutigen Sri Lanka, Bangladesch, Indien, Pakistan und dem Iran. Auf sieben Reisen zwischen 1405 und 1433 führte He große Flottenverbände. Auf der ersten Reise sollen es 62 Schiffe mit 28 000 Mann Besatzung gewesen sein. Das Ziel der Reisen war der Handel, aber auch die Einforderung von Tributen und diplomatischer Unterwerfung der angesteuerten Territorien. Aufgrund der hohen Kosten und der daraus folgenden Unruhen in China wegen der zunehmenden Steuerbelastung – die Seereisen mussten schließlich finanziert werden – stellten die Ming-Kaiser diese Expeditionen ein. Es begann eine Politik der Abschottung gegenüber dem Rest der Welt.

Knapp hundert Jahre später, 1514, erreichten portugiesische Schiffe das Reich der Ming-Kaiser. Diese hatten inzwischen die Flotte abgewrackt, aber die Große Mauer auf- und ausgebaut, ein deutliches Symbol des Rückzuges und der Abschottung. In Europa befand man sich im Übergang vom Mittelalter in die Neuzeit, eine sich über drei Jahrhunderte hinziehende Epoche, in der man die kulturellen Leistungen der griechischen und römischen Antike wiederbelebte, weshalb man diese Kulturepoche später als Renaissance bezeichnete. Sie kreierte ein neues Menschenbild, das sich von dem bisher in Europa gepredigten unterschied, aber auch anders war als das Verständnis von Individuum und Gesellschaft und deren Beziehungen in anderen Teilen der Welt.

Dass ausgerechnet segelnde Portugiesen China als Erste über den Seeweg erreichten, war keineswegs zufällig.

Der vierte Sohn des portugiesischen Königs – der Nachwelt bekannt als Heinrich der Seefahrer (1398–1460) – machte sich in der ersten Hälfte des 15. Jahrhunderts auf, die Welt zu entdecken und für die portugiesische Krone zu erobern. Das war der Beginn der europäischen Expansion. Ihm folgte schließlich Vasco da Gama, der 1498 den Seeweg nach Indien »entdeckte« (im Unterschied zu Kolumbus segelte er um Afrika und landete wirklich in Indien). 1513, andere Quellen schreiben 1515, landete Jorge Alvares an der Mündung des Perlflusses auf der Insel Lintin. Es folgten im Jahrestakt weitere Besuche, 1557 ließen sich die Portugiesen in Macau nieder, das sich bald zum Zentrum des portugiesischen Handels in Ostasien entwickelte. (1999 wurde Macau an China zurückgegeben.)

Wegen der unsicheren Verhältnisse auf dem Landweg verlagerte sich der interkontinentale Warenaustausch immer mehr aufs Wasser. Auf der ursprünglichen »Seidenstraße« verkehrten allenfalls Geographen und Historiker sowie Kunst- und Grabräuber.

Die von den chinesischen Kaisern angeordnete und konsequent durchgesetzte Abschottung illustrierte ein Schreiben Kaisers Qian Long an den englischen König Georg III. aus dem Jahr 1793: »Wie Euer Botschafter selbst sehen kann, besitzen wir bereits alles. Ich messe fremden oder ausgefallenen Dingen keinerlei Wert bei und habe keinen Bedarf an den Erzeugnissen Eures Landes.«

Von den Religionen, die über die »Seidenstraße« gekommen waren, hatte lediglich der Buddhismus als eine nicht monotheistische Religion in China nachhaltigen Einfluss, da sie sich mit den Lehren des Konfuzianismus, mit dem Daoismus und asiatischen Lebensformen vereinbaren ließ. Während der Ming-Dynastie (1368–1644) entstand der »chinesische« Buddhismus, geformt und verbreitet vom Philosophen Zhou Dun Yi. Er floss in das chinesische Bewusstsein ein und schlägt sich auch in den Überlegungen zur Neuen Seidenstraße erkennbar nieder.

Jahre der Kriege und des Hungers und die Alternative

Am 14. Oktober 2021 veröffentlichte die Welthungerhilfe, wie schon in der Vergangenheit, ihren Welthungerindex. Die Zahlen waren in den letzten Jahren wieder deutlich gewachsen, nachdem sie sich angeblich seit 1990 halbiert hatten. Weltweit, hieß es, hungerten 2020 etwa 811 Millionen Menschen, weitere 41 Millionen seien vom Hunger bedroht. Die Politiker und die Journalisten der westlichen Demokratien zeigten sich angesichts der Tendenz überrascht, fanden aber auch gleich eine Begründung: die Corona-Pandemie und der Klimawandel.

Zweifellos haben diese Faktoren zur Verschlechterung der Lebensbedingungen eines erheblichen Teils der Weltbevölkerung beigetragen, aber sie sind wohl kaum die wesentliche Ursache.

Der seinerzeitige deutsche Entwicklungshilfeminister, der sich vermutlich nicht grundlos im Herbst 2021 aus der Bundespolitik zurückzog, erklärte dazu, dass täglich 15 000 Kinder verhungerten und nannte dies zutreffend »Mord«. »Hunger ist Mord, weil wir die Technik haben und das Wissen«, womit er meinte, dass es sich also um eine Unterlassungssünde handele. Mit rund 40 Milliarden zusätzlich pro Jahr sei eine Welt ohne Hunger bis 2030 möglich. »Warum tun wir es nicht? Weil der politische Mut fehlt«, so der CSU-Politiker. Da hatte er nicht Unrecht: Es fehlt der Mut, das kapitalistische System zu überwinden. Denn dieses System der Unterdrückung und Unterwerfung, der rücksichtslosen Ausbeutung aller Ressourcen im Interesse des Profits, ist ursächlich dafür verantwortlich, dass global gehungert wird.

Natürlich sorgt der Klimawandel auch dafür, dass Felder verdorren und die Wüsten wachsen, dass Ernten im Hagel untergehen und Sturzfluten ganze Landstriche verwüsten. Aber nicht deshalb bleiben Felder unbestellt und fliehen Menschen aus ihrer Heimat, um ihr Leben und das ihrer Kinder zu retten, sofern sie nicht Hungers oder im Kugelhagel sterben wollen. »Die Zahl der Menschen, die weltweit vor Krieg, Konflikten und Verfolgung fliehen müssen, war noch nie so hoch wie heute«, hieß es Ende 2021 von der UNHCR, der Flüchtlingshilfsorganisation der UNO. Und sie nannte 85 Millionen Menschen weltweit, die auf der Flucht seien. Und eine zweite Zahl hieß: eine Million. So viele Kinder seien zwischen 2018 und 2020 als Flüchtlinge geboren worden und starben möglicherweise bereits wieder.

Der United Nations High Commissioner for Refugees nannte als Fluchtursachen nicht etwa Klimawandel und Pandemie, sondern an erster Stelle: Kriege und Konflikte. Und er nannte Syrien, Afghanistan, Jemen, Irak und afrikanische Staaten sowie – in Europa – die Ukraine. In acht von den genannten zehn Ländern mit sehr ernster oder gravierender Hungersituation werde geschossen und getötet. Dafür aber gibt es keine wetter- und klimabedingten Gründe. Man muss also die Frage prinzipiell stellen: Wer führt Kriege und wozu?

Die zentrale Schlussfolgerung des Berichtes der Welthungerhilfe laute darum: Ein integrierter Einsatz, der Frieden und resiliente Ernährungssysteme zusammen denkt, kann sowohl Ernährungssicherheit als auch Frieden fördern.

Dem ist unbedingt zuzustimmen. Und vielleicht sollte man in diesem Kontext auch an die ersten beiden sogenannten Umsturzdekrete erinnern, die am 8. November 1917 – am Tag nach der Machtübernahme durch die russischen Bolschewiki – verabschiedet wurden. Das erste war das Dekret über den Frieden, womit die sofortige Aufnahme von Friedensverhandlungen mit allen kriegführenden Ländern erklärt wurde, und das zweite das Dekret über Grund und Boden, in welchem das Land zum »Allgemeingut aller, die darauf arbeiten«, erklärt wurde. Diese ersten beiden Gesetze einer antikapitalistischen Gesellschaft machten nicht nur den engen Zusammenhang von Frieden und Ernährung deutlich, sondern fußten auch auf der Einsicht, dass die bisherige Art des Wirtschaftens die Menschheit in den Abgrund treiben würde.

Kriege beginnen immer mit Lügen. Sie werden mit Behauptungen gerechtfertigt, mit Phrasen und Unterstellungen. Das reicht von vermeintlichen Überfällen (auf den deutschen Sender Gleiwitz 1939, auf US-Kriegsschiffe im Golf von Tonkin 1964) über Bedrohungen (durch die Existenz von Massenvernichtungswaffen im Irak 2003, den »Hufeisenplan« in Jugoslawien 1999) bis hin zum Vorwand, reaktionäre Diktaturen überwinden und demokratische Staaten bilden zu wollen (Afghanistan, Syrien).

Dabei geht es immer nur um Einflusssphären, um Märkte und Ressourcen, um die Durchsetzung eigener nationaler Interessen. Die USA als größte und stärkste Wirtschafts- und Militärmacht ist dabei besonders rücksichtslos, das erklärt vielleicht auch, weshalb sie das wurden, was sie sind. »America first« war, wie irrtümlich angenommen wurde, keine Erfindung von Präsident Trump.

Am 23. Januar 1980 erklärte US-Präsident Jimmy Carter, das es im vitalen Interesse der USA liege, wenn die Vereinigten Staaten die Erdölproduktion im Nahen und Mittleren Osten kontrollieren. Ein Angriff auf diese Interessen werde gegebenenfalls mit Waffengewalt abgewehrt und zurückgeschlagen. Mit dieser Maßgabe unterstützten die USA 1979 den Machtwechsel im Irak, fünf Monate nach der islamischen Revolution im Iran und wegen der Unionspläne mit Syrien, die Bagdad hegte. Der Mann der USA hieß Saddam Hussein, er war das Hätschelkind des Westens. 1982 strich man den Irak von der Liste der Terrorstaaten und rüstete ihn auf im Krieg gegen die »Ayatollah-Diktatur« im Iran. In den achtziger Jahren importierte kein Land der Welt so viele Rüstungsgüter wie der Irak – oder im Umkehrschluss: In kein anderes Land lieferte der Westen so viele Waffen wie in den Irak und sicherte sich dadurch die Kontrolle über die wichtigste Erdöl-Region der Welt.

Allerdings verfolgte der von Saddam Hussein geführte Staat zunehmend eigene Interessen und versuchte diese in der Region auch mit militärischer Gewalt durchzusetzen. Nicht zuletzt die wirtschaftliche Auszehrung des Irak durch den acht Jahre währenden Krieges gegen den Iran, den sogenannten Ersten Golfkrieg (1980–1988), führte zum nächsten Krieg. Der Irak stand mit etwa 80 Milliarden Dollar im benachbarten Kuwait in der Kreide und hoffte mit einer Begrenzung der Erdölexporte den Weltmarktpreis zu steigern, um durch die Mehrerlöse seine Schulden bei den arabischen Nachbarn tilgen zu können. Angeblich steigerte Kuwait seine Ölproduktion, was zur Invasion irakischer Truppen führte. Das wiederum veranlasste die USA ihrerseits, militärisch zu intervenieren. Dafür besorgte sie sich mit Unwahrheiten im UN-Sicherheitsrat die Legitimation der Völkergemeinschaft: Die USA präsentierten »Beweise« für das barbarische Vorgehen der irakischen Truppen, die sogenannte »Brutkastenlüge«. Die Idee dazu war von einer Werbeagentur entwickelt worden. Am Ende stand eine Militärkoalition von 34 Staaten – in der die USA drei Viertel der 660 000 Soldaten stellte. Dieser Zweite Golfkrieg (von Januar bis August 1991) diente nicht nur der Erprobung neuer Waffentechnik und Munition (so wurden erstmals uranabgereicherte Geschosse – Depleted Uranium, DU, verwandt). Es war auch der erste Schritt zur Errichtung einer neuen Weltordnung unter der Führung der letzten verbliebenen Großmacht. Der Ostblock war dabei sich aufzulösen und dessen Führungsmacht, die Sowjetunion, schickte sich an, die politische Weltbühne zu verlassen.

Und auch der Dritte Golfkrieg wurde mit einer Lüge losgetreten, um Saddam Hussein loszuwerden und den Irak endgültig unter amerikanische Vormundschaft zu bringen. Die vorgebliche Existenz von chemischen und biologischen Waffenarsenalen, vom US-Außenminister präsentiert, lieferte die Begründung für einen Präventivkrieg durch eine »Koalition der Willigen«. Diesmal versagte jedoch der UN-Sicherheitsrat das Mandat für eine militärische Intervention. Nachdem der US-Präsident im März 2003 den irakischen Staatschef ultimativ aufforderte, das Land binnen 48 Stunden zu verlassen, und Saddam Hussein dieser Forderung natürlich nicht nachkam, wurde Bagdad bombardiert. Von Kuwait und Jordanien aus drangen amerikanische und britische Truppen auf die Hauptstadt vor, Saddam Hussein, auf den ein Kopfgeld von 25 Millionen Dollar ausgesetzt worden war, wurde nach Verrat festgenommen und als offizieller Kriegsgefangener der USA arretiert. Nach Jahresfrist machte man ihm den Prozess, er wurde zum Tode durch den Strang verurteilt und am 30. Dezember 2006 gehenkt.

Massenvernichtungswaffen wurden keine gefunden. Die Besatzungstruppen zogen 2011 ab und ließen ein zerstörtes Land zurück, 2020 forderte das irakische Parlament den Abzug aller noch verbliebenen US-Truppen aus dem Irak ...

Im Prinzip kaum anders endeten Aufstände und Proteste in arabischen Staaten im Nahen Osten und in Nordafrika, die Ende 2010 begannen und als Arabischer Frühling bezeichnet wurden. Was als Aufbruch in die Moderne, als *Regime Change* oder *Nation Building* deklariert wurde, endete meist in Chaos und Bürgerkrieg. Und das wiederum bedeutete Tod und Zerstörung, Hunger und Not, Flucht und Vertreibung. Die letzte Katastrophe registrierte die Welt, als sich im Sommer 2021 – nach zwanzig Jahren gewaltsamer *Nation Buildung* – die USA geradezu fluchtartig aus Afghanistan zurückzogen. Es folgten auch die internationalen Truppen, darunter auch deutsche Soldaten. Die Taliban proklamierten das Islamische Emirat Afghanistan und eliminierten die wenigen Fortschritte. Wobei es ein Irrglaube ist, dass die USA zwei Jahrzehnte zuvor ihre Militärmaschinerie nach Afghanistan geschickt hatten, um dort Brunnen zu bohren, Schulen zu bauen und Mädchen und Frauen eine gleichberechtigte Teilnahme am gesellschaftlichen Leben zu ermöglichen ...

Afghanistan war (und ist) von außerordentlicher strategischer Bedeutung, da es – zwischen Russland und China gelegen – gleichsam den Eingang zu Zentralasien darstellt und als Militärbasis Zugriff auf beide Staaten ermöglicht. Allerdings scheiterten die USA daran, diesen Brückenkopf dauerhaft in ihre Globalstrategie einzubauen, wie schon die Sowjetunion nach zehn Jahren ihr Vorhaben beenden musste, das in Stammeskonflikten sich zerfleischende Afghanistan zu befrieden. Die Mujaheddin und Taliban, vornehmlich von den USA gegen die sowjetischen Truppen aufgerüstet, kehrten sich nach deren Abzug gegen ihre einstigen Gönner. Diese kapitulierten also nach zwanzig Jahren und überließen ihnen das Feld mit den bekannten Folgen. Seit die Alimentierung des Landes durch den Westen wegfiel, Infrastruktur und Verwaltung zusammenbrachen, befindet sich das Land am Abgrund. Millionen Menschen hungern und haben keine Perspektive.

Geostrategisch ist das Land nunmehr für die USA bedeutungslos geworden, daher wuchs zwangsläufig das Interesse an benachbarten Staaten wie Turkmenistan, Usbekistan, Tadshikistan, Kirgisistan und Kasachstan. Nicht von ungefähr kam es Anfang 2022 dort zu ersten Unruhen, die aber – auch mit militärischer Unterstützung Russlands – rasch beendet wurden.

Die Region bleibt für die USA von großer Bedeutung in deren inzwischen zum Hauptkonflikt erklärten Auseinandersetzung mit der Volksrepublik China. Dass dieser überhaupt entstand, hängt im Wesentlichen mit der Fehleinschätzung Washingtons zusammen, als zu Beginn der siebziger Jahre der Brückenschlag zu Peking erfolgte. In der seit Ende der fünfziger Jahre geführten ideologischen Auseinandersetzung zwischen Moskau und Peking – die bis zu militärischen Grenzkonflikten am Ussuri führte – glaubten die USA, China als Partner gewinnen zu können. Zudem führten sie seit Jahren einen ebenso sinnlosen wie barbarischen Krieg gegen Vietnam, den sie auch mit Hilfe der Chinesen beenden wollten. US-Präsident Nixon reiste 1972 nach Peking und vereinbarte nicht nur die diplomatische Anerkennung, sondern akzeptierte auch die Ein-China-Politik Pekings. Das wiederum hatte zur Folge, dass Taiwan seinen

Platz im UNO-Sicherheitsrat für die Volksrepublik räumen musste. Bei diesem politischen Schachzug schwang die Annahme der Amerikaner mit, dass nach der Öffnung Chinas und mit den 1978 begonnenen Reformen das volkreichste Land der Erde sich auf einen »guten« kapitalistischen Weg machen werde. Staatseigentum wurde privatisiert, eine kapitalistische Klasse entwickelte sich. Ein ungebremstes Wachstum der Wirtschaft setzte ein. China fügte sich in die von den USA dominierte Weltordnung ein.

Die dennoch ungebrochenen Bekenntnisse der chinesischen Führer zur kommunistischen Gesellschaftsordnung wurden ignoriert und allenfalls belächelt. Was nicht der erste Fehler Washingtons war. Es sollte auch nicht der letzte Irrtum bleiben. Unter Generalsekretär Jiang Zemin (1989–2002) nahm die Kapitalisierung der ökonomischen und sozialen Beziehungen auf allen Ebenen der Gesellschaft zu. Unter seinem Nachfolger Hu Jintao (2002–2012) wurde dagegen bereits angegangen. Dennoch nahmen das rein quantitative Wirtschaftswachstum auf Kosten der Umwelt und die Ungleichheit zu. Der Kurswechsel setzte 2012 mit dem XVII. Parteitag ein und ist mit der Person Xi Jinping verbunden, der damals zum Generalsekretär gewählt worden war. Die bisherige Politik erfuhr eine deutliche Korrektur. So wechselte man zunehmend von der expansiven, typisch kapitalistische Massenproduktion zu einer qualitativ hochwertigen und umweltfreundlichen Produktion mit anspruchsvollen Innovationen. Peking begann eine »kontrollierte Marktwirtschaft« und nahm stärker am Weltmarkt teil. Gleichzeitig wurden die Sozial- und Verteilungssysteme ausgebaut und der Kampf gegen die Korruption forciert, wurde begonnen, alle signifikanten Nebenwirkungen der kapitalistischen Markwirtschaft entschlossen und mit spürbarer Konsequenz zurückzudrängen und abzubauen.

Zunächst schien der neue Generalsekretär dem Westen in seiner Entschlossenheit zu gefallen. Zumal er sich auch von den Vorgängern durch sein manierliches Auftreten unterschied, er war offen und zugänglich. Glich also in gewisser Weise Gorbatschow, mit dem der Westen seinerzeit positive

Erfahrungen gemacht hatte. Dieses neugierige Wohlwollen änderte sich schon bald, als unter dem neuen Generalsekretär Schritte unternommen wurden, die den Einfluss auf Chinas Wirtschaft und Gesellschaft von außen reduzierten und beschränkten. Die ausländischen Medien wurden zunehmend kontrolliert oder – wie Google – gar abgeschaltet, eine »Firewall« im Internet errichtet. Die eigene Währung wurde nicht dem internationalen Finanzmarkt geöffnet und damit der Kontrolle des US-Dollars unterworfen. Es war erkennbar: Die Volksrepublik öffnete ihre Ökonomie und Finanzwirtschaft nur in dem Maße, wie sie es für die Entwicklung der eigenen Produktivkräfte erforderlich hielt. Der nationale Markt wurde nicht, wie in kapitalistischen Ländern üblich, dereguliert, es geschah das Gegenteil: Der Staat und dessen regierende Partei sorgten mit Reformen dafür, dass das gesteuerte Wachstum dem Wohlstand aller zugute kam und kommt. Auf diese Weise wurden mehrere Hundert Millionen Menschen aus der Armut geholt.

Diese vermeintlich protektionistische Wirtschaftspolitik kollidierte mit den Prinzipien der Welthandelsorganisation (WTO), der die VR China 2001 beigetreten war, weshalb beide Seiten erhebliche Kompromisse eingingen. Die USA und die anderen westlichen Länder gaben in der Erwartung nach, einen »Wandel durch Handel« in China zu erreichen. Das erwies sich als irrtümliche Spekulation, weshalb sich die Beziehungen zu China zunehmend abkühlten. Das zeigte sich auch in den Darstellungen der Volksrepublik, ihrer Politik und Wirtschaft in den westlichen Medien. Herrschte dort jahrelang das Stereotyp von der billigen Werkstatt der Welt vor, der Markenpiraterie und der Massenproduktion, so machte dieses Bild bald einem anderen Platz. China schicke sich an, die Welt zu erobern, hieß es nun. Mit ökonomischer Macht, flankiert durch eine militärische, dränge China mit Gewalt an die Weltspitze. Das sei eine Bedrohung der freien Welt, der Demokratien schlechthin. Aus dem freundlichen Herrn Xi wurde alsbald der »Diktator«, aus dem chinesischen Vielvölkerstaat ein Völkergefängnis, das nationale Minderheiten unterdrückte und internierte. Die Volksrepublik war fortan eine Diktatur, deren vorangiges Ziel in der Unterdrückung der Demokratie und der Menschenrechte im Innern sowie in einer aggressiven Expansion nach außen bestünde. Was im Widerspruch zu der kolportierten These steht, dass China sich abschotte und auf Distanz zur Welt und den internationalen Institutionen gehe.

Die westliche Propaganda setzt auf Unkenntnis und Demagogie, auf Vorurteile und tradierte antikommunistische Ressentiments, die – nimmt man nur Deutschland – seit den Bismarckschen Sozialistengesetzen von 1878 gepflegt werden. Mit ihnen zog Hitlerdeutschland 1941 in den Eroberungs- und Vernichtungskrieg gegen die Sowjetunion. China war zu weit weg, wenngleich der Faschist Hitler schon in seinem ideologischen Machwerk »Mein Kampf« auch die Chinesen als den »minderen Rassen« zugehörig erklärte – der Chinese sei »rassisch gleich dem Neger«. Die heutige antichinesische Propaganda bewegt sich auf anderem Niveau, ist allenfalls punktuell rassistisch konnotiert – wir erinnern uns, als die ersten Corona-Fälle in Wuhan publik wurden und der Virus sich in der Folgezeit weltweit ausbreitete, sprach man da und dort von der »chinesischen Seuche«. (»Wie schlimm ist die neue China-Seuche?«, titelte noch vor Ausbruch der Pandemie die BILD am 9. Januar 2020.)

Propaganda ist die Begleitmusik zur Durchsetzung politischer und ökonomischer Interessen, Medien sind Resonanzboden und Verstärker in einem. Die NATO erklärte auf ihrem 2021er Gipfel China (wie auch Russland) zur Bedrohung, damit folgte das transatlantische Bündnis sowohl der Vorgabe des US-Präsidenten Biden als auch der Presse der »freien Welt«, die sich seit Jahren mit wachsender Lautstärke auf das sogenannte China-Bashing verlegt hatte. Die Bemühungen insbesondere der USA zur Neuordnung der Welt, womit die Durchsetzung der eigenen nationalen Interessen gemeint ist (»America First«), erfahren in den Mainstream-Medien Zustimmung und Unterstützung. Allerdings, auch das gehört zur Wahrheit, nimmt die Zahl der Kritiker an dieser in Gut und Böse geteilten Weltsicht zu – ohne dass sich dadurch der politische Umgang mit China (und Russland) grundsätzlich änderte. Aber die Frage »Wer bedroht wen?« – China den Westen oder der Westen China – wird immerhin schon gestellt und damit die einseitige Schuldzuweisung infrage gestellt, die seit Jahren erfolgt. Die Außen- und Sicherheitspolitik der Volksrepublik – zu der durchaus auch das Konzept der Neuen Seidenstraße rechnet – ist nicht vergleichbar mit dem aggressiven politisch-ökonomischen Vorgehen imperialistischer Staaten. Und was bei der Darstellung in den westlichen Medien keine Rolle spielt – womit wir wieder beim Ausgangspunkt sind, nämlich die Lüge als Anfang aller Kriege, denn halbe Wahrheiten sind ganze Lügen –, soll hier ausdrücklich festgehalten werden: Es gibt kein zweites Land, das vom westlichen Kolonialismus ausgebeutet und durch imperialistische Kriege verwüstet wurde und in den vergangenen Jahrzehnte seine Produktivkräfte derart entwickelt hat, dass eine Existenzsicherung und ein bescheidener Wohlstand *für alle* möglich ist. Und das eben nicht auf Kosten anderer Völker, durch deren Ausbeutung und Unterdrückung, durch direkte oder indirekte Kriege. In China herrschen Stabilität und innerer Frieden. Es sind keine paradisischen Verhältnisse, noch bestehen soziale Unterschiede und werden gesellschaftliche Konflikte ausgetragen. Aber es entwickelt sich eine erkennbar alternative, eine spürbar menschlichere Gesellschaft als in den kapitalistischen Staaten der Welt. (Denn das sind – was gelegentlich aus dem Blick gerät – nicht nur die wenigen reichen Industriestaaten des Nordens.)

Deshalb ist China eine »Bedrohung«.

Die Geschichte wiederholt sich

Der amerikanische Diplomat Georg Kennan verfasste 1946 zwei Dokumente, das »Lange Telegramm« und den »X-Artikel«, die die Blaupause für den Kalten Krieg gegen die Sowjetunion nach dem Zweiten Weltkrieg darstellten. 2021 publizierte der Thinktank »Atlantic Council« – eine 1961 gegründete Denkfabrik zur

Unterstützung der US-Führung in internationalen Angelegenheiten – ein Dokument, das mit dem Kennan-Papier vergleichbar ist. Darin sind die strategischen Grundsätze für den Umgang der USA mit China fixiert. »The longer Telegram – Toward A New American China Strategy« ist es betitelt. Im Kern ist »Sowjetunion« im Kennan-Papier lediglich durch »China« ersetzt worden.

Das Kennan-Dokument ging vom Ungleichgewicht in der Welt nach dem Zweiten Weltkrieg aus. Die USA hatten den Krieg gewonnen und sollten diese Vormachtstellung behaupten, indem sie andere Nationen an deren Aufstieg hinderten, um sie als Konkurrenten zu verhindern, sie in Abhängigkeit zu halten oder sie in ein solches Verhältnis zu bringen. Die neue Weltordnung sollte die alten globalen kapitalistischen Machtverhältnisse – unter der Führung der USA! – zementieren.

Das Strategie-Papier des »Atlantic Council« von 2021 gründet auf den gleichen Vorstellungen, die Autoren fassten diese in drei Punkten zusammen.

Erstens: China verfüge »seit langem über eine integrierte, operative Strategie für den Umgang mit den Vereinigten Staaten. Die Vereinigten Staaten haben bisher keine solche Strategie gegnüber China«. Deshalb müsse, *zweitens,* eine solche entwickelt werden. »Die US-Strategie und -Politik gegenüber China muss sich auf die Bruchlinien zwischen Xi und seinem inneren Kreis konzentrieren – mit dem Ziel, ihre Ziele und ihr Verhalten und damit ihren strategischen Kurs zu ändern«. Und *drittens* schließlich: »Das wichtigste Ziel der US-Strategie sollte darin bestehen, Chinas herrschende Eliten zu dem Schluss zu bringen, dass es in Chinas bestem Interesse liegt, weiterhin innerhalb der von den USA geführten liberalen internationalen Ordnung zu agieren statt eine rivalisierende Ordnung aufzubauen, und dass es im besten Interesse der Kommunistischen Partei Chinas liegt, nicht zu versuchen, Chinas Grenzen zu erweitern oder ihr politisches Modell über Chinas Grenzen hinaus zu exportieren.«

Das alles kommentiert sich selbst und bedarf keiner Erläuterung. Allenfalls des Hinweises, dass Appelle zum Selbstmord, gerichtet an einen politischen »Rivalen«, noch nie in der Geschichte erfolgreich waren.

China war von Kolonialmächten etwa zweihundert Jahre lang ausgebeutet und unterdrückt worden und hatte 1949 sein koloniales Joch abzuwerfen begonnen. Das Kaiserreich war reich an Rohstoffen, aber militärisch und wirtschaftlich schwach. Das britische Imperium versuchte die chinesischen Zentralprovinzen von Shanghai, den Jangtse entlang bis nach Sichuan, einschließlich Tibet bis an die Grenze zu Indien zu beherrschen. Frankreich drängte nach Südchina, um es an Indochina anzuschließen. Russland versuchte die Äußere Mongolei und Teile der Mandschurei zu erobern, Japan wiederum die ganze Mandschurei und die Innere Mongolei.

Nachdem Russland vom schwachen Kaiserreich China 1,5 Millionen Quadratkilometer Land erpressen konnte, bedienten sich die anderen Großmächte ebenfalls. Es wurden »Ungleiche Verträge« zwischen dem Reich der Mitte und »westlichen« Fremdmächten geschlossen, die vielfältige Souveränitätsbeschränkungen auf den Gebieten der Politik, der Verwaltung und der Gerichtsbarkeit vorsahen – also Unterwerfungsurkunden darstellten. So der Vertrag von Nanking 1842 mit Großbritannien, der Vertrag von Humen 1843 – ebenfalls mit der britischen Krone, der Vertrag von Wanghia 1844 mit den USA, mit Frankreich im gleichen Jahr, mit Russland 1858 sowie der Vertrag von Tianjin, 1858 mit Frankreich, Großbritannien, USA und Russland. Dem schloss sich zwei Jahre später die Pekinger Konvention an mit Russland, Frankreich und Großbriannien. 1861 trat erstmals Preußen auf den Plan. Es folgten im Laufe der nächsten Jahrzehnte weitere demütigenden Vereinbarungen, so 1901 der Xinchou-Vertrag mit einer Achtstaatenallianz, bestehend aus Großbritannien, USA, Russland, Frankreich, Deutschland, Italien, Österreich-Ungarn sowie Japan. Ihm traten später noch Spanien, die Niederlande und Belgien bei.

China wurde zu einem Protektorat der Großmächte. Die Einfuhr westlicher Produkte und die Beherrschung der chinesischen Wirtschaft durch die westlichen Kapitalisten führten zum totalen Niedergang der chinesischen Ökonomie, dem Verlust jeglicher sozialer Sicherung und des traditionellen chinesischen Leben. Der Lebensstandard sank ins Bodenlose.

Die USA, an der Zerteilung des Landes unbeteiligt, spielten sich als Beschützer chinesischer Interessen auf. Nach der Eroberung der Philippinen 1898 verstanden sich die USA ebenfalls als eine Macht in Asien, konnten sich allerdings nicht militärisch und wirtschaftlich gegen die Europäer durchsetzen. Dennoch forderten sie eine Politik der »Offenen Tür« und bestanden auf der Öffnung der Handelshäfen und der Märkte Chinas für den »freien Handel«. Die Politik der »Offenen Tür« gestand allen mit China Handel treibenden Großmächten gleiche wirtschaftlichen Rechte zu und sollte allen einen freien Zugang zu chinesischen Häfen sichern. Das war auf der internationalen Kongo-Konferenz 1884/85 in Berlin fixiert worden, wobei es dort vornehmlich um die völkerrechtliche Anerkennung von Kolonialbesitz ging.

Nach dem Ersten Weltkrieg, der die Kolonialmacht Deutschland Geschichte hatte werden lassen, sollte die Politik der »Offenen Tür« fortgesetzt werden, die »Ungleichen Verträge« behielten ihre Gültigkeit, obwohl in Versailles die 1912 nach amerikanischem Vorbild gegründete »Republik China« die Rückgabe ihrer besetzten Gebiete forderte. Die bislang von Deutschland besetzten Territorien in der Provinz Shandong (Kiautschou) gingen an Japan.

In den zwanziger Jahren kam es zu einer Reihe von militärischen Auseinandersetzungen, die chinesischen Bürgerkriegsparteien wurden von verschiedenen auswärtigen Mächten unterstützt. 1938 intervenierte das japanische Kaiserreich und installierte den Marionettenstaat Mandschukuo. Im Kontext des Zweiten Weltkrieges nahm die Sowjetunion die in der Antihitlerkoalition getroffenen Vereinbarungen wahr und beteiligte sich in Fernost an der militärischen Niederschlagung des faschistischen Japan. Dadurch verschoben sich auch die Machtverhälnisse in China, was der chinesischen Volksarmee unter Mao Zedong sowohl die Befreiung des Landes als auch die Gründung eines eigenen Staates, der Volksrepublik China, ermöglichte.

Die ersten Jahrzehnte waren schwer. Einerseits litt das Land erheblich an der Rückständigkeit als Folge der kolonialen Ausbeutung und Unterdrückung. Andererseits gab es erhebliche Entwicklungsprobleme, die von eigenen Fehlentscheidungen rührten. Erinnert sei nur an die Politik des Großen Sprungs und die Auswirkungen der Kulturrevolution. In dieser Phase war China keine Herausforderung für die USA und die übrige »westliche Welt«. Nach der Phase, in der Washington meinte, Peking als Bundesgenosse gegen die Sowjetunion gewinnen zu können – was sich als Fehleinschätzung herausstellen sollte –, nahm die wirtschaftliche Entwicklung Chinas Fahrt auf. Die Ende der siebziger Jahre von Deng Xiaoping eingeleiteten Reformen und die Öffnung des Landes führten dazu, dass die Volksrepublik zunehmend erstarkte und zu einer realen Herausforderung für die USA wurde. Die durch den Untergang der Sowjetunion verschwundene Bipolarität in der Weltpolitik und die alleinige Dominanz der übriggebliebenen Supermacht USA währte allenfalls zwei Jahrzehnte, dann hatte sich eine neue Bipolarität entwickelt. 2011 erklärte US-Präsident Obama den asiatischen Pazifikraum zum neuen strategischen Schwerpunkt. Dieser geostrategische Kurswechsel – Washingtons »Privot to Asia« – ist einzig auf die Niederringung der größten Herausforderung des US-Kapitalismus seit dem Untergang der Sowjetunion und ihrer Verbündeten gerichtet: die Volksrepublik China. Wobei in den US-Denkfabriken bei der theoretischen Begründung und politischen Legitimierung der unternommenen und noch zu tätigenden Schritte auf Überlegungen zurückgegriffen wird, die vor über hundert Jahren etwa von Sir Halford John Mackinder, einem britischen Geostrategen, formuliert worden waren. Der schwadronierte bereits über eine »Gelbe Gefahr« für Europa. Man müsse eine eurasische Allianz zwischen Europa und Russland oder China und Russland verhindern.

Die Hauptbühne der geopolitischen Auseinandersetzungen (»Center Stage for 21st Century: Rivalry in the Indian Ocean«)

sieht nicht nur der renommierte US-Publizist Robert D. Kaplan in der indopazifischen Region. Dort würden inzwischen neunzig Prozent des Welthandels und zwei Drittel der Energietransporte abgewickelt. Die Küstengebiete Eurasiens zu beherrschen sei, so auch der niederländisch-amerikanische Stratege Nicolas J. Spykman (1893–1943), ein Schüler von Machinder, der Schlüssel, um Eurasien von außen zu dominieren. »Es gibt keine Sicherheit, wenn man genauso stark ist wie ein möglicher Gegner. Sicherheit liegt darin, ein bisschen stärker zu sein«, erklärte er 1942. »Die Machtbalance, die man wünscht, besteht in der Neutralisierung anderer Länder, die dem eigenen Staat ermöglicht, die entscheidende Macht und die entscheidende Stimme zu sein.« So Spykman in »America's Strategy in World Politics: The United States and the Balance of Power«.

Die Volksrepublik China reagiert ambitioniert auf die Politik der Einkreisung, wie sie von den USA und ihren Verbündeten gegenüber der Sowjetunion im Kalten Krieg praktiziert wurde und nun gegen Russland und China wird. Dazu gehören nicht nur militärische Maßnahmen, sondern auch wirtschaftspolitische wie etwa die Neue Seidenstraße. China zeigt sich entschlossen, seine geopolitischen Ambitionen zu verteidigen und durchzusetzen, wie es die USA im 20. Jahrhundert im atlantischen Raum taten – mit einem wesentlichen Unterschied: Dies ist nicht mit dem missionarischen Eifer verknüpft, ihr Gesellschaftsmodell weltweit verbreiten zu wollen.

Die erste Renaissance der Seidenstraße

Bereits in den 1960er Jahren kam es mit dem Containerverkehr zu einer Neubelebung der Verkehrs- und Handelsverbindungen zwischen Europa und den asiatischen Ländern China, Korea und Japan über die Transsibirische Eisenbahn. In Japan war ein neuer Industriezweig entstanden, die Elektronik-Industrie, deren Erzeugnisse auf den europäischen Markt gebracht werden mussten. Da lag es nahe, den Transport über die Transsibirische Eisenbahn (TSR) zu organisieren. Der Seeweg bis nach Hamburg war etwa 20 000 km weit, über Land waren es nur etwa 8000 km und darum etliche Tage kürzer.

Die Transportmengen nahmen stetig zu, weshalb die Beförderung von Waren auch über den Seeweg nicht minder interessant wurde, zumal die Einführung standardisierter Container den weltweiten Handel erheblich beschleunigte. Der traditionelle Umschlag von Stück- und Schüttgütern entfiel, es mussten nicht mehr die Güterwagen aufwendig be- und entladen werden. Und auch das Umspuren an den sowjetisch-chinesischen Grenzbahnhöfen konnte durch den Einsatz genormter Großraumbehälter vereinfacht werden. In China wie in Europa war die Spurweite der Bahn 1435 mm, in der Sowjetunion 1520 mm, was es an den Grenzbahnhöfen erforderlich machte, alle Güter Waggon für Waggon umzuladen oder die Waggons »umzuspuren«. Überdies verfügten die Wagen der sowjetischen Staatsbahn über andere Kupplungen. Zur Umladung kam noch die Bearbeitung bzw. Übersetzung der Frachtdokumente.

Der Handel mit verplombten, standardisierten ISO-Containern – gemäß englischer Maße 20 oder 40 Fuß lang (etwa sechs oder zwölf Meter), acht Fuß (knapp zweieinhalb Meter) breit und hoch – bedeutete im grenzüberschreitenden, interkontinentalen Handel einen Quantensprung. Ich selbst war für die DDR in einem in Basel ansässigen internationalen Logistikdienstleister tätig. »Intercontainer« organisierte den Vor- und Nachlauf des Warentransports über das Territorium der Sowjetunion, also den Verkehr zwischen China und Europa. Der Güterverkehr lief über drei Routen:

a) von Nord- und Ostchina über die chinesisch-sowjetische Grenze bei Manchouli/Zabaikalsk über Chita in Sibirien nach Moskau und weiter über Belorussland nach Mitteleuropa;

b) von Nord- und Ostchina über die chinesisch-mongolische Grenze nach Irkutsk und Moskau und weiter nach Westeuropa;

c) von Mittel- und Westchina über die chinesisch-kasachische Grenze bei Alashankou/Drushba (heute Khorgos) über

Kasachstan nach Moskau und von dort wie üblich weiter in Richtung Westen.

Der Umfang der Transporte war anfänglich relativ bescheiden. 1979 betrug er 62 000 TEU, was »Twenty-foot Equivalent Unit« bedeutet, auf deutsch Zwanzig-Fuß-Standardcontainer. Das ist die global gebräuchliche Einheit zur Zählung genormter ISO-Container. Das war das Ladungsvolumen von einigen wenigen Vollcontainerschiffen. Kurzum: Der Güterverkehr auf der Schiene aus Fernost nach Westeuropa blieb auch nach Einführung der Container bescheiden und marginal. Nach dem Zusammenbruch der UdSSR ging er noch weiter zurück, schließlich kam der transkontinentale Gütertransport über die Transsibirische Eisenbahn völlig zum Erliegen.

Er erfuhr eine Reaktivierung durch Peking, als Staatspräsident Xi Jinping die Idee von einer Neuen Seidenstraße publik machte. Die Transsibirische Eisenbahn über den sibirischen Grenzübergang Manchouli/Zabaikalsk, über die Mongolei und die Routen über Kasachstan erfuhren im Kontext der Belt and Road Initiative neue Aufmerksamkeit.

In der ersten Phase des Ausbaus wurden die Bahnübergänge an den chinesischen Grenzen auf beiden Seiten mit Krananlagen ausgebaut und insgesamt modernisiert. Auch der belorussisch-polnische Übergang wurde erneuert. Die kommerzielle Behandlung der Frachtdokumente wurde digitalisiert und vereinfach, die Zollabfertigung zwischen den nationalen Eisenbahnen im Rahmen der Digitalisierung durchgehend angepasst.

Bereits 2018 verkehrten etwa 1300 »Container-Ganzzüge« mit bis zu 60 TEU zwischen chinesischen und europäischen Bahnhöfen. Das waren aber lediglich zwei Prozent der zwischen China und Europa transportierten Güter. Die Planungen für 2020 sahen die Steigerung auf rund 8000 Züge mit einer halben Million Containern vor. Stattdessen waren es 2021 mehr als doppelt so viele: etwa 20 000 Züge mit fast einer Million Container. Das lag im Wesentlichen an dem elftägigen Stau, den die im Suezkanal auf Grund gelaufene EVER GIVEN im Frühjahr 2021 verursacht hatte. Die Blockade der Seestraße durch das vierhundert Meter lange Containerschiff stoppte 422 Frachter und brachte fast die gesamte Weltwirtschaft zum Erliegen. Dadurch mussten Warentransporte umdisponiert werden. Hinzu kam die globale Pandemie, die zu Produktionsausfällen und Lieferengpässen führte.

Unter den modernisierten Bedingungen erwies sich der Bahntransport zeitlich dem Transport über See überlegen. Ein Container braucht auf der Schiene von Peking nach Duisburg etwa 18, mit dem Schiff rund 40 Tage. Allerdings ist er dafür billiger. Schneller als die Bahn ist natürlich der Lufttransport. Aber der wiederum ist der teuerste Transportweg überhaupt und ökologisch am ungünstigsten. Um ökonomisch akzeptabel zu sein, muss der Schienentransport subventioniert werden – was die Sowjetunion seinerzeit tat. Heute tut dies der chinesische Staat aus verkehrs-, mehr noch aus geopolitischen Gründen.

Allerdings werden die Subventionen seit 2021 reduziert. Der aufgrund gestiegener Transportkapazitäten zur See verbundene Preisanstieg machte es möglich, auch die Verkaufspreise bei den Bahntransporten anzuheben.

Wie schon erwähnt, war ich in den achtziger Jahren als Mitarbeiter einer europäischen Eisenbahngesellschaft tätig. 1986 promovierte ich zum Thema Container-Landbrücken am Beispiel der Transsibirischen Eisenbahnroute (TSR). Das Ergebnis meiner Untersuchung empfand ich als niederschmetternd. Auf Grund der Unterschiede bei den Transportkosten von Schiene und Schifffahrt sowie der praktizierten Containerlogistik konnte die TSR nicht wirtschaftlich betrieben werden. Diese Umstände führten konsequenterweise nach dem Wegfall der Subventionen durch den sowjetischen Staat zum Erliegen dieser Verbindung. Es gab noch einzelne sogenannte Projektladungen, aber der interkontinentale Warenverkehr mit der TSR war faktisch tot.

Dennoch nahm ich Anfang 1990 das Angebot einer westdeutschen Logistikfirma an, das Management ihrer Dependance in China zu übernehmen. Deren Hauptgeschäftsfeld bestand im Organisieren von Eisenbahntransporten zwischen Asien und Europa. Wie ich vorher theoretisch analysiert hatte, konnte das Unternehmen nicht erfolgreich sein. Es wurde es unerwartet, wenngleich allerdings nur für kurze Zeit. Der sogenannte Zweite Golfkrieg von August 1990 bis März 1991 hatte zur Androhung einer Sperrung des Suez-Kanals und zur Verlängerung der Seetransportwege geführt. Dadurch wurde die Landverbindung wieder interessant. Allerdings machte die mögliche Sperrung des Kanals nicht nur den Ökonomen bewusst, wie gefährdet Seetransport-Routen sind.

Das betraf und betrifft nicht nur die Passage durch den Suezkanal. Auf der Seestrecke von Japan/China nach Europa existieren verschiedene neuralgische Punkte, die den gesamten Güterstrom nachhaltig beeinflussen können: das Ost- und das Südchinesische Meer, die Straße von Malakka, das Horn von Afrika/Somalia, schließlich die 164 Kilometer lange Verbindung zwischen dem Roten und dem Mittelmeer, der seit 1869 bestehende Suezkanal. Über diese künstliche Wasserstraße werden rund zwölf Prozent des globalen Seehandels befördert (oder eben nicht, denn schon einmal war die Verbindung von 1967 bis 1975 wegen des Konfliktes zwischen Israel und Ägypten gesperrt). 2020 passierten fast zwanzigtausend Schiffe den Kanal, für die Passage kassierte Ägypten pro Schiff etwa 300 000 Dollar.

Eben wegen dieser Gefährdung blieb die Transsibirische Eisenbahn als Teil der Landverbindung zwischen Asien und Europa als Alternative von Belang und wurde darum in den neunziger Jahren und auch nach der Jahrtausendwende ausgebaut.

Mit der chinesischen Initiative, die Seidenstraße neu zu beleben, bekamen diese Bemühungen einen beachtlichen Schub und auch einen anderen Charakter.

Chinesischer Propaganda-Coup?

China knüpft bei der Idee einer Renaissance der Seidenstraße an seine eigene Geschichte wie auch an europäische Mythen an, um diese Vergangenheit für eine wirtschaftliche und kulturelle Zusammenarbeit in der Gegenwart nutzbar zu machen. Es geht Peking dabei nicht nur um rationale ökonomische Überlegungen und Entscheidungen, sondern auch um einen Paradigmenwechsel in der internationalen Kooperation. Diese soll komplexer werden, indem sie faktisch alle Lebensbereiche erfasst. Es geht folglich nicht nur um den Austausch von Waren und Dienstleistungen, sondern – im weitesten Sinne – um die Hebung des Lebensniveaus der involvierten Völker.

Jahrhundertelang segelte und handelte Europa in Richtung Osten, es gründete Häfen und Städte, besetzte Territorien und ließ für sich arbeiten. Inzwischen geht der Zug von Ost nach West, von Asien nach Europa. Das war Realität, noch bevor Xi Jinping im Oktober 2013 an der Nazarbayev University in Kasachstan die Neue Seidenstraße ins Gespräch brachte. (Sie ist seit 2017 als *Belt and Road Initiative,* kurz BRI, in den internationalen Wortschatz eingeflossen.) Seither aber hat der Plan an Fahrt aufgenommen. Besonders nach dem Vortrag des chinesischen Staats- und Parteichefs auf dem Weltwirtschaftsforum in Davos im Januar 2017 wurde es zu einem die internationale Politik beherrschenden Thema. 45 Minuten lang erläuterte Xi vor politischen und Wirtschaftsführern aus aller Welt die chinesischen Überlegungen, wie globales Wachstum gefördert und kollektive Verantwortung für Gegenwart und Zukunft übernommen werden könnte. Es stimme, sagte er, dass die wirtschaftliche Globalisierung neue Probleme geschaffen habe. Das aber »ist kein Grund, die wirtschaftliche Globalisierung vollständig abzuschreiben. Vielmehr sollten wir uns an die wirtschaftliche Globalisierung anpassen und sie steuern, ihre negativen Auswirkungen abfedern und ihre Vorteile allen Ländern und Nationen zur Verfügung stellen.«

Ein nicht unwichtiges Element sei dabei, so Xi, das Konzept der Neuen Seidenstraße, welches er vor einigen Jahren initiiert habe. Seidem hätten über hundert Staaten und Organisationen den Gedanken aufgegriffen und unterstützt, Kooperationsabkommen und bilaterale Verträge seien geschlossen worden. »Chinesische Unternehmen haben Investitionen in Höhe von über 50 Milliarden US-Dollar getätigt und eine Reihe von Großprojekten in den Ländern entlang der Routen gestartet, wodurch die dortige wirtschaftliche Entwicklung vorangetrieben und viele lokale Arbeitsplätze geschaffen wurden.« Die *Belt and Road Initiative* habe zwar ihren Ursprung in China, aber inzwischen weit über seine Grenzen hinaus Vorteile gebracht.

Das sahen und sehen aber nicht alle so.

Für die einen ist es der Versuch der chinesischen Kommunisten, sich die Welt zu unterwerfen, dem man sich widersetzen müsse. Für die weniger aggressiven und militanten Antikommunisten ist es eine wirtschaftliche und ideologische Expansion zur Ausschaltung der westlichen Konkurrenten, ein Einfall in den christlich-abendländischen Kulturkreis, der natürlich verteidigt werden müsse.

Weder das eine noch das andere ist von Peking beabsichtigt, es geht so wenig um »China First« wie um Hegemonie. Die Chinesen bevorzugen die Harmonie. Wir leben alle unter einem Himmel, sagen sie, also muss man sich miteinander arrangieren, damit es allen gleichermaßen gut geht. Missionierungseifer ist den Chinesen fremd. Sie haben noch nie, weder in der Vergangenheit noch in der Gegenwart, Versuche unternommen, ihre Lebensvorstellungen oder gar ihr Gesellschaftsmodell anderen Völkern vorzuschreiben. Einen Missionierungsauftrag, wie er sich in der Bibel findet und der seit Jahrhunderten den Expansionsdrang des europäischen Kulturkreises legitimiert, kennt man in der chinesischen Kultur nicht. Im Matthäus-Evangelium, von Luther vor fünfhundert Jahren ins Deutsche übersetzt, sagt Jesus, Gottes höchste Instanz auf Erden: »Gehet hin und lehret alle Völker und taufet sie im Namen des Vaters und des Sohnes und des heiligen Geistes, und lehret sie halten alles, was ich euch befohlen habe.« Dem Kreuz folgte das Schwert. Oder umgekehrt.

Wie die englische Bezeichnung »Belt and Road« – Gürtel und Straße – andeutet, handelt es sich bei der »Neuen Seidenstraße« im Kern um eine Art Wirtschaftsgürtel, kombiniert mit Transportstrukturen auf den traditionellen Handelsrouten:

a) den maritimen von China über Südasien nach Afrika und Europa;

b) einen über den Landweg von China über Zentralasien, den Iran, die Türkei nach Europa;

c) einen von China über Russland, die Mongolei oder Kasachstan sowie Russland nach Europa;

d) einen südlichen Gürtel über Vietnam bis nach Singapur;

e) einen südwestlichen über Myanmar und Bangladesch bis nach Indien, sowie einen zweiten südlichen Gürtel nach Pakistan.

Die maritime Route erinnert an die Unternehmungen der Portugiesen, die gegen Ende des 15. und zu Beginn des 16. Jahrhunderts den Seeweg nach Indien (die sogenannte Gewürzroute) einrichteten.

Die Landrouten knüpfen gleichfalls an die traditionellen Wege an. Dieser dadurch erschlossene Raum ist interessant für die geoökonomische Entwicklung der kommenden Jahre. In Zentralasien liegen immense Bodenschätze. Der Öl-Konzern BP schätzt, dass fast 70 Prozent der weltweit nachgewiesenen Erdölreserven und beinahe 65 Prozent der Erdgasvorkommen in Zentralasien, im Mittleren Osten und in Russland liegen.

Zwei Drittel der Silizium-Vorkommen werden in Russland und China vermutet, aber auch die wichtigsten Vorkommen der Seltenen Erden.

Die gewaltigen Flächen Russlands und Zentralasiens können zudem für die landwirtschaftliche Nutzung erschlossen werden, was angesichts der weiteren Verknappung der Ressourcen und des Wachstums der Weltbevölkerung mit Sicherheit notwendig wird. Und nicht nur, weil in Eurasien etwa 70 Prozent der Weltbevölkerung leben.

Die sogenannten Stan-Länder Zentralasiens – Kasachstan, Usbekistan, Turkmenistan, Tadschikistan und Kirgisistan

(»Stan« ist ein Suffix aus dem Persischen und bedeutet »Land«) – waren bis 1991 in das wirtschaftliche und politische System der Sowjetunion integriert. Nach der Erlangung der Selbständigkeit konnte sich nur Kasachstan auf Grund seiner Rohstoffvorkommen und der bestehenden Industrie eigenständig entwickeln. Die anderen Stan-Länder interessierten den Westen als Absatzmarkt und, unter geopolitischen Gesichtspunkten, als potenzielle Brückenköpfe gegen Russland und China. Sie schienen zu einer autarken Existenz unfähig.

Inzwischen jedoch messen sowohl die USA als auch die EU dieser Region eine größere wirtschaftliche Bedeutung wegen der dort vermuteten Öl- und Erdgasvorkommen und wegen anderer Bodenschätze zu. Die USA planten – noch bevor Peking sein Konzept der Neuen Seidenstraße entwickelte – eine »Seidenstraßenstrategie«, dafür hatte das Repräsentantenhaus 1999 eine Gesetzesvorlage (»Silk Road Act«) verabschiedet. Allerdings blieb sie nur Vorlage, denn das Gesetz wurde weder vom Senat noch von Präsident Clinton (oder seinem Nachfolger George W. Bush) unterzeichnet und damit rechtsgültig. Laut dieser Vorlage sollte die US-Regierung autorisiert werden, den Staaten Zentralasiens und des Südkaukasus wirtschaftliche und Entwicklungshilfe sowie Unterstützung bei der Grenzsicherung zu gewähren. Allerdings konnte Altruismus als Handlungsantrieb ausgeschlossen werden. Die wahren politischen Intentionen im »postsowjetischen Raum« machten andere Schritte und Maßnahmen der USA deutlich.

Schon während der Invasion der USA im Irak (Dritter Golfkrieg 2003–2011) forderten US-Diplomaten, die alten Verbindungen nach Süd- und Zentralasien zu neuem Leben zu erwecken. Die »Festigung der Demokratie« und »Nation Building« in Afghanistan könne der erste Schritt sein. 2011 nannte US-Außenministerin Hilary Clinton bei einem Indien-Besuchs die Seidenstraße eine »Vision für das 21. Jahrhundert«.

Diese Überlegung fußte auf den Empfehlungen hochrangiger US-Berater. Henry Kissinger, Zbigniew Brzeziński und John Mearsheimer waren der Meinung, dass sich die Dominanz der USA in Asien am effektivsten durch die Stärkung von Verbündeten sichern ließe. Militärisch solle nur im äußersten Notfall eingegriffen werden. Sie nannten das »Offshore Balancing«, das war eine Stragie, die im Gegensatz zu der vorherrschenden US-Strategie stand, der sogenannten liberalen Hegemonie. Bei der von ihnen formulierten Strategie, mit der regionale Mächte genutzt werden sollten, um den Aufstieg potenziell feindlicher Mächte zu kontrollieren und zu behindern, sollten sich die USA auf die drei wichtigsten geopolitischen Regionen der Welt konzentrieren: Europa, den Persischen Golf und Nordostasien. Womit klar war und ist, gegen wen sich diese »Offshore Balancing« richtet: gegen Russland und China.

So kam es nicht von ungefähr, dass Präsident Obama (2009–2017) den »Pivor to Asia« vollzog und etwa sechzig Prozent der US-Streitkäfte zur vorgeblichen Sicherung der freien Schifffahrt und der Freiheit der Anliegerstaaten in den asiatischen Raum beorderte, während sein stärker geschäftlich interessierter Nachfolger seinen Namen für Hotels und Immobilien in den Stan-Staaten, durch die die Neue Seidenstraße führen sollte, sich markenrechtlich sicherte. Bereits Jahre zuvor, wahrscheinlich vom Wodka Gorbatschow inspiriert, hatte er einen Hochprozentigen unter dem Namen Trump auf den Markt gebracht.

Die Neue Seidenstraßen war also keine genuin chinesische Erfindung, sondern war bereits in den USA ein Thema, ohne sich jedoch in regierungspolitisches Handeln niederzuschlagen.

Das geschah erst, nachdem Xi Jinping die Initiative ergriff und die Volksrepublik aktiv wurde. Zügig und konstruktiv wurden das komplexe Infrastruktur-Projekt von der Theorie in die Praxis geholt, Partner gesucht, Verträge geschlossen sowie Organisationen und Gremien gebildet.

Am 28. März 2015 war der Entwurf für die *Belt and Road Initiative* (BRI) der Nationalen Entwicklungs- und Reformkommission sowie des Außen- und des Handelsministeriums vom Staatsrat genehmigt und veröffentlicht worden. Er sah fünf Kooperationsschwerpunkte vor:

1. Politikkoordinierung, Förderung der zwischenstaatlichen Zusammenarbeit, zwischenstaatlicher makropolitischer Austausch und Kommunikationsmechanismus;
2. Herstellung von Konnektivität – das heißt Verbindungsfähigkeit – der Kommunikationssysteme, von Infrastrukturbauplänen und technischen Standardsystemen;
3. Ungehinderter Handel, Abbau von Investitions- und Handelshemmnissen, Förderung der regionalen Wirtschaftsintegration;
4. Finanzielle Integration, Koordination und Kooperation in der Geldpolitik, Aufbau von Finanzierungsinstitutionen;
5. Zwischenmenschliches (»People-to-People«), kultureller und akademischer Austausch, Dialog, Medienkooperation.

Auf der Zentral- und Südasien-Konferenz im Juli 2021 in Taschkent betonte der chinesische Außenminister Wang Yi, dass China bereit sei, sich enger mit den asiatischen Ländern über die BRI zu verbinden. Für die Volksrepublik China als dem größten asiatischen Land seien die friedlichen Beziehungen zu den Nachbarstaaten die Voraussetzung zur Erfüllung des chinesischen Traums, eines bescheidenen Wohlstands für alle Bürger des Landes. China wolle die Schaffung eines Korridors zwischen Zentral- und Südasien fördern und den Ländern in der Region helfen, sich von »Binnenländern« zu Staaten zu entwickeln, die über eine wichtige internationale Transportroute mit Europa, mit dem Norden, mit dem Süden und mit dem Südosten Asiens verbunden sind.

Das Netzwerk der land- und seeseitigen Transportverbindungen stellt verschiedene Transportalternativen je nach ökonomischer, politischer oder auch militärischer Notwendigkeit dar, aber auch die Basis für nachhaltige wirtschaftliche Entwicklungen entlang der alternativen Routen.

Sukzessive verstand man nicht nur in der Region, sondern in der Welt, dass es sich bei der BRI sowohl um ein gewaltiges internationales Infrastruktur- und Investitionsprogramm als auch um Chinas nationale Reaktion auf die Herausforderungen des 21. Jahrhunderts handelt. Die einen verknüpften damit

Erwartungen und Hoffnungen, andere reagierten skeptisch, zumal bezweifelt wurde, dass die geplanten Mittel dafür überhaupt zusammenkommen würden. Diese sollten nicht nur in die Bahn, sondern auch in Straßen, in Pipelines für Öl und Gas, in Stromtrassen und andere Energieversorgungssysteme investiert werden. Bis zu einer Billion Dollar – so aktuelle Veröffentlichungen – sollen in etwa 140 Staaten für diese Zwecke eingesetzt werden.

Diese infrastrukturellen länderübergreifenden Maßnahmen führten auch zu nationalen Anstrengungen zur Entwicklung etwa der verarbeitenden Industrie. In Kasachstan und Usbekistan investierte man in die Veredlung von Gas und Öl, in Tadschikistan in die Textil-, Zement- und Glasindustrie, in Kirgisistan in die Modernisierung der landwirtschaftlichen Produktion.

Nach 2013 verbesserte sich merklich auch die Kommunikation zwischen Banken, staatlichen Institutionen und Unternehmen bei den staatlichen und privaten Investitionen. Während Chinas staatliche Institutionen den BRI-Prinzipien folgen, arbeiten die chinesischen Firmen vorrangig profitorientiert.

Das bestehende Straßennetz wird renoviert bzw. ausgebaut. Die Straßen von Westchina und Südchina werden an das nationale Highway-System Chinas angeschlossen, auf denen moderner Straßenverkehr mit schweren Lastzügen möglich ist. Problematisch ist der Anschluss der Straßen in der Provinz Xinjiang. Dort herrschen wegen der angeblichen oder der realen Terrorgefahr infolge religiöser und ethnischer Konflikte besondere Sicherheitsbedingungen. Da sowohl die Straßen- und die Eisenbahnverbindungen, aber auch die Pipelines durch diese Region führen, besitzt diese Provinz eine besondere Bedeutung für den Ausbau der Neuen Seidenstraße. Das erklärt, weshalb sie im Fokus der chinesischen Wirtschafts- und Sicherheitspolitik steht.

Besonders erwähnenswert ist der Karakorum Highway, der zwischen 1959 und 1979 als »Friedensautobahn« zwischen China und Pakistan gebaut wurde. Die 1300 km lange Piste führt über fast fünftausend Meter hohe Pässe, durch tiefe Täler und entlang steiler Felsenschluchten.

China sichert einen großen Teil seines Energie-Imports aus Russland und Kasachstan durch Pipelines ab. Trotzdem bezieht die Volksrepublik gegenwärtig noch etwa 65 Prozent des Öls über See (ca. acht Millionen Barrel pro Tag). Die Tanker passieren den Golf von Oman und die Straße von Malakka.

Als Alternative zum riskanten und störanfälligen Ölimport über See hat China drei neue Pipelinesysteme im Rahmen der Neuen Seidenstraße auf den Weg gebracht:

a) Die »Power of Siberia Gas Pipeline« von Russland nach Nordost-China,

b) die Turkmenistan- und Kasachstan-China-Öl- und Gas-Pipeline sowie

c) die China-Pakistan-Pipeline.

2021, acht Jahre nach der offiziellen »Eröffnung« der BRI, hieß es in westlichen Medien, dass der Anfangsschwung der Neuen Seidenstraße verloren gegangen sei. Die Mittel für weitere Kredite fehlten, Chinas Wirtschaft schwächele, die Infrastrukturprojekte hätten nicht den versprochenen Erfolg gezeitigt. Überdies hätten undurchsichtige Bedingungen bei der Kreditvergabe die Empfangsländer in Abhängigkeit gebracht, Stichwort Schuldenfalle.

Bei solchen Meldungen werden seriöse Studien, die diese tendenziösen Behauptungen als unzutreffend widerlegen, in der Regel ignoriert. Nicht zur Kenntnis genommen wurden und werden etwa Untersuchungen der *Carnegie Endowment for International Peace* (CEIP), einer seit 1910 existierenden überparteilichen Denkfabrik für internationale Angelegenheiten mit Niederlassungen in Washington, Moskau, Beirut, Peking, Brüssel und Neu Delhi. Die Universität von Pennsylvania stufte sie 2019 als weltweit führende Denkfabrik Nummer 1 ein, andere renommierte Institutionen bezeichneten CEIP wiederholt als den besten unabhängigen Thinktank. In der Führung der Einrichtung finden sich oft ehemalige US-Minister. Eine mehrjährige Untersuchung der Denkfabrik in sieben Regionen der

Welt, welche sich mit der Anpasssung der chinesischen Strategie an die dort herrschenden Bedingungen befasste, kam zu einem anderen Ergebnis als die Mainstream-Medien und die Politik. Die Strategie der Chinesen sei langfristig und bediene sowohl die Interessen der Partner als auch die eigenen nationalen, was durchaus legitim ist. Es gehe in China, im Unterschied zu anderen Mächten, eben nicht um die Durchsetzung eigener Bedürfnisse auf Kosten der anderen. Und wenn es nicht wie beiderseits geplant vorangeht, bewiese China Nachsicht und Entgegenkommen, was in einem kapitalistischen Geschäftsfeld eher Ausnahme denn Regel ist.

Es gibt beispielsweise eine wachsende Zahl von Industrieeinrichtungen, die Waren für den regionalen und internationalen Markt produzieren. Diese Betriebe werden zunehmend von lokalem Personal, das zuvor von chinesischen Firmen ausgebildet wurde, übernommen. Dieser Unternehmerwechsel wird vor allem in den zentralasiatischen Staaten vorangetrieben. Die dortigen Regierungen drängen auf diese Art Entwicklung der eigenen Infrastruktur, was durchaus im Geiste der Neuen Seidenstraße und im Interesse ihrer Initiatoren ist.

Gemäß der jüngsten CEIP-Untersuchung befanden sich 2020 in Kasachstan 32 Fabriken im Bau bzw. wurden in Betrieb genommen, über weitere 24 wurde verhandelt. Der größte Teil betraf Unternehmen in den Bereichen erneuerbare Energie und Maschinenbau.

Die dort tätigen einheimischen Arbeitskräfte werden entweder in China oder vor Ort ausgebildet, dabei werden auch regionale Bildungseinrichtungen genutzt, was gewiss auch zur Verbesserung der sozialen Akzeptanz chinesischer Investitionen in der zentralasiatischen Region beiträgt. Es werden – neben den bereits bestehenden Ad-hoc-Vereinbarungen – formelle Kooperationsvereinbarungen über Industrialisierung und Weiterbildung geschlossen. Doch je komplexer die chinesischen Unternehmen in die Volkswirtschaften zentralasiatischer und afrikanischer Staaten integriert werden, desto mehr Probleme tauchen auf. Das sind einerseits politische und religiöse Entwicklungen und Veränderungen, und das ist andererseits die oft grassierende Korruption in diesen Staaten, gegen die sich chinesische Firmen wehren müssen, ohne als nationalistisch oder überheblich zu gelten.

Forscher am College of William & Mary (W&M) in Williamsburg – nach Harvard die zweitälteste Universität der USA – haben zwischen 2000 und 2017 Projekte in 165 Staaten untersucht, darunter auch nicht wenige, die seit 2013 im Rahmen der Neuen Seidenstraße verwirklicht werden. Insgesamt untersuchten die US-Wissenschaftler 13 427 Unternehmungen, in denen 843 Milliarden Dollar investiert worden waren.

Dabei wurden auch Absichtserklärungen – in der internationalen Geschäftswelt als *Memorandum of Understanding* (MOU) bezeichnet – unter die Lupe genommen. In solchen MOU halten zwei (oder mehr) Partner fest, welche Ziele, Projekte oder Ergebnisse sie gemeinsam anstreben. Das können Kooperationen, Fusionen, Großprojekte, Umweltkonzepte für den Klimaschutz und dergleichen betreffen. MOU sind Ausgangspunkt von Verhandlungen, noch keine rechtsverbindliche Vereinbarung. Aber wenn man sich darauf verständigt hat, kommt man in der Regel auch zu einem Vertrag. Zumindest ist es ein wichtiger Schritt in diese Richtung.

China hatte im Rahmen der *Belt and Road Initiative* seit 2013 etwa anderthalbhundert Abkommen oder MOU mit Ländern oder Regionen vereinbart. Die Grundstruktur war immer ähnlich, fünf Schwerpunkte fanden sich in jedem Papier: die angestrebte Verflechtung der Politik auf Regierungsebene, die Verbesserung der Handels- und Transportverbindungen einschließlich der Infrastruktur sowie der Abbau von Hemmnissen, Finanzierungsmöglichkeiten und Kultur.

Nicht alle Länder, die ein *Memorandum of Understanding* unterzeichneten, vereinbarten anschließend auch ein formelles Abkommen. Andere wiederum, etwa Brasilien, arbeiten mit China zusammen, ohne weder ein MOU noch ein formelles Abkommen geschlossen zu haben.

Die Verträge mit asiatischen und den Ländern der ehemaligen Sowjetunion kamen zumeist zwischen 2013 und 2017 zustande, die europäischen Länder traten mehrheitlich in der zweiten Welle, zwischen 2014 und 2017, der Initiative bei. Mit den ASEAN-Staaten wurden Vereinbarungen zwischen 2016 und 2018 geschlossen. Afrikanische Länder wie auch Staaten Lateinamerikas schlossen sich zumeist erst nach 2018 an. In Afrika betrifft das 91 Prozent des Territoriums, im Süden Asiens alle Staaten (ohne Indien), im Nahen Osten achtzehn sowie sieben ehemalige Sowjerepubliken in Zentralasien, Turkmenistan ausgenommen. In Europa unterzeichneten Bulgarien, Kroatien und Lettland zusätzliche Abkommen über Häfen und Industrieparks, Ungarn vereinbarte ein weiterführendes MOU über eine Bahnverbindung Budapest-Belgrad. Polen konzentrierte sich in zusätzlichen Abkommen auf die Zusammenarbeit im Güterzugverkehr.

Während in den frühen 2000er Jahren, also im Vorfeld der *Belt and Road Initiative,* in der Phase der sogenannten Go Out-Politik der Volksrepublik, erfolgte die Entwicklungsfinanzierung Chinas im Ausland hauptsächlich durch die großen chinesischen Banken. Sie vergaben Kredite an staatliche Zentralbanken. Das hat sich inzwischen geändert. Schätzungsweise 70 Prozent aller Kredite und Investitionen vergeben neben staatliche Banken auch private Unternehmen oder Konsortien.

Investitionen auf der Neuen Seidenstraße

Chinas Investitionen außerhalb des Landes folgen einer staatlichen Strategie. Sie wird seit über zwei Jahrzehnten verfolgt. Der erste Schritt erfolgte 1999 als »Going Global Strategy«. Es folgten zwei Jahre später die Mitgliedschaft in der Welthandelsorganisation (WTO) und die Gründung der *Shanghai Cooperation Organisation* (SCO). 2006 schlossen sich die Volkswirtschaften Brasiliens, Russlands, Indiens, Chinas und Südafrikas (BRICS) zusammen. (Die fünf Staaten repräsentieren 40 Prozent der Weltbevölkerung und ein Viertel der Weltproduktion). 2013 erfolgte die *Belt and Road Initiative*.

Die chinesischen Investitionen in anderen Staaten – in der Finanzwirtschaft als *Outward Foreign Direct Investment*

(OFDI) bezeichnet – nahmen seit 2000 rasch zu. Nachfolgend der Vergleich mit den Investitionen aus dem Ausland in der Volksrepublik China, *Foreign Direct Investment* (FDI) genannt. (Angaben in Milliarden Dollar.)

	FDI	OFDI
2005	60 000	12 300
2010	70 000	68 800
2015	148 000	174 400
2016	140 000	216 200
2017	135 000	138 000
2018	138 305	143 027
2019	141 225	136 910
2020	149 342	109 922

(Quellen: www.santandertrade.com, www.data.worldbank.org)

Aus diesen Zahlen ist erkennbar, dass vor 2015 die Investitionen des Auslands in der Volksrepublik höher waren als die Investitionen Chinas in anderen Ländern. China investierte erst nach 2015 aufgrund der Initiative für die Neue Seidenstraße mehr im Ausland. Seit 2016 gingen die Auslandsinvestitionen jedoch trotz der BRI kontinuierlich zurück, wobei die Auslandsinvestitionen in China wieder anstiegen.

Wo investierte China zwischen 2005 und 2016?

Spitzenreiter waren die USA mit 129,9 Milliarden Dollar.

Mit großem Abstand folgen dann Investitionen in den BRI-Ländern, dort floss das Geld vornehmlich in Bau- und Infrastrukturmaßnahmen:

Pakistan	34,3 Milliarden Dollar,
Nigeria	29,3 Milliarden Dollar,
Russland	25,3 Milliarden Dollar,
Saudi Arabien	22,3 Milliarden Dollar,
Algerien	21,7 Milliarden Dollar,
Äthiopien	19,8 Milliarden Dollar,
Vietnam	16,2 Milliarden Dollar,
Malaysia	14,5 Milliarden Dollar.

Unter diesen zehn Ländern sind, wie zu sehen, weder Deutschland noch ein anderes europäisches Land vertreten, weshalb die immer wieder in hiesigen Medien geschürte Furcht vor der vermeintlichen Übernahme deutscher Unternehmen durch China reine Fantasie ist.

Seit Beginn des Seidenstraßen-Projekts investierte China in diesem Rahmen in den ersten fünf Jahren 689,88 Milliarden Dollar. Dabei dominierten die Investitionen im Energie- und im Transportsektor. In den Energiesektor flossen 38 Prozent aller Mittel, in den Transportbereich 26 Prozent.

Vorrangig wurden Länder in unmittelbarer Nachbarschaft bedient: Pakistan, Kasachstan, Malaysia, Laos, Bangladesch, Kambodscha, Myanmar, Sri Lanka und Vietnam, gefolgt von Ländern Afrikas.

Das in Berlin und Potsdam ansässige unabhängige *Mercator Research Institute on Global Commons and Climate Change* (MCC) bestätigte in einer Studie die Feststellungen,

a) dass zwei Drittel der Investitionen im Rahmen der Neuen Seidenstraße in die Energieproduktion und deren Transport flossen;

b) dass die Investitionen im Energiesektor sich nach den geographisch und historisch gegebenen Bedingungen richteten, was bedeutete, dass sowohl erneuerbare als auch traditionelle Formen der Energiegewinnung unterstützt wurden, in Pakistan beispielsweise nutzt man Kohle und Wasserkraft, in Lateinamerika wird hauptsächlich auf erneuerbare Energien gesetzt;

c) dass die Investitionen geographisch weit gestreut werden und es keine eindeutigen Vorzugsregionen gibt;

d) dass diese Investitionen die Grundlage darstellen für die nächste Phase der Industrialisierung und den Ausbau von Handels- und Lieferketten.

Die Investitionen auf dem Gebiet des Energietransportes, sprich Stromnetze, erfolgen bisher mehrheitlich national, sind aber bereits für den Anschluss an das globale Netz ausgerichtet.

Investitionen im Transportsektor, allgemein irrtümlich als Hauptfeld der *Belt and Road Initiative* gesehen, fielen dagegen bislang geringer aus. Man geht von 15 bis 18 Milliarden Dollar aus, die bis 2018 in Schiene und Straße investiert wurden. Und für die »Digitale Seidenstraße« *(Digital Silk Road)* gab man rund 10 Milliarden Dollar aus.

Nach den bisher bekannten Daten und den geplanten Projekten sind dies Tendenzen, die beibehalten werden. Allenfalls wird es eine Erhöhung der Investitionen bei Vorhaben im Rahmen der *Digital Silk Road* geben, was auf die Zunahme der Auseinandersetzungen mit den USA in diesem Bereich zurückzuführen ist.

Wenn China, was gern im Westen unterstellt wird, Druck auf seine Partner ausübt, so trifft das allenfalls auf einem Feld zu: bei der Energiewende. Staats- und Parteichef Xi Jinping erklärte im September 2021 in der UN-Generaldebatte, dass die Volksrepublik keine Kohlekraftwerke im Ausland mehr errichten werde. In zahlreichen Schwellen- und Entwicklungsländern in Asien und Afrika waren in den vergangenen Jahren neue Kohle-Großkraftwerke entstanden, die von staatlichen chinesischen Banken finanziert und von staatlichen chinesischen Baufirmen errichtet worden waren. Damit soll nun Schluss sein.

China selbst wird in den nächsten Jahren noch einige moderne Kohlekraftwerke auf seinem Territorium errichten, weshalb erst ab 2030 der CO_2-Ausstoß zurückgehen und China voraussichtlich nach weiteren dreißig Jahren klimaneutral sein wird. Der Grund für diese neuen Kohlekraftwerke: Sie lassen sich rascher errichten und schneller ans Netz bringen als etwa die gewaltigen Wasserkraftwerke am Mekong.

Die Neue Seidenstraße und wichtige internationale Organisationen zur Unterstützung der BRI

Die *Belt and Road Initiative* wird von keinem Ministerium in Peking zentral geführt und gesteuert, auch existiert keine solche Projekt-Behörde. Die Vorhaben sind integraler Bestandteil der Regierungspolitik und darum im Fünfjahrplan und den daraus abgeleiteten Planungsdokumenten fixiert. Das betrifft alle Ebenen. Das *Office of the Leading Group on Promoting the Implementation of Belt and Road Initiatives* als Kontrollinstanz ist der Nationalen Entwicklungs- und Reformkommission unterstellt. Diese Führungsgruppe, geleitet von einem Stellvertreter des Ministerpräsidenten, wacht über die Einhaltung der nationalen Richtlinien. Das zentrale Arbeitsorgan ist die im April 2018 gebildete *China International Development Cooperation Agency* (CIDCA), die an die Stelle der Abteilung für Auslandshilfe des Handelsministeriums (MOFCOM) trat.

An Formulierung und Umsetzung der einzelnen Vorhaben sind verschiedene chinesische Regierungsbehörden beteiligt, darunter die Nationale Entwicklungs- und Reformkommission sowie das Außen-, das Handels- und das Kulturministerium. In den Provinzen besorgen dies nachgeordnete Einrichtungen.

Auf internationaler Ebene existieren multilaterale Kooperationsplattformen, die die Vorhaben der *Belt and Road Initiative* tragen oder unterstützen: die Asiatisch-Pazifische Wirtschaftsgemeinschaft *(Asia-Pacific Economic Cooperation,* APEC), die Vereinigung südostasiatischer Länder *(Association of Southeast Asian Nations,* ASEAN), die Zentralasiatische Regionale Wirtschaftskooperation *(Central Asia Regional Economic Cooperation,* CAREC), die BRICS (Brasilien, Russland,

Indien, China, Südafrika) sowie die Gemeinschaft der Lateinamerikanischen und Karibischen Staaten *(Comunidad de Estados Latinoamericanos y Caribeños,* CELAC*)*.

Brasilien, Russland, Indien, China und Südafrika (BRICS)

Der lose Zusammenschluss dieser wirtschaftlich aufstrebenden Staaten dient der Koordinierung von gemeinsamen Interessen zur weiteren gegenseitigen Unterstützung der Entwicklung, aber insbesondere auch um die Interessen gegenüber Investoren aus dritten Staaten zu koordinieren. Seit 2009 treffen sich die Staatschefs einmal jährlich.

2014 wurde von den BRICS-Staaten die *New Development Bank* als Alternative zur Weltbank und zum Internationalen Währungsfonds (IWF) gegründet. Ihr sollen 50 Milliarden Dollar als Kreditvolumen für Infrastrukturprojekte der BRI zur Verfügung stehen. Daneben wird die Bildung einer Sonderrücklage in Höhe von 100 Milliarden für wirtschaftliche Turbulenzen erwogen.

Obgleich sich die Investitionsbedingungen aufgrund politischer Veränderungen in den BRICS-Staaten und des Niedergangs vieler Rohstoffpreise veränderten, verlor der Zusammenschluss nicht seine globale Bedeutung.

Die Shanghaier Organisation für Zusammenarbeit (SCO)

Sie wurde am 15. Juni 2001 auf Initiative Chinas als eine eurasische Union von sechs Staaten – China, Russland, Tadschikistan, Kasachstan, Kirgisistan und Usbekistan – gegründet. Der Sitz der *Shanghai Cooperation Organisation* (SCO) befindet sich, obgleich der Name anderes aussagt, in Peking.

Auf dem Gipfeltreffen 2017 in Astana (Kasachstan) wurden Indien und Pakistan als weitere Mitglieder aufgenommen. Afghanistan, Belarus, Iran und die Mongolei haben Beobachterstatus. Auf dem Gipfel in Duschanbe im September 2021 beantragte der Iran die Vollmitgliedschaft. Aserbaidschan, Armenien, Kambodscha, Nepal, die Türkei und Sri Lanka firmieren als Dialogpartner. Ferner bekundeten Ägypten, Bangladesch, Syrien und die Ukraine vor etlichen Jahren Interesse an einer Zusammenarbeit. Ob das Interesse aufgrund der innenpolitischen Veränderungen in den letzten beiden Staaten noch besteht, darf bezweifelt werden.

Seit Dezember 2004 hat die SCO als Staatenbündnis, das 40 Prozent der Weltbevölkerung umfasst, Beobachterstatus bei den Vereinten Nationen.

Die ursprüngliche Gründungsidee betraf Sicherheitsfragen in den Grenzregionen zentralasiatischer Staaten. Das war Monate vor dem Anschlag auf die Twin Towers in New York, der 2001 US-Präsident Bush veranlasste, den »Krieg gegen den Terror« zu eröffnen. Dennoch sieht man in den USA das Bündnis kritisch und denunziert es als Anti-NATO – und zweiten Warschauer Pakt, der sich gegen die USA und deren Einfluss richte. Auf dem Gipfel in Qingdao (China) im Juni 2018 verabschiedeten die Mitglieder ein Programm zur gemeinsamen Bekämpfung von Terrorismus, Separatismus und Extremismus, womit anderslautenden Behauptungen widersprochen wurde.

Allerdings nahmen schon vor der offiziellen Verkündung der »Neuen Seidenstraße« Fragen der wirtschaftlichen Zusammenarbeit breiten Raum in diesem Bündnis ein. Nach 2013 wurden die Prinzipien der BRI in die Tätigkeit der SCO integriert.

Als Hauptziele ihrer zwischenstaatlichen Zusammenarbeit formulierten sie nunmehr:

a) Stärkung des gegenseitigen Vertrauens und der Nachbarschaft unter den Mitgliedsstaaten;

b) Förderung der effektiven Zusammenarbeit in den Bereichen Politik, Handel, Wirtschaft, Forschung, Technologie und Kultur sowie auf den Gebieten von Bildung, Energie, Transport, Tourismus und Umweltschutz;

c) gemeinsame Anstrengungen für Frieden, Sicherheit und Stabilität in der Region;

d) Entwicklung einer demokratischen, fairen und rationalen neuen internationalen politischen und ökonomischen Ordnung.

Die Innenpolitik der SCO ist durch die Grundsätze des gegenseitigen Vertrauens, des gegenseitigen Nutzens, der Gleichheit, der gegenseitigen Konsultation, der Achtung der kulturellen Vielfalt und des Willens zur gemeinsamen Entwicklung geprägt. Die Außenpolitik hingegen hält an den Prinzipien der Blockfreiheit, der Offenheit und der Nichtausrichtung auf Drittländer fest.

Damit stellt die SOC eine von jeglicher Diskriminierung und Ausgrenzung freie Plattform für die wirtschaftliche, technische, wissenschaftliche und kulturelle Zusammenarbeit, aber auch für die Kooperation in Sicherheitsfragen dar. Jährlich finden Gipfeltreffen auf den Ebenen der Staatsoberhäupter oder der Regierungschefs statt. Daneben erfolgen Arbeitstreffen der verschiedenen Bereiche.

Arbeitsorgane der SOC sind das Sekretariat in Peking und das Anti-Terrorismus-Büro in Taschkent.

Eurasische Wirtschaftsunion (EAEU)

Das ist ein seit Januar 2015 bestehendes wirtschaftliches Bündnis, dem Russland, Kasachstan, Kirgisistan, Armenien und Belarus angehören. Durch die Infrastruktur-Projekte der BRI entstehen neue Transportverbindungen zwischen den Ländern der *Eurasian Economic Union* (EAEU) und den südasiatischen Ländern der ASEAN-Gruppe wie Thailand, Kambodscha, Singapur und Indonesien, wodurch sich neue Handelsoptionen entwickeln werden. Bislang bestanden nur Handelsverbindungen über lange Seewege oder per Luftverkehr.

Erstmals sind durch die Anbindung der EAEU und der ASEAN-Länder an das chinesische Verkehrsnetz, insbesondere das Eisenbahnnetz, direkte Transportverbindungen möglich. Für Länder wie Kasachstan, Kirgisistan, Armenien und Belarus ergeben sich vollkommen neue Handelsoptionen. Darum finden Verhandlungen über ein Freihandelsabkommen zwischen diesen Staaten statt. Ein entsprechendes MOU wurde bereits 2018 unterzeichnet. Dreh- und Angelpunkt ist die Entwicklung der Neuen Seidenstraße.

Kasachstan schloss – gemeinsam mit der EAEU – zusätzliche Freihandelsabkommen mit dem Iran, mit Serbien, Singapur und Vietnam. Mit Ländern Südostasiens ist Kasachstan im Gespräch.

All diese Abkommen ergänzen sich mit den Infrastrukturprojekten der *Belt and Road Initiative*.

Chinesisch-Afrikanisches Kooperationsforum (FOCAC)

Da China zum größten Handelspartner des afrikanischen Kontinents wurde, ergab sich die Notwendigkeit, die wechselseitigen Interessen zu koordinieren. China ergriff die Initiative und rief 2000 das Chinesisch-Afrikanische Kooperationsforum *(Forum on China-Africa Cooperation,* FOCAC*)* ins Leben. Bis auf Swasiland (seit 2018 Eswatini), das zu Taiwan diplomatische Beziehungen unterhält, gehören dem Forum alle afrikanischen Staaten an.

Das Forum soll die Interessen der afrikanischen Länder im Verkehr mit China koordinieren und fördern. Dabei handelt man nach den im SCO praktizierten Grundsätzen: gegenseitiges Vertrauen, gegenseitiger Nutzen, Gleichheit, Achtung der kulturellen Vielfalt, der Wille zur gemeinsamen Entwicklung.

Das FOCAC organisiert seit 2018 auch die Afrikanische Freihandelszone *(African Continental Free Trade Area,* AfCFTA*)*, es ist die größte der Welt mit inzwischen 52 Mitgliedsländern. Sie vertreten etwa 1,2 Milliarden Menschen. Das Abkommen sieht zunächst vor, dass die Mitglieder die Zölle für 90 Prozent der Waren abschaffen und damit den freien Zugang zu Rohstoffen, Waren und Dienstleistungen auf dem gesamten Kontinent ermöglichen.

Auf dem achten FOCAC-Treffen im September 2018 in Peking bekräftigte der chinesische Staatspräsident Xi Jinping die Absicht, eine »umfassende strategische und kooperative Partnerschaft« mit Afrika zu entwickeln. Ausdruck dafür sei die Umsetzung von zehn großen Kooperationsplänen, die alle wesentlichen Aspekte der Zusammenarbeit umfassten: Industrialisierung, Modernisierung der Landwirtschaft, Entwicklung der Infrastruktur, finanzielle Kooperation, »grüne« Entwicklung, Unterstützung von Handel und Investments, Armutsbekämpfung, öffentliche Gesundheit, kultureller und personeller Austausch sowie die Zusammenarbeit für Frieden und Sicherheit.

Gemeinschaft der Lateinamerikanischen und Karibischen Staaten (CELAC)

Das Bündnis entstand 2010 in Mexiko als Gegenentwurf zur Organisation amerikanischer Staaten (OAS), die von den USA dominiert wird. Der *Comunidad de Estados Latinoamericanos y Caribeños* (CELAC) gehören alle Staaten Lateinamerikas und der Karibik außer USA und Kanada an.

Auch die CELAC folgt den gemeinsamen Grundsätzen des gegenseitigen Vertrauens, des gegenseitigen Nutzens, der Gleichheit, der gegenseitigen Konsultation, der Achtung der kulturellen Vielfalt und des Willens zur gemeinsamen Entwicklung.

Am 8./9. Januar 2015 fand ein gemeinsamer Gipfel der CELAC in Peking statt. Anlass für die von China initiierte Tagung mit der CELAC war die Förderung der wirtschaftlichen, politischen und kulturellen Zusammenarbeit zwischen diesen Staaten und der Volksrepublik. China erhofft sich durch die Zusammenarbeit mit der CELAC einerseits die Entwicklung von potenten potentiellen Handelspartnern, aber andererseits auch einen größeren Einfluss in der Region.

Peking kündigte an, im kommenden Jahrzehnt rund 250 Milliarden Dollar in Mittel- und Südamerika und der Karibik zu investieren, wodurch sich das wechselseitige Handelsvolumen verdoppeln würde. Beabsichtigt sind umfangreiche

Investitionen in die Infrastruktur und in die verarbeitende Industrie, um neben Rohstoffen auch verarbeitete Produkte von dort beziehen zu können.

Da die wirtschaftlichen und politischen Verhältnisse in den Ländern der CELAC instabil sind, entwickelte sich die Kooperation mit China bisher nur marginal.

17+1-Initiative

2012 formierte sich eine Wirtschaftsgruppe, die aus vorwiegend einstigen Ostblockstaaten sowie der Volksrepublik China, eben +1, bestand. Das erste Treffen fand in Budapest auf Initiative Pekings statt und sollte die Kooperation zwischen China und mittel- und osteuropäischen Ländern *(Cooperation between China and Central and Eastern European Countries,* CEEC oder 17+1) entwickeln helfen. Bereits 2011 hatte ein mehrtägiges, bilaterales Treffen zwischen dem ungarischen Premier Orban und dem chinesischen Premier Jiabao stattgefunden, bei dem Ungarn wirtschaftliche Unterstützung wie der Kauf von Staatsanleihen und Investitionen zugesichert worden war.

Die Mehrheit der beteiligten Staaten teilte die Erfahrungen des Scheiterns des sowjetischen Sozialismusmodells, des rigorosen Kulturbruchs danach und die Schwierigkeiten des Systemwechsels. China hatte sich in den sechziger Jahren aus der sowjetischen Hegemonie gelöst und wehrte sich seit Jahren erfolgreich gegen die Vereinnahmung durch eine andere Hegemonialmacht, die USA. China verfügte über wirtschaftliche und politische Erfahrungen, die es auf der Suche nach einem eigenständigen Weg gemacht hatte. Die wollte sie weitergeben, ohne sich dabei selbst zum Lehrmeister aufzuschwingen. Bei allen Hilfen hieß es stets, dass China kein Modell für die Welt sei. Die Chinesen wollten nicht missionieren, sondern anderen helfen, damit es am Ende allen und gemeinsam besser gehe.

Der Zeitpunkt für die Gründung schien nach der Finanzkrise 2008/09 günstig. Sie traf alle Länder in Zentral- und Osteuropa, und die EU bot keine wirkliche Hilfe. Sie war mit sich selbst beschäftigt. China hingegen war aber dank seiner unabhängigen Finanzpolitik in der Lage und bereit, mit freien Industrie- und Baukapazitäten sowie finanziellen Mitteln zu helfen.

Zu dieser Gruppen gehören die EU-Mitgliedsstaaten Estland, Lettland, Litauen, Polen, Tschechien, Slowakei, Ungarn, Slowenien, Kroatien, Rumänien und Bulgarien sowie die Nicht-EU-Mitglieder Bosnien, Serbien, Montenegro, Albanien und Nordmazedonien. 2019 schloss sich noch Griechenland als Vollmitglied an, sodass aus 16+1 nunmehr 17+1 wurde.

Das Ziel war und ist eine enge Zusammenarbeit auf dem Gebiet von Investments, der Landwirtschaft, des Handels, des Transports, der Unterhaltung von e-Handelsplattformen sowie des wissenschaftlichen und kulturellen Austauschs und der gegenseitigen Unterstützung bei der wirtschaftlichen Entwicklung. Wie auch in anderen internationalen Zusammenschlüssen gelten die üblichen Prinzipien: gegenseitiges Vertrauen und gegenseitiger Nutzen.

Die Initiative Chinas rief Kritik in Brüssel hervor, da die EU darin eine Einmischung in ihre Politik und ihre Interessen sah. Insbesondere Berlin und Paris fürchteten um ihren Einfluss.

Die realen Ergebnisse nach einem Jahrzehnt sind allerdings gering. Das Gesamtvolumen der chinesischen Investitionen in diesen europäischen Ländern betrug bis 2018 lediglich 7,1 Milliarden Dollar. In Serbien allein betrug 2019 das Investitionsvolumen aus China 10 Milliarden Dollar.

Nach Angaben von UNCTADstat, der statistischen Datenbank der UN-Konferenz für Handel und Entwicklung, wickelten im Durchschnitt diese Länder lediglich 1,2 Prozent ihres Außenhandels mit China ab. Hingegen sind die schärfsten Kritiker dieses Gremiums weitaus stärker engagiert: Deutschland mit 6,3, Großbritannien mit 4,4 und Frankreich mit 3,5 Prozent. Das zeigt die ganze Heuchelei. In elf westeuropäische EU-Staaten investierte China 125 Milliarden, also erheblich mehr als in die Gruppe der 17, die wegen ihrer Verbindungen zur Volksrepublik kritisiert wurden und werden.

Allerdings haben sich die wirtschaftlichen Beziehungen zwischen Europa und China insgesamt nicht in der erwarteten Weise entwickelt, sie blieben hinter den erwarteten Vorstellungen zurück. Der Handel ist nach wie vor nicht ausgeglichen. 2016 wurden lediglich 58 Prozent von dem erreicht, was man geplant hatte, nämlich 100 Milliarden Dollar. China bezieht hauptsächlich landwirtschaftliche Produkte aus diesen 17 Staaten, China liefert überwiegend Konsumgüter. Für die lokalen Landwirtschaften in Europa spielt das dennoch eine herausragende Rolle. Auch deshalb sind die mit der *Belt and Road Initiative* verbundenen infrastrukturellen Maßnahmen für den Land- und Seeweg für diese Länder von großer Bedeutung.

Neben den wirtschaftlichen Belangen werden auch Sport- und Kultur-Projekte – Stadien, Hotels, Museen und ähnliches – verhandelt. Jährlich findet ein Business-Forum auf der Ebene der Regierungschefs statt. Der 8. China-Mittel-Ost-Europa-Gipfel fand im April 2019 statt, danach kam die globale Pandemie. An dem Treffen im kroatischen Dubrovnik nahmen – neben den Regierungschefs – an die tausend Vertreter von 360 Firmen und Banken teil. Eine der wichtigsten Vereinbarungen während dieses Meetings war die Einrichtung von chinesischen Bankfilialen in weiteren Mitgliedsländern, die Projekte fördern sollten, welche von der EU nicht gefördert werden.

Neben dem Gipfeltreffen erfolgen regelmäßig Beratungen der Chefs der Zentralbanken, der Transportminister sowie spezieller Unterorganisationen.

Allen hier aufgeführten multilateralen Organisationen oder Plattformen ist gemein, dass sie gleichberechtigt agieren. Keines der beteiligten Länder hat eine wichtigere Stimme als andere, niemand ist Primus inter pares oder gar Führungsmacht.

Institutionen zur Finanzierung der BRI

Die Finanzierung der BRI erfolgte in den zurückliegenden Jahren mindestens zur Hälfte über die vier großen staatlichen Banken: die *Industrial und Commercial Bank of China*, die *China Construction Bank*, die *Agricultural Bank of China* und die *Bank of China*.

Die zweite Position bei der Finanzierung der Neuen Seidenstraße hatte die *China Development Bank* inne – sie lieferte 30 bis 40 Prozent des Kreditvolumens. Die *Export-Import Bank* lieferte die restlichen 10 Prozent.

Ein spezieller Seidenstraßen-Fonds *(Silk Road Fund)* mit 10 Milliarden Dollar wurde im Dezember 2014 von der Asien-Infrastruktur und Investment-Bank *(Asian Infrastructure Investment Bank*, AIIB*)* und der *New Development Bank* (NDB) gebildet. Im Mai 2017 wurde er um 14,5 Milliarden aufgestockt.

Die *Bank of China* (BoC) und die *China Construction Bank* (CCB) bieten vor allem Handelskredite und Garantien für Ausschreibungen im Bausektor an.

Mit den Funds der *China Development Bank* (CBD) und der *China Export and Import Bank* (Eximbank) werden subventionierte Regierungskredite *(Government Concessional Loans*, GCL*)* und begünstigte Kredite für Käufer von chinesischen Exportwaren *(Preferential Export Buyers Credits*, PEBC*)* vergeben.

Die *Industrial and Commercial Bank of China* (ICBC) ist als Geber weitgehend kommerzieller Kredite aktiv.

Die Exportrisiken werden über die staatliche chinesische Versicherungsgesellschaft *Sinosure* abgesichert.

Um das gesamte BRI-Projektvolumen von geschätzten vier bis acht Billionen US-Dollar zu finanzieren, werden verschiedene Finanzierungskanäle wie BRI-Anleihen, private Kapitalinvestitionen und öffentlich-private Partnerschaften (PPP), aber auch Investitionen in staatliche Unternehmen (SOE) genutzt.

Asian Infrastructure Investment Bank (AIIB)

Die AIIB wurde – trotz heftigen Widerstandes der USA – am 29. Juni 2015 auf Initiative Chinas als ein Gegenentwurf zur Weltbank von Banken aus 57 Ländern gegründet. Bereits 2018 wuchs die AIIB auf 66 Mitgliedsbanken an, weitere 21 Kandidaten bewarben sich um Aufnahme.

Zweck dieser Bank ist die Finanzierung von Infrastruktur-Projekten vor allem in Asien, um im Wettbewerb mit dem von den US-Finanzinstituten dominierten internationalen Finanzmarkt diesem etwas Gleichwertiges entgegenzustellen. Die Vergabe von Krediten der Weltbank und des Internationalen Währungsfonds ist an die Erfüllung von politischen Bedingungen geknüpft, was stets einen Eingriff in die inneren Angelegenheiten der kreditnehmenden Staaten darstellt. Das ist mit den Prinzipen der *Belt and Road Initiative* nicht vereinbar, weshalb Alternativen gesucht oder gebildet werden mussten.

Trotz des offenen Wettbewerbs zu Weltbank und Internationalem Währungsfonds traten führende Geldhäuser aus Deutschland, Frankreich, England und Italien der AIIB bei. Japan und Kanada erkundeten die Möglichkeit, zu einem späteren Zeitpunkt beizutreten. Die USA haben einen Beitritt ausgeschlossen.

Dabei ist entscheidend, in welcher Währung die Kredite vergeben werden. Es gibt sie vorzugsweise in der chinesischen Landeswährung, etwa um Importe aus der Volksrepublik zu finanzieren, aber auch in Dollar und in Währungen aus dem Korb der Mitgliedsstaaten der AIIB.

Als eine der ersten internationalen Vereinbarungen zwischen Banken aus Drittländern und China wurde 2018 ein Memorandum of Understanding (MOU) zur Unterstützung von Projekten im Rahmen der Neuen Seidenstraße zwischen der Commerzbank Frankfurt am Main und der *Industrial and Commercial Bank of China* (ICBC) geschlossen. Die Vertriebsstärke der Commerzbank in Europa, kombiniert mit den lokalen Kenntnissen der ICBC im chinesischen Markt, sollte deutschen und europäischen Unternehmen helfen, Geschäftsmöglichkeiten entlang der Handelskorridore zu nutzen – gleichzeitig werden asiatische Unternehmen bei ihren Geschäften in Europa unterstützt.

Wachsende Differenzen bei der Realisierung von Projekten vor allem in Afrika machten die Errichtung eines Schlichtungszentrums erforderlich. In den seither geschlossenen Projektverträgen ist mehrheitlich als Ort der Schlichtungsaustragung »China« angegeben. Diese Festlegung führte wiederum zu weiteren Streitigkeiten, zuletzt erhoben Interessengruppen in Uganda und in Nigeria Einspruch gegen Schiedsgerichtsverhandlungen in China. Um dem Verlangen der Nehmerländer entgegenzukommen, eröffnete China im November 2021 das *Hong Kong International Arbitration Centre* (HKIAC).

Regionale umfassende Wirtschaftspartnerschaft (RCEP)

Die Volksrepublik China war von Anbeginn immer bestrebt, die Entwicklung der Neuen Seidenstraße mit Maßnahmen im indopazifischen Raum zu verbinden, die die dort bestehenden Konflikte überwinden und Eskalationspotentiale reduzieren würden. In diesem Kontext ist auch die konstruktive Mitwirkung an Verhandlungen zur Schaffung von Freihandelszonen zu sehen.

Acht Jahre Verhandlungen führten 2020 zum Abschluss eines Abkommens über die größte Freihandelszone der Welt. 2012 hatten die Verhandlungen zwischen ASEAN-Staaten und der Volksrepublik China, Japan und Südkorea (ASEAN+3) sowie mit Indien, Australien und Neuseeland (ASEAN+6) begonnen. Ursprünglich plante man die Bildung der Freihandelszone bereits für 2017, doch Indien meldete Bedenken an und verließ die Verhandlungen. Indien fürchtete, dass die eigene Wirtschaft nicht konkurrenzfähig sei und daher sein Markt von chinesischen Industrieprodukten und landwirtschaftlichen Erzeugnissen aus Australien und Neuseeland bei Aufhebung der Zölle überflutet werden könnte. Am 15. November 2020, zum Abschluss des 37. ASEAN-Gipfeltreffens in der vietnamesischen Hauptstadt Hanoi, erfolgte schließlich die Vertragsunterzeichnung. Mitglieder von RCEP wurden alle zehn ASEAN-Staaten, China, Japan und Südkorea sowie Australien und Neuseeland.

Zuvor bestanden zwischen den einzelnen Ländern unterschiedliche Freihandelsabkommen, diese förderten den gemeinsamen Handel nur marginal, weshalb es sinnvoll war, den zollfreien Handel auszuweiten.

Nachdem die US-Regierung unter Präsident Obama die amerikanische Politikwende in Richtung Asien zur Eindämmung Chinas vorgenommen hatte, initiierten die USA auch Verhandlungen für ein transpazifisches Freihandelsabkommen. Die Transpazifische Partnerschaft *(Trans-Pacific Partnership, TPP)* wurde jedoch, ehe sie von den zwölf Teilnehmern besiegelt wurde, aufgrund des Machtwechsels in Washington von den USA aufgekündigt. Daraufhin verständigten sich Ende 2017 Australien, Brunei, Chile, Japan, Kanada, Malaysia, Mexiko, Neuseeland, Peru, Singapur und Vietnam, die Gespräche ohne USA für ein *Comprehensive and Progressive Agreement for the Trans-Pacific Partnership* (CPTPP) fortzusetzen. China und die USA bekundeten 2021 ihr Interesse, dem CPTPP beizutreten.

Nach der Ratifizierung des RCEP-Vereinbarung ist dieses Freihandelsabkommen seit dem 1. Januar 2022 in Kraft. Es betrifft etwa ein Drittel der Weltbevölkerung, ein Drittel des weltweit erzeugten Bruttoinlandsproduktes (BIP) und ein Drittel des globalen Exports. In dieser Region befinden sich die am schnellsten wachsenden Volkswirtschaften. Das Abkommen, unterstützt von den aufzubauenden land- und seeseitigen Infrastrukturprojekten im südasiatischen Wirtschaftsgürtel, trägt dazu bei, dass Asien zum ökonomischen Zentrum der Welt wird und damit die Bedeutung der USA und Europas für die Weltwirtschaft weiter schwinden wird. Denn RCEP geht weit über die Absenkung der Zolltarife hinaus. Das Ziel ist eine Wirtschaftsgemeinschaft, die sich auf gemeinsame Regeln und Standards verständigt, Handelshemmnisse abbaut und den Marktzugang gemeinsam anstrebt.

Auf dem ASEAN-Gipfel im Oktober 2021 schlug daher der chinesische Premierminister Li Keqiang vor, das RCEP zu einem Strategischen Partnerschaftsabkommen aufzuwerten. Das hätte den Vorteil, dass auch Aspekte der nationalen Sicherheit eingeschlossen würden, also ein System kollektiver Sicherheit zur Friedenssicherung entwickelt werden könnte.

Es ist ein offenes Geheimnis, dass aufgrund ihrer ökonomischen Potenz der politische Einfluss der Volksrepublik China auch in internationalen Zusammenschlüssen und Organisationen wie RCEP stetig wächst.

Wie viele der der BRI beigetretenen Staaten verzeichneten im Jahr 2021 auch die Mitgliedsländer des RCEP große Zuwächse bei ihren Exporten nach China. Die zehn ASEAN-Länder zum Beispiel steigerten ihre Ausfuhren nach China in den ersten sieben Monaten des Jahres auf erstaunliche 216 Milliarden Dollar, was sieben Prozent des BIP des regionalen Blocks ausmachte. Die Ausfuhren der EU – ein fünf Mal größerer Wirtschaftsblock als die AEAN-Staaten – erreichten hingegen lediglich 181 Milliarden Dollar. Die meisten ASEAN-Exporte nach China waren Industriegüter, insbesondere elektrische und mechanische Maschinen, Kunststoffe und Fahrzeuge.

Die ASEAN-Gruppe ist ständiger Beobachter in der Shanghai Cooperation Organisation. Eine derartige Aufwertung des Abkommens eröffnete auch Möglichkeiten zur Lösung von Differenzen im Südchinesischen Meer.

Die Biden-Administration hat den stetig wachsenden Einfluss Chinas in Südostasien durch die *Belt and Road Initiative* und die *Regional Comprehensive Economic Partnership* erkannt und versucht gegenzusteuern. Erstmals nahm nach drei Jahren Abwesenheit wieder ein US-Präsident an dem ASEAN-Gipfel im Oktober 2021 teil. Biden erneuerte sein Angebot über mehr Warenaustausch und kündigte neue Initiativen und Projekte zwischen den USA und den zehn ASEAN-Staaten im Umfang von mehr als 100 Millionen Dollar an, unter anderem in der Gesundheitspolitik, bei Klimaschutz und Bildung.

China kündigte zur gleichen Zeit an, der Initiative von Singapur, Neuseeland und Chile für eine *Digital Economic Partner-*

ship – vor Jahresfrist mit der Absicht geschlossen, den digitalen Handel durch gemeinsame Standards untereinander zu fördern – beizutreten. Es ist zu vermuten, dass der chinesische Vorstoß weitere Staaten in der Region veranlassen wird, sich dieser Initiative anzuschließen.

Die maritime Seidenstraße

Die Neue Seidenstraße, die *Belt and Road Initiative,* wird eher mit Landverbindungen denn mit Wasserstraßen in Verbindung gebracht. Gleichwohl schließt dieses gigantische Infrastrukturprojekt auch Seewege mit ein. Schließlich geht es bei der Suche nach und der Entwicklung von alternativen Transport- und Handelsrouten immer auch um Unterstützung des wirtschaftlichen Wachstums in den auf diese Weise erschlossenen Regionen, um die Erweiterung von Rohstoff- und Absatzmärkten und natürlich um die Stimulierung des Wachstums der eigenen Wirtschaft. Aber es geht dabei stets auch darum, den Versuchen einer militärischen Blockade offensiv zu begegnen.

Neben der traditionellen maritimen Verbindung zwischen Europa und Asien wird in den kommenden Jahrzehnten die arktische Seeverbindung an Bedeutung gewinnen. Die Erderwärmung drängt immer mehr das Eis zurück, wodurch dieser Seeweg frei wird.

Die historische Seidenstraße über den eurasischen Kontinent kam vornehmlich zum Erliegen aufgrund der militanten Ausbreitung des Islam von Nordafrika aus, vom Osmanischen Reich und aus Zentralasien, insbesondere aus den Regionen des heutigen Usbekistan. In jener Zeit unternahmen die Chinesen Forschungsreisen zur See. Die Dschunken-Flotten des Admirals Zheng He, eines Eunuchen, segelten bis nach Afrika. Auf dem Weg nach Ostafrika knüpften sie diplomatische und Handelskontakte mit den Anrainern. Bei sieben Exkursionen zwischen 1405 und 1433 in den Pazifik und in den Indischen Ozean legten die Dschunken – mitunter zählten die Flotten bis zu 100 Schiffen und etwa 30 000 Mann – an die 50 000 Kilometer zurück. Wegen der Mitbringsel wurden die Seefahrzeuge auch »Schatzschiffe« genannt; man geht davon aus, dass sie die größten jemals gebauten Segelschiffe darstellten. Sie sollen

59 bis 84 Meter lang gewesen sein und bis zu neun Masten getragen haben.

Als der kunstsinnige Kaiser Xuande, der fünfte der Ming-Dynastie, 1435 starb, erlosch auch das Interesse an der kostspieligen chinesischen Seefahrt. Der Thronfolger war neun Jahre alt, und Xuandes Mutter, die Große Kaiserinwitwe Zhang, übernahm die Regentschaft.

Nach der Erschließung des Seeweges von Europa nach Indien durch den portugiesischen Seefahrer Vasco da Gama 1498 trafen auch wieder Kaufleute aus Europa mit asiatischen Händlern zusammen. Der Warenaustausch – angetrieben von den hohen Profiten, die die Portugiesen mit dem Gewürzhandel erzielten – entwickelte sich sehr schnell. Malaysische Seefahrer und Händler erschlossen den Europäern den gefährlichen Seeweg bis zu den Molukken. Die europäischen Gewürzschiffe umrundeten Afrika, überquerten den Indischen Ozean und gelangten durch die Straße von Malakka nach Malaysia und in die Inselwelt des heutigen Indonesien. 1514 erreichte der Portugiese Jorge Alvares eine Region in China, die bereits seit sechstausend Jahren besiedelt war: Macau. Die Stadt wurde an das Königreich Portugal verpachtet und sollte sich zu einem der bedeutendsten Warenumschlagplätze zwischen Asien und Europa entwickeln.

Das erste deutsche Schiff landete 1752 in China. Es war die »König von Preußen«, welche im Jahr zuvor von der Preußisch Asiatischen Kompanie erworben worden war und im Auftrag von Friedrich II. nach Kanton segelte, dem einzigen damals Europäern zugänglichen Hafen Chinas. Der Erlös der Waren der ersten Reise – Tee, Rohseide, Porzellan – warf bei der Rückkehr 1753 kaum Gewinn ab, deckte aber die Kosten der Reise. Eine zweite Reise nach Fernost mit 36 Kanonen und etwa 135 Mann ging zur Mündung des Ganges, wo die »König von Preußen« die Ladung der dort gestrandeten »Prinz Heinrich« übernahm. Mit dieser Ladung traf das Segelschiff 1762 wieder in Europa ein. Wegen der französischen Besetzung Emdens – zwischen 1756 und 1763 tobte weltweit ein Siebenjähriger Krieg – und ausbleibender Gewinne wurde die Handelskompanie auf

Beschluss der Mehrheit der Gesellschafter bis 1765 liquidiert und die verbliebenen Schiffe der Kompanie verkauft. So endete das deutsche Abenteuer in Asien vorerst.

Die britische Krone erzwang nach dem sogenannten Ersten Opiumkrieg (1839–1842) – die Beschlagnahme des zur Ausfuhr bestimmten Opiums britischer Händler diente zur Legitimierung einer mehrjährigen Militärexpedition, bei der mehrere Küstenstädte erobert wurden – die Öffnung weiterer chinesischer Häfen für Schiffe aus Großbritannien und anderen europäischen Staaten. Damit verlor das chinesische Kaiserreich der Qing-Dynastie die Souveränität über seinen eigenen Außenhandel, zudem musste es Reparationen an die britische Krone leisten.

In der Folgezeit entwickelte sich ein regulärer Seehandel auf der »maritimen Seidenstraße«. Handelstransporte auf der traditionellen Seidenstraße über Land erfolgten nicht mehr. Erst gegen Ende des 19. und zu Beginn des 20. Jahrhunderts reisten Forscher und Entdecker erstmals wieder auf der alten Seidenstraße nach Zentralasien und China.

Gegenwärtig werden 98 Prozent des Handels zwischen China und Europa über Seerouten durch das Südchinesische Meer, die Straße von Malakka, den Indischen Ozean, den Golf von Aden, das Rote Meer und den Suezkanal abgewickelt. Der Kanal ersetzt seit 1869 die längere Route um das südliche Kap Afrikas. Chinas Handel mit Afrika erfolgt nahezu vollständig über See.

Das erklärt, warum die Volksrepublik inzwischen über die weltgrößte Flotte mit Massengut-, Container- und Tankschiffen verfügt und systematisch die Hafenkapazitäten sowohl in China als auch auf den Routen der maritimen Seidenstraße ausbaut oder deren Entwicklung fördert. Zehn der weltgrößten Häfen befinden sich in Asien, sieben davon in China.

Die Kette der Häfen, die im Westen als »String of Pearls«, als Perlenkette, bezeichnet wird, reicht in China von Tianjin, Qingdao, Shanghai, Ningbo, Xiamen, Shenzhen bis Hongkong. Sie setzt sich fort über Singapur und Kuala Lumpur, die Häfen in Myanmar Rangun und Kyaukpyu, Chittagong und Payra in

Bangladesch, Colombo und Hambantota in Sri Lanka, Karatschi und Gwadar in Pakistan, Chanbahar in Iran, Dukan in Oman sowie Dschibuti, Daressalam und Mombasa in Ostafrika.

Die USA unterstellen eine aggressive Expansion Chinas zur See und sprechen von einem geopolitischen Netzwerk militärischer und kommerzieller Einrichtungen zwischen dem chinesischen Festland bis zum Horn von Afrika.

Im Rahmen der maritimen »Neuen Seidenstraße« hat China seine maritimen Handelsinteressen in der Tat neu formiert. Darum engagiert sich Peking auch in europäischen Häfen wie Rotterdam, Venlo, Duisburg, Felixstowe, Gdynia und Barcelona. Heute stellt China vier der zehn größten Hafenbetreiber der Welt sowie vier der 20 größten Schifffahrtslinien. Zudem sind fast zwei Drittel der 50 größten Häfen der Welt entweder mit chinesischem Investments ausgestattet oder werden von chinesischen Unternehmen direkt betrieben.

Beim Bau von neuen Häfen oder bei der Erweiterung von existierenden versucht China meist die Umschlagkapazität zu erhöhen, was eine Infrastrukturerweiterung bedeutet und eine Industrialisierung der Region und damit eine Verbesserung der Lebensqualität nach sich zieht. Man plant Hafen + Industriepark + Stadt. In Hafennähe werden Industriezonen entwickelt und moderne Städte gebaut. Dieses Prinzip hat sich in der Volksrepublik bewährt und den wirtschaftlichen Aufbau befeuert – China wurde auf diese Weise in die weltweiten Lieferketten eingebunden. Beispiele für solche erfolgreichen Investitionen ist die *Tianjin Economic Development Area* (TEDA), deren Aufbau und Entwicklung ich von 1990 bis 2017 verfolgen konnte. In den neunziger Jahren lebte und arbeitete ich in dieser Wirtschaftszone.

Eine Kopie von TEDA kann man heute bei Said in Ägypten besichtigen: Sie heißt *Suez Canal Economic Zone* (SCZONE).

Die großen Container-Schiffe, die zwischen den chinesischen und europäischen Häfen verkehren, die Massengutfrachter zwischen China und Afrika oder die Tanker zwischen den Ölhäfen Persiens und Chinas laufen direkt ihre Ziele an. Das unterscheidet diesen Frachtverkehr von der Praxis der

Vergangenheit. Noch vor Jahrzehnten war es üblich, dass auf den Routen sogenannte Zwischenhäfen angesteuert wurden, um die Ladungen zu komplettieren oder partiell zu leichtern. Das ist vorbei. Lediglich die Containerriesen im Europaverkehr laufen mitunter Verteilerhäfen an, sogenannte Hubs, etwa in Singapur oder am Golf von Aden. Von den chinesischen bis zu den Bestimmungshäfen und umgekehrt verlaufen die Reisen nach einem stündlich abgestimmten Fahrplan. Für diese moderne Schifffahrt braucht man keine »Perlenkette«, an der sich die Frachter und Tanker gleichsam entlanghangeln.

China, wie schon erwähnt, investiert aber in diese Häfen, um auf diese Weise die nationale Wirtschaft entwickeln zu helfen. Natürlich erfolgt dies nicht aus Altruismus, Peking verfolgt selbstverständlich auch eigene ökonomische Interessen. Die Häfen erfüllen mehrere Funktionen gleichzeitig, von denen sowohl die Region als auch der Investor profitieren.

Insbesondere die Funktion als strategische Brückenköpfe der kontinentalen Landverbindungen ist von erheblicher Bedeutung für die reibungslose Abwicklung des internationalen Handels. So können eventuelle Störungen auf den Seestrecken kompensiert werden. Wie die Transportkorridore über den eurasischen Kontinent eine Alternative zu den Seerouten darstellen, so sind die Korridore zu den Häfen in Asien eine Alternative zu den Seerouten.

Die Meeresstraße von Malakka zwischen Sumatra und Malaysia ist eine wesentliche Verbindung zwischen Südchinesischem Meer und Indischem Ozean. Sie ist aber auch ein Nadelöhr, das aus strategischen Gründen vor Störungen gleich welcher Art gesichert werden muss. Die Straße von Malakka und der Suezkanal gehören zu den meistbefahrenen Schifffahrtsstraßen der Welt.

Wiederholt wurde in jüngster Zeit die Passage zwischen dem Roten und dem Mittelmeer verhindert – während des Zweiten Golfkriegs zu Beginn der neunziger Jahre, während der Hochzeit der Piraterie am Horn von Afrika zwischen 2000 und 2011 sowie nach der Blockade des Kanals durch ein havariertes Containerschiff 2021. Viele Reedereien entschieden sich in dieser Zeit für die Umrundung des Kontinents, was die Lieferwege nicht nur länger, sondern auch teurer machten. Und das machte sich dann beim Preis für die beförderten Waren und Erzeugnisse bemerkbar.

Wegen der sogenannten *just in time*-Produktion, bei der auf Bevorratung und Lagerhaltung verzichtet wird, kam es zu Lieferengpässen und in der Folge zum Rückgang der Produktion insgesamt.

Eine mögliche Blockade der Straße von Malakka oder der von Hormuz, der Zufahrt zum Persischen Golf, durch die gegenwärtig 20 Prozent der weltweit gehandelten Öllieferungen gehen, würde nicht nur zu einer globalen Verteuerung von Waren und Öl führen, sondern auch die chinesische Wirtschaft hart treffen. Deshalb hat die Volksrepublik – wie auch die westlichen Industriestaaten – ein besonderes Interesse an einer sicheren Schifffahrt.

Als die Piraterie vor Afrikas Ostküste zunahm, riefen die westlichen Schifffahrtsnationen China als einen der Hauptnutzer dieser Wasserwege auf, sich am militärischen Schutz zu beteiligen.

Peking kam dem nach und errichtete 2015 in Dschibuti eine Militärbasis, nachdem bereits die USA, Frankreich, Italien, Japan und Deutschland sich dort schon Jahre zuvor niedergelassen hatten. Inzwischen will der Westen sich an diese Aufforderung nicht mehr erinnern und attackiert China, dass es eine militärische Expansion betreibe.

Auf der anderen Seite fühlt sich Peking einer wachsenden seeseitigen Bedrohung ausgeliefert, an Chinas Küste – von Dalian im Norden bis zur Insel Hainan im Süden – befinden sich nicht nur die Häfen, sondern die Industriezentren des Landes. Seit dem »Pivot to Asia« der USA werden die eigenen wie auch die militärischen Stützpunkte ihrer Verbündeten ausgebaut. Die USA erhöhen auffällig ihre Präsenz in der Region, um den Konkurrenten einzuhegen, ihn einzudämmen. Mit der gleichen Containment-Strategie hatte man in den vierziger und fünfziger Jahren in Europa die Sowjetunion bedrängt, ehe man zum Rollback überging. Der war erfolgreich: Die UdSSR ging unter und die NATO dehnte sich bis zur Ostgrenze Russlands aus.

Die Kette der Stützpunkte der USA reicht von den japanischen Inseln und Südkorea über Taiwan und die Philippinen bis nach Indonesien, und sie bemühen sich in weiteren Staaten um militärische Brückenköpfe: in Thailand, in Singapur, selbst in Vietnam, gegen das man vor einem halben Jahrhundert noch einen barbarischen Krieg führte.

Auf diese wachsende militärische Bedrohung von See reagiert die chinesische Führung strategisch. Zum einen werden immer mehr Industriezentren im Landesinneren errichtet, etwa in der nordwestlichen Provinz Xinjiang, womit man zugleich den Lebensstandard dort anhebt. Zum anderen entwickelt man alternative Transportrouten (siehe *Belt and Road Initiative*). Und drittens schließlich stärkt China seine militärischen Abwehrkräfte, insbesondere seine Marine.

Bislang konzentrierte sich die chinesische Marine auf den Schutz der unmittelbaren Küstengewässer. Mit der wachsenden ökonomischen Stärke des Landes ist man nun auch in der Lage, die Übersee-Streitkräfte zu entwickeln und auf den Weltmeeren Flagge zu zeigen. Damit trägt die Volksrepublik einerseits zur allgemeinen Sicherung der Schifffahrt bei (etwa durch die kollektive Abwehr von Piratenangriffen). Andererseits schützt sie damit ihre Außengrenzen zur See. Zunächst war ein außerdienstgestellter Flugzeugträger von der Ukraine gekauft und umgebaut worden, es wurden neue U-Boote beschafft und moderne Zerstörer entwickelt. Gegenwärtig verfügt die Atommacht China über zwei Flugzeugträger, zwei weitere sind im Bau. Die Marine hat ferner nukleargetriebene U-Boote und Tarnkappenkampfschiffe. Der erste und bisher einzige Flottenstützpunkt außerhalb des chinesischen Territoriums, der in Dschibuti, dient neben dem militärischen Schutz der Schifffahrt auch als Basis für chinesische UN-Peacekeeping-Missions, also den Friedenstruppen der Vereinten Nationen, wie die Einsätze von Blauhelm-Soldaten genannt werden. Erwa 90 000 Militärs und Polizisten sind gegenwärtig in vierzehn Einsätzen unterwegs, die meisten in Afrika und im Nahen Osten.

Die chinesische Marine verfügt möglicherweise inzwischen über mehr Schiffseinheiten als die US Navy. Doch im Unterschied zu den USA, die ungehindert sowohl von ihrer Ost- als auch von ihrer Westküste in die Weltmeere gelangen, kann dies China nicht: Seine Zugänge werden von den USA kontrolliert. Und sie unternehmen alles, dass es so bleibt. Deshalb werden die Verbündeten der USA in dieser Region aufgerüstet. Erinnert sei nur an die Zusage im Herbst 2021, Atom-Uboote an Australien zu liefern. Dabei scheuen die USA nicht einmal davor zurück, bereits geschlossene Vereinbarungen zwischen dem NATO-Partner Frankreich und Australien zu brechen und Paris das Geschäft zu vermasseln.

Es ist also blanke Demagogie, wenn in den westlichen Medien getitelt wird: »China rüstet aggressiv auf« und »China fordert die militärische Dominanz der USA heraus«. Da wird, wie meist, die Wirkung mit der Ursache vertauscht.

Die amerikanischen Rüstungsausgaben sind noch immer drei Mal so hoch wie die Chinas. Der Anstieg der chinesischen Militärausgaben von 2019 auf 2020 betrug lediglich 1,9 Prozent, war also geringer als der Anstieg des Bruttoinlandsproduktes. Damit war China das einzige große Land, dessen Militärausgaben im Vergleich zum BIP sogar zurückgingen (1,67 Prozent). Die Militärausgaben der USA stiegen dagegen um 4,4 und die Deutschlands sogar um 5,2 Prozent.

Die von China empfundene Bedrohung ergibt sich nicht allein aus der Höhe der Militärausgaben und der Stärke der Seestreitkräfte der USA. Es ist vor allem die Präsenz der US-Streitkräfte in Asien und vor Chinas Küsten. Die US Navy zählt etwa 300 Kriegsschiffe und 342 000 Soldaten. Die meisten Schiffe verteilen sich auf sechs Flotten, die global unterwegs sind. Die 6. Flotte kreuzt im Indischen Ozean und die 7. Flotte im Pazifik unmittelbar vor der Küste der Volksrepublik China.

Diese 7. Flotte ist der größte Verband mit 50 bis 60 Schiffen, 350 Flugzeugen und rund 60 000 Mann. Sie erhielt nach der von Obama eingeleiteten Wende nach Asien weitere Zerstörer und amphibische Angriffsschiffe und operiert hauptsächlich in Gewässern um China.

Darüber hinaus sind die USA bestrebt, den Quadrilateralen Sicherheitsdialog, kurz »Quad«, an dem Japan, Australien und Indien beteiligt sind, als Bündnis gegen China zu aktivieren. Im September 2021 hatte Washington die Bildung von AUKUS (Australia – U. K. – U. S., also Australien, Großbritannien und USA) als neues Militärbündnis für den indopazifischen Raum angekündigt. Als geheimdienstlicher Pakt »Five Eyes« kooperieren die Dienste dieser drei Staaten sowie Kanadas und Neuseelands ohnehin schon geraume Zeit miteinander.

Die USA unternehmen alles, um eine breite militärische (und wirtschaftliche) Allianz gegen China zu schmieden, in der möglichst viele Staaten in der Region eingebunden sind. Die Ähnlichkeit mit den Bestrebungen Washingtons, in Europa nach dem Zweiten Weltkrieg antikommunistische Bündnisse gegen die Sowjetunion zu formieren, sind nicht zu übersehen.

Neben den in Japan stationierten US-Truppen (Okinawa 35 000 Soldaten und 130 Kampfjets) und den 45 000 Soldaten in Südkorea befindet sich ein Flugzeugträger-Kampfverband permanent im Gelben Meer. 2021 verlegten die USA wiederholt Verbände um die Flugzeugträger »Nimitz« und »Theodore Roosevelt« in das benachbarte Südchinesische Meer. Das wird von der VR China als eine Drohung verstanden, seine Handels- und Transportverbindungen zu blockieren.

Der mit Angriffsraketen bestückte Zerstörer »John S. McCain« durchfuhr die zu chinesischen Territorialgewässern gehörende Taiwanstraße, denn die – völkerrechtlich auch von den USA anerkannte – Ein-China-Politik sieht die Insel Taiwan als Teil Chinas, folglich ist die Passage zwischen der Insel und dem Festland ein chinesisches Territorialgewässer. Nach internationalem Seerecht müssen Kriegsschiffe ausländischer Nationen für die Durchfahrt von territorialen Gewässern die Zustimmung des Anrainerstaates einholen. Das ist weltweit üblich. Die USA begründen die Verletzung des internationalen Seerechts damit, dass sie lediglich die »freie Schifffahrt« in von China beanspruchten Seegewässern verteidigt hätten.

Die USA versuchen augenscheinlich, die militärische Einkreisung Chinas mittels permanenter Präsenz als Gewohnheitsrecht durchzusetzen.

Da vier Fünftel des chinesischen Außenhandels nach Europa und Afrika durch das Gelbe und durch das Ostchinesische Meer abgewickelt werden und aus Pekinger Sicht die Passage gesichert werden muss, errichtete China in den letzten Jahren auf den Paracel- und Spratly-Inseln sowie auf dem Scarborough Riff Hafenanlagen, Flugzeuglandebahnen und Versorgungsstationen, was den wütenden Protest der USA hervorrief. Über ähnliche zivile und militärische Anlagen verfügen auch andere Anrainerstaaten wie die Philippinen, Vietnam und Malaysia seit Jahrzehnten.

Keiner der Anliegestaaten wünscht sich die Anwesenheit der US Navy oder eine verstärkte Präsenz der chinesischen Marine. Sie sind an einem neutralen Status interessiert, was durch Handelsabkommen wie den RCEP unterstrichen wird. Die Tatsache der militärischen Nutzung der Inseln und Riffe führt darum zwangsläufig zu Missstimmungen und Konflikten zwischen den Anrainern, die von den USA und ihren Verbündeten zweckdienlich zugespitzt und politisch instrumentalisiert werden.

China reklamiert historische Rechte innerhalb einer sogenannten Neun-Striche-Linie (»Nine-Dash-Line«). Diese markiert einen Raum im Südchinesischen Meer mit Inseln, Riffen und Sandbänken, die China nach der Kapitulation Japans zugesprochen worden waren. Grundlage dafür bildete das Potsdamer Abkommen, welches die Siegermächte im Sommer 1945 geschlossen hatten. 1947 ließ die Kuomintang-Nationalregierung 172 dieser Eilande vermessen, registrieren und neu benennen. Das Innenministerium ließ in einem internen Atlas die territorialen Gewässer publizieren, keiner der Anrainerstaaten wie auch die USA erhoben Einspruch, womit also deren Rechtmäßigkeit anerkannt worden war. 1949 siegte die Revolution in China, die Volksrepublik wurde Rechtsnachfolgerin der nach Taiwan geflüchteten Kuomintang-Nationalregierung.

Am 12. Juli 2016 kam ein nach dem Seerechtsübereinkommen der Vereinten Nationen (UNCLOS) gebildetes Schiedsgericht zu dem Schluss, dass der historisch begründete Anspruch »keine rechtmäßige Wirkung« habe. Die Volksrepublik habe darum auch kein Recht, Inseln oder Riffe zu befestigen

Das Urteil wurde sowohl von der Regierung der VR China als auch von der Regierung der Republik China (Taiwan) abgelehnt.

China erkennt diesen Spruch nicht an, da das Schiedsgericht für Seerechtsfragen, nicht aber für Souveränitätsdispute zuständig sei. Bei dem Schiedsspruch ging es offensichtlich nicht um die Durchsetzung des internationalen Seerechtsabkommens, sondern wohl mehr um die Legitimierung der US-Präsenz in diesem Seegebiet. Die Volksrepublik China möchte nach meiner Überzeugung genau dies verhindern, sie will keine Kriegsschiffe von Drittstaaten in diesem Seegebiet sehen, mindestens aber die Kontrolle darüber haben, wer vor Chinas Haustür mit Kanonenbooten kreuzt.

Dieses Bedürfnis wird von Anrainern der Volksrepublik durchaus zugestanden. Auf der Konferenz der ASEAN-Staaten im Herbst 2021 erklärte der philippinische Präsident erneut, dass die südostasiatischen Staaten gemeinsam mit der VR China eine Lösung für die Sicherheit der Schifffahrt im Südchinesischen Meer anstrebten. Und zwar auf der Basis des »Code of conduct«, dem Verhaltenskodex des Internationalen Seerechtsübereinkommens. Die VR China stimmt dem prinzipiell zu, denn sie ist diesem Seerechtsübereinkommen der Vereinten Nationen, dem Seevölkerrecht, das alle Nutzungsarten der Meere regelt, 1996 beigetreten. So hat China auf dieser Basis mit den Philippinen die Fischereirechte einvernehmlich geregelt. Und es finden mit den ASEAN-Ländern regelmäßige Konsultationen über eine gemeinsame Nutzung des Südchinesischen Meeres und dessen Rohstoffvorkommen statt.

Diese realen Bedrohungen erklären auch die Anstrengungen Chinas, kontinentale Landverbindungen zu Häfen außerhalb des eigenen Landes zu erschließen. Die sogenannten

Brückenkopfhäfen an der Straße von Malakka, dem Golf von Bengalen und am Arabischen Meer sind mit südostasiatischen Eisenbahnlinien und über den *China-Pakistan Economic Corridor* (CPEC) verbunden. Er besteht aus einer Anzahl von Projekten, welche eine Entwicklung und Verbesserung der pakistanischen Transport- und Energie-Infrastruktur sowie eine erhöhte wirtschaftliche Zusammenarbeit zwischen der Volksrepublik China und Pakistan zum Ziel haben. Der CPEC ist einer der sechs Land-Handels- und Infrastrukturkorridore der Neuen Seidenstraße, er beginnt auf dem 4700 Meter hohen Kunjirap-Pass zwischen Hindukusch und Karakorum und führt durch das ganze Land bis zur Hafenstadt Gwadar am Arabischen Meer.

Häfen der Perlenkette

Kuala Lumpur und Malakka, Malaysia

Auf der Westseite der malaysischen Halbinsel befindet sich der Hafen von Kuala Lumpur, der malaysischen Hauptstadt. Bis 2026 wird er an die Bahnverbindung angeschlossen, die den Zugang zum asiatischen Eisenbahnnetz erlaubt.

Auf halbem Weg zu dem auf dem Südzipfel der Halbinsel gelegenen Stadtstaat Singapur liegt Malakka, das der vor ihr liegenden Meeresenge den Namen gab. Das ist eine Handelsstadt, die vor allem durch den Gewürzhandel im Mittelalter Bedeutung besaß. Malaysische, indische, javanische und chinesische Händler ließen sich dort nieder. Malakka entwickelte sich wegen des gut geschützten natürlichen Hafens zum Zentrum der malaysischen Halbinsel. Später, während der kolonialen Periode, besaß er keine große wirtschaftlich Bedeutung mehr.

Nunmehr wird erwogen, den Hafen der Stadt Malakka im Rahmen der *Belt and Road Initiative* – zusätzlich zum stark frequentierten Hafen von Kuala Lumpur – als einen Brückenkopfhafen auszubauen und über die Eisenbahn mit China zu verbinden.

Kyaukpyu, Myanmar

An der Westküste von Myanmar, am Golf von Bengalen, liegt die Stadt Kyaukpyu an einem Tiefseehafen. Das Becken ist 25 Meter tief, dort können die größen Schiffe anlegen. 2014 wurden der Hafen von der Regierung Myanmars als Investment-Objekt ausgeschrieben. Sechs Jahre später, während eines Besuches des chinesischen Präsidenten Xi Jinping, vereinbarten beide Seiten, den Hafen im Rahmen der *Belt and Road Initiative* als ein Demonstrationsprojekt mit einer angeschlossenen Sonderwirtschaftszone zu entwickeln.

Die Realisierung erfolgt in vier Phasen, wobei die erste Phase den Bau von zwei Liegeplätzen mit einer Gesamtinvestition von 1,3 Milliarden Dollar vorsieht. In einer weiteren Bauphase erfolgen der Anschluss von Gas- und Ölpipelines und die Errichtung eines Ölterminals mit 600 000 Kubikmeter Kapazität; die ersten Pipelines gingen bereits 2020 in Betrieb. Das Hafenbecken wird für Riesentanker bis 300 000 BRT ausgelegt.

Der Hafen mit dem Industriepark erfüllt sowohl die Funktion eines Brückenkopfes am Ende des Y-förmigen China-Myanmar-Wirtschaftskorridors wie auch die als gewaltiger Arbeitgeber, womit sich das soziale Umfeld für die lokale Bevölkerung verbessert. Kyaukpyu ist damit globale Blaupause der BRI-Kooperation.

Payra, Bangladesch

Durch das Land wälzen sich Ganges und Brahmaputra dem Golf von Bengalen entgegen, beide Ströme kommen aus Indien, dem großen Nachbarn. Bangladesch ist nur anderthalbmal so groß wie die DDR, zählt aber 165 Millionen Menschen und darum zu den am dichtesten besiedelten Ländern der Welt. Allerdings auch zu den ärmsten, wozu die Hochwasser und Überflutungen nach den Monsunen ihren Teil leisten. Die Erderwärmung und das damit verbundene Steigen des Meeresspiegels werden dieses Problem noch verschärfen.

Die Regierenden versuchen die Balance zwischen den beiden großen Nachbarn – Indien und China – zu wahren. Auf der anderen Seite sind seit dem Ende der Kolonialzeit – Bangladesch wurde erst 1971 unabhängig – immense Infrastrukturmaßnahmen nötig, die das Land nicht aus eigener Kraft zu leisten imstande war und ist. Um Indien nicht zu verärgern, wurden Pläne für Häfen, Bahntrassen und Straßen oft verworfen. Doch die wachsende Exportindustrie (jährlich acht Prozent plus) braucht Tore und Trassen zur Welt. Japan wurde als Investor für den Ausbau des Hafens in Chittagong gewonnen, China mit der Entwicklung des weniger attraktiven Hafens von Payra beauftragt. Die von Indien beschworene Gefahr, dass Payra zum Brückenkopf chinesischer Expansion in dieser Region würde, ist gering. Im Hafen wird lediglich die Kohle aus China gelöscht, die für das ebenfalls von China errichtete Kohlekraftwerk bestimmt ist. Und dieses besitzt Bedeutung allenfalls für die lokale Industrie.

Hambantota, Sri Lanka

Hambantota im Süden der Insel Sri Lanka wurde 2004 von einem Tsunami heimgesucht und durch Hilfs- und Infrastrukturmaßnahmen insbesondere aus China wieder aufgebaut. Der Tiefseehafen (und gelegentlich auch der dortige Airport) tauchen immer wieder in der westlichen Presse als Beispiel für eine vermeintliche Schuldendiplomatie auf. China habe, um es kurz zu machen (ich werde im Kapitel »Die Schuldenfalle und der Neokolonialismus« ausführlicher darauf eingehen), Sri Lanka Kredite für Projekte gleichsam aufgenötigt, die aber wegen der ungenügenden Wirtschaftlichkeit nicht getilgt werden konnten, woraufhin China etwa den Tiefseehafen und das angrenzende Industriegebiet zu großen Teilen für 99 Jahre übernahm. Investitionen wie auch deren Übernahme seien mit Kalkül erfolgt, so die Behauptung in den westlichen Medien. Auch wenn diese Darstellung von seriösen Instituten in den USA und anderen Staaten, die nicht zu den

Freunden Chinas rechnen, mit soliden Untersuchungen widerlegt wurden, wird diese These immer wieder repetiert.

Der Hafen liegt etwa auf halbem Wege zwischen der Straße von Malakka und dem Golf von Aden, also zwischen Asien und Europa, und ist nächst dem an der Westküste Sri Lankas gelegenen Hafen in der Hauptstadt Colombo der wichtigste auf der Insel im Indischen Ozean. Rund 36 000 Schiffe, darunter 4500 Öltanker, machen dort jährlich fest. Er ist gleichsam ein strategischer Knotenpunkt, hier werden Ladungen gesammelt und verteilt, Frachten auf kleinere Schiffe verladen, die dann indische Häfen anlaufen. Je effektiver das geschieht, desto profitabler wird dieser Port für Sri Lanka – und desto nachteiliger für Indien. Mit kleineren Schiffsladungen, die in indischen Häfen gelöscht werden, wird weniger verdient. Deshalb verfolgte und verfolgt Indien die Entwicklung in Hambantota von Anfang an mit kritischen Augen, um nicht zu sagen: mit Argwohn.

Zum Hafen gehören Tanklager für die Treibstoffversorgung und Werkstätten für Schiffsreparaturen. Im angeschlossenen Industriepark haben sich internationale Unternehmen angesiedelt. Eine große chinesische Reifenfabrik wird 2022 mit der Produktion beginnen. Schon 2020 haben internationale Auto-Transport-Reeder sich für Hambantota als Hub entschieden. (Der englische Begriff *Hub* steht für Nabe. Im Transportwesen benutzt man das Bild eines Rades – die Verbindung zwischen zwei Endknoten A und B läuft nicht direkt, sondern – wie Speichen – über einen Zentralknoten in der Mitte des Rades, die Nabe, also *Hub*.) Von Hambantota aus werden die Autos aus Japan, Südkorea und anderen Ländern für den indischen Subkontinent und für Ostafrika verladen und verteilt. Obwohl der globale Transport von Fahrzeugen seit 2020 rückläufig ist, erfuhr Hambantota einen starken Zuwachs. Und arbeitet, entgegen anderslautenden Behauptungen, inzwischen ökonomisch rentabel, weshalb mit internationalen Krediten der Hafen weiter ausgebaut wird.

Sri Lanka hat ausländische Geldgeber eingeladen, auch in den Hafen Colombo zu investieren, ihn zu erweitern und gleichzeitig ein ganzheitliches Konzept für eine Smart City zu realisieren. Dazu trotzt man dem Meer Land ab, auf dem Gebäude und Industrieanlagen errichtet werden, die mit Strom aus Solaranlagen versorgt werden sollen. Dazu wird es eine selbstfahrende Mobilität geben.

Chinas Harbour Engineering (CHEC) hat 1,4 Milliarden Dollar für die Urbarmachung von 269 Hektar gezahlt. Die Immobilienentwicklung einschließlich der kommerziellen, finanziellen Gastgewerbe-, Wohn- und sozialen Infrastruktur wird aktuell beschleunigt. Die chinesischen Investitionsmittel wurden nicht als Darlehen vergeben, CHEC und die Regierung von Sri Lanka, die eine Minderheitsbeteiligung besitzt, wollen Rendite sehen.

Der Colombo Port City-Komplex besteht aus Gewerbeflächen, einer Sonderwirtschaftszone, Bürobauten und den Verbindungen zum nahe gelegenen internationalen Flughafen.

Es besteht die Absicht, hier auch ein Finanzdienstleistungszentrum nach dem Vorbild von Singapur zu etablieren. Es soll Back Office-Operationen – die Verwaltung von Informationen und die Unterstützung von internen Abläufen – für Finanzunternehmen in ganz Südasien besorgen. Ein unabhängiger Bericht prognostiziert, dass das Vorhaben mehr als 200 000 Arbeitsplätze schaffen und rund 11,8 Milliarden Dollar zum jährlichen BIP Sri Lankas beitragen könnte.

Die Entwicklung Sri Lankas zeigt die Verlagerung der gegenwärtig von den westlichen Wirtschaftsmächten dominierten Strukturen in neue Zentren und mehr nach Asien.

Gwadar, Pakistan

Die Geschichte des Hafen Gwadar macht die strategischen Pläne Chinas sichtbar: Es geht Peking einerseits um die Umgehung des Seeverkehrs durch unsichere Passagen und andererseits um die politische Stabilisierung in der jeweiligen Region. Gwadar liegt in Pakistan am Arabischen Meer und war bis Ende der fünfziger Jahre eine Exklave des Omans und wurde damals von Aga Khan III., dem geistlichen Oberhaupt der ismailitischen Nizariten, für drei Millionen Pfund erworben, 1977 wurde das einstige Fischerdorf der pakistanischen Provinz Belutschistan zugeschlagen, die – an der Grenze zum Iran gelegen – als politisch unruhig galt und noch immer gilt. Das Volk der Belutschiken lebt aufgrund der während der Kolonialzeit künstlich gezogenen Grenzen in Pakistan, im Iran und in Afghanistan und strebt seit Jahrzehnten nach einem eigenen unabhängigen Staat.

Seit 2002 entstand in der East Bay von Gwadar, im Schutz eines Felsenplateaus, ein Öl- und Container-Tiefseehafen, der als erster Hafen Pakistans für alle Schiffsgrößen geeignet ist. Dieser liegt nicht nur direkt an der Öl-Schifffahrtslinie durch die Straße von Hormuz, sondern auch in einem Fördergebiet. Belutschistan ist zwar eine der ärmsten Regionen Pakistans, verfügt aber über reiche Ölvorkommen.

Pakistan vermochte nicht aus eigener Kraft den Hafen auszubauen. Investoren aus ölimportierenden Ländern waren nicht an einem Ausbau interessiert, weil sie eigene Häfen haben und nicht die Konkurrenz protegieren mochten. Einzig China erkannte die für die Volksrepublik große strategische Bedeutung eines Umschlagshafens. Öl konnte man von dort per Pipeline über Land und unter Umgehung der risikobehafteten Seestraßen beziehen. China und Pakistan schlossen einen entsprechenden Vertrag, die erste Phase des Ausbaus wurde 2007 abgeschlossen.

2013 übernahm *China Overseas Portholding* das Management des Hafens – mit dem Start der zweiten Phase des Ausbaus als Brückenkopf des *China-Pakistan Economic Corridor* (CPEC). Am 31. Mai 2021 wurde ein weiterer Bauabschnitt des Hafens übergeben.

Hafen und Korridor verbinden die westasiatischen Länder mit der Gemeinschaft Unabhängiger Staaten (GUS), auf Englisch abgekürzt CIS *(Commonwealth of Independent States),* wozu Armenien, Aserbaidschan, Belarus, Kasachstan, Kirgisistan, Moldawien, Russland, Tadschikistan und Usbekistan gehören. Und Richtung Nordosten geht es in die Provinz Xinjiang in China. Neben dem positiven wirtschaftlichen und sozialen

Effekt in der Region um Gwadar entlastet dieser Hafen auch den von Karatschi im Südosten des Landes. Mit fünfzehn Millionen Menschen ist die frühere Hauptstadt Pakatistans eine der größten Städte der Welt.

Allerdings machten sich die lokalen Effekte einer wirtschaftlichen Belebung in Gwadar noch nicht auffällig bemerkbar, weshalb es immer wieder zu Protesten gegen Baumaßnahmen kommt, weil sie nur als Eingriff in die traditionellen Lebensweisen gesehen werden. Gemäß den Planungen der Investoren wird der Hafen parallel mit der Entwicklung der Region für Beschäftigung und Stabilität in Pakistan sorgen.

Bestandteil des Ports ist eine Raffinerie für Flüssiggas, das aus einer Pipeline im Iran gepumpt wird. In Planung befindet sich eine Gaspipeline nach Nordpakistan, die bis in die Provinz Xinjiang nach China weitergeführt werden soll.

In der Stadt selbst entstehen mit chinesischem Geld, rund 20 Milliarden Dollar, ein Krankenhaus, Schulen, eine Universität und eine hundert Quadratkilometer große Sonderwirtschaftszone einschließlich eines Kraftwerkes.

Tschahbahar, Iran

Der Hafen von Tschahbahar (Chanbahar) liegt am Golf von Oman, in der südöstlichen iranischen Provinz Sistan und Belutschistan, etwa 200 Kilometer von Gwadar entfernt. Es ist der einzige iranische Tiefseehafen mit direktem Zugang zum Arabischen Meer, ohne zuvor die Straße von Hormuz passieren zu müssen. Seine geografisch bemerkenswerte Lage – Afghanistan, Pakistan und Indien sind Nachbarn – gaben dem wichtigen Transitzentrum am internationalen Nord-Süd-Verkehrskorridor die Option, sich zu einem der wichtigen Handelsknotenpunkte der Welt zu entwickeln.

In der 200 000 Einwohner zählenden Hafenstadt stoßen die Interessen Chinas und Indiens erkennbar aufeinander. Indien investierte in den Hafen mit der Absicht, den Nord-Süd-Transportkorridor unter Umgehung Pakistans an Indien anzuschließen. China sieht den Hafen als einen Basishafen für den Handel mit dem Iran. Obwohl Indien mit dem Iran über den Hafen seit 2003 verhandelte, erzielten beide Seiten erst Fortschritte, nachdem China in den benachbarten pakistanischen Hafen Gwadar zu investieren begann. Im Jahre 2016 stellte Indien trotz der vom Westen gegen den Iran verhängten Sanktionen eine halbe Milliarde Dollar zur Verfügung.

Bislang hat China nicht in den Hafen von Tschahbahar investiert. Allerdings ist zu erwarten, dass im Rahmen der Neuen Seidenstraße und der Entwicklung des Nord-Süd-Verkehrskorridors China sich am Ausbau beteiligen wird. Denn auch dieser Hafen vereint die Hauptfunktionen der *Belt and Road Initiative,* nämlich Brückenkopf eines Verkehrskorridors und Motor der lokalen Industrie und Schifffahrt zu sein.

Duqm (Dukan), Oman

Der Oman bereitet sich bereits auf das Leben nach dem Ölzeitalter vor. Duqm, eine Stadt mit Ölhafen am Arabischen Meer, soll Tourismus-Zentrum werden mit einem eigenen Airport, der bereits seit 2014 angeflogen wird. Er wurde von den Chinesen errichtet und war das erste Projekt einer ganzen Reihe, die in der künftigen Sonderwirtschaftszone im Oman realisiert wird.

Der Oman hat China eingeladen, im Rahmen einer bis 2040 reichenden Entwicklungsstrategie in einen Hafen, einen Industriepark und in eine Freihandelszone zu investieren, um dem an die neunhundert Kilometer entfernt liegenden Dubai im Norden Konkurrenz zu machen. In Duqm wird auch eine Smart-City mit 100 000 Einwohnern entstehen.

Bis dahin behält aber der Ölhafen seine Bedeutung für Oman und China, er bleibt mit den Serviceeinrichtungen für die internationale Öl-Schifffahrt und die Versorgung der Freihandels- und Wirtschaftszone wichtig. Mit einem Baustofffreihandel will man zudem einen Knotenpunkt für den Handel von Baumaterialien in der Region schaffen.

Mombasa, Kenia

Seit der Unabhängigkeit Kenias 1963 ist Mombasa der wichtigste Seehafen Ostafrikas, er gilt als das Einfallstor für den Handel mit Afrika, ist aber insbesondere für Kenia und die benachbarten Staaten Tansania und Uganda von Bedeutung. In den Jahren 2014 bis 2016 wurden in der Millionenstadt von China zwei Containerterminals gebaut und die gesamten Hafenanlagen modernisiert. Gleichzeitig wurde die 500 km lange Straßenverbindung in die kenianischen Hauptstadt Nairobi auf Chinas Rechnung gebaut sowie die Eisenbahnverbindung nach Nairobi und Uganda modernisiert.

Mombasa entwickelte sich zu einem bedeutenden Wirtschaftszentrum. Neben dem Kaffeehandel, Betrieben der Nahrungsmittel- und Chemieindustrie sowie einem Stahl- und einem Aluminiumwalzwerk produzieren Erdölraffinerien und ein Zementwerk. Der Ausbau des Hafens und dessen Verbindungen ins Hinterland lieferten eine wichtige Initialzündung für die bereits erfolgreiche wirtschaftliche Entwicklung Kenias und der umliegenden Länder. China sicherte sich damit auch wirtschaftliche Privilegien für die Nutzung des Hafens als Umschlagsknoten für den Handel mit Afrika im Rahmen der Neuen Seidenstraße. Die USA hingegen nutzen den Hafen lediglich als Basis für ihre Flottenaktivitäten am Horn von Afrika.

Für geschätzte 25,5 Milliarden Dollar baut seit 2012 die *China Communications Construction Company* nordöstlich von Mombasa am sogenannten Lamu-Komplex, einem Riesenhafen mit 32 Liegeplätzen und angrenzenden Industriearealen einschließlich der Infrastruktur für neue Verkehrskorridore bis in den Südsudan und Äthiopien. Nach den Plänen Kenias, Äthiopiens und dem Südsudan soll Lamu Port auf der gleichnamigen Insel zum wichtigsten Logistikhub und Verteilerhafen an der afrikanischen Ostküste werden. Die Regierungen der drei Länder haben dafür die *Lamu Port South Sudan-Ethiopia Transportinitiative* gestartet. Sie sieht vor, neben den neuen Hafen auch eine ganze Reihe Autobahnen, Eisenbahntrassen,

Industriezonen und Öl-Pipelines zu errichten. Dadurch sollen in Lamu vor Ort, aber auch im Hinterland zahlreiche neue Arbeitsplätze entstehen.

Dieses Vorhaben ist ein Zukunftsprojekt, das keine kurzfristigen Profitinteressen befriedigt, weshalb es in westlichen Medien kontrovers diskutiert wird. Dort heißt es Meilenstein oder Millionengrab. Die Kritiker halten die Pläne für überdimensioniert und bezweifeln, dass der teure Bau sich rechne. Um Afrika aus der Armutsfalle herauszuführen, sind aber solche Rieseninvestitionen nötig. Die Neue Seidenstraße bietet die Möglichkeit, solche visionären Projekte in Angriff zu nehmen.

Daressalam, Tansania

Die Fünf-Millionen-Stadt an der Küste ist das wirtschaftliche Zentrum von Tansania. In der Stadt produzieren etwa 575 größere Industriebetriebe. Der Hafen ist von internationaler Bedeutung für Tansania und für angrenzende Länder wie Sambia oder Sansibar.

1978 besuchte Deng Xiaoping Tansania und startete die wirtschaftliche Kooperation zwischen beiden Ländern. 2018, auf der 8. China-Afrika-Konferenz, stellte die Volksrepublik 60 Milliarden Dollar bereit, ein Viertel davon als zinslose Kredite und fünf Milliarden für Importe aus China. Die Hauptprojekte der auf diese Weise finanzierten Vorhaben waren die Häfen in Daressalam und Bagamoyo. Der Hafen Bagamoyo, etwa 60 Kilometer nördlich von Daressalaam gelegen, soll nach seiner Fertigstellung infrastrukturell mit dem Landesinneren und angrenzenden Ländern – von Mosambik bis Kenia und der DR Kongo – vernetzt werden.

Darüber hinaus wird der Bau der 680 Meter langen Kigamboni Brücke finanziert, die die Transport-Infrastruktur im Raum Daressalam komplettiert.

Suezkanal und neue Hauptstadt, Ägypten

Der 164 km Kanal sorgt seit anderthalb Jahrhunderten für die kürzeste seeseitige Verbindung von Asien nach Europa. Sie ist, wie wir wissen, aus unterschiedlichen Gründen störanfällig, weshalb Alternativen – etwa mit der Neuen Seidenstraße – entwickelt werden. Dennoch ist er unverzichtbar, wachsen an der Wasserstraße – etwa an der Küstenstadt Ain Suchna – Sonderwirtschaftszonen als chinesisch-ägyptische Gemeinschaftsvorhaben. Gegenüber von Suez, wo der Kanal beginnt, erweitern chinesische Baufirmen den Hafen von Adabiya. Am anderen Ende des Suezkanals hält die *China Ocean Shipping Company* (COSCO) Anteile am Containerterminal Port Said East Port.

Für die chinesischen Handels- und Verkehrsbeziehungen – die maritime Seidenstraße – hat Ägypten mit dem Suezkanal eine Schlüsselrolle. 2014 erklärte der ägyptische Präsident die Bereitschaft, sich an der *Belt and Road Initiative* (BRI) zu beteiligen. Diese Absicht wurde beim Besuch des chinesischen Präsidenten in Ägypten 2016 mit der Unterzeichnung etlicher Verträge besiegelt. Für Ägypten ist die weitere verkehrstechnische und industrielle Erschließung der Suezkanalzone von großer Bedeutung. Die Passagen von fast zwanzigtausend Schiffen pro Jahr bringen mehr als fünf Milliarden Dollar.

Von großer globaler Bedeutung für die BRI ist die Entwicklung einer Wirtschafts- und Handelszone entlang des Suez-Kanals, der Teda-Suez. Für diese Zone wurden 2019 mehrere Finanzierungsabkommen mit einem Gesamtvolumen von 18,3 Milliarden Dollar vereinbart. Innerhalb der 239 Quadratkilometer großen Zone wird China ein Wirtschaftsentwicklungsgebiet aufbauen, dass den in China erfolgreich betriebenen Technologiezentren entspricht. Es sollen ägyptische und chinesische und andere internationale Hightech-Firmen und Unternehmen der verarbeitenden Industrie angesiedelt werden, die mindestens 25 000 qualifizierte Arbeitsplätze anbieten sollen. Das neue Industriezentrum wird mit einer gleichfalls als BRI-Projekt geplanten Eisenbahntrasse mit dem etwa 300 Kilometer gelegenen Port Said am Mittelmehr verbunden.

China trägt zudem zur Energiesicherung Ägyptens sowohl mit Solarstrom (Solar Energy Laboratory, das zu einem internationalen Zentrum für Innovationen ausgebaut werden soll) als auch mit einem im Bau befindlichen modernen Kohlekraftwerk bei. Es wird das letzte sein, das China im Ausland errichtet.

Für Ägypten nicht minder wichtig ist der Bau einer Verwaltungshauptstadt, bestehend aus zwanzig Hochhäusern, dessen auffälligstes 80 Stockwerke hoch aufragt. Dieser Iconic Tower ist mit seinen fast 400 Metern das höchste Bauwerk Ägyptens. Hier wurden etwa drei Milliarden Dollar verbaut. Errichtet wurde der Turm vom umsatzstärksten Bauunternehmen der Welt, der *China State Construction Engineering Corporation* (CSCEC), maßgeblich beteiligt an der Entwicklung der neuen ägyptischen Hauptstadt (New Administrative Capital), die seit 2015 fünfzig Kilometer östlich von Kairo in der Wüste errichtet wird. Die zunächst noch namenlose Stadt wird auf 8,5 Millionen Einwohner ausgelegt und erstreckt sich auf 725 Quadratkilometer. An den 45 Milliarden Dollar veranschlagten Baukosten sind chinesische Unternehmen mit 35 Milliarden dabei.

Ägyptens Nationale Behörde für Fernerkundung und Weltraumwissenschaften kooperiert mit der Chinesischen Akademie der Agrarwissenschaften, um Forschungen für eine »intelligente Landwirtschaft« zu intensivieren. Die dazu geschaffene Einrichtung entstand ebenfalls im Rahmen der *Belt and Road Initiative*. Hauptaugenmerk gilt der Wüstenbildung und dem Anbau salztoleranter Pflanzen – beides dringende Probleme des Klimawandels in vielen Teilen Afrikas.

Istanbul, Türkei

Die bisher größte chinesische Direktinvestition in der Türkei ist die Übernahme des Containerhafens Kumport am Marmarameer bei Istanbul 2015. Für 65 Prozent der Anteile am drittgrößten Containerhafen des Landes zahlten *Cosco Pacific, China*

Investment Corporation (CIC) und *China Merchants Holdings International* (CMHI) rund 940 Millionen Dollar. Die restlichen 35 Prozent hält der Staatsfonds des Sultanats Oman.

Piräus, Griechenland

Im Rahmen des EU-Rettungspaketes wurde Griechenland genötigt, den Hafen Piräus zu privatisieren. Es handelte sich dabei um den größten Seehafen des Landes und einen der größten am Mittelmeer, er liegt unmittelbar vor den Toren Athens.

2009 übernahm COSCO 51 Prozent der Anteile des Containerhafens für 35 Jahre in Pacht, dafür flossen 500 Millionen Euro in die griechische Staatskasse. Die jährliche Miete liegt bei 100 Millionen. Seit der de-facto-Übernahme hat sich die wirtschaftliche Lage stark verbessert, zumal zu den beiden bestehenden Container-Terminals ein dritter errichtet wurde. Da die Vereinbarung vorsah, dass die chinesischen Unternehmen weitere 16 Prozent übernehmen dürften, wenn sie die vereinbarten Investitionen bis 2021 realisierten, ist China inzwischen Hauptshareholder des Hafens.

Piräus hat eine herausragende Bedeutung für die europäische Transportlogistik. Einerseits ist die Seestrecke vom Suezkanal die kürzeste zu einem Hafen in Europa. Andererseits hat man von dort Zugang zum Schienen- und Straßennetz des Kontinents. Die Transportzeiten reduzieren sich – im Vergleich zu den Nordsee-Häfen – um mehrere Tage. Damit steht Piräus in direkter Konkurrenz zu den bisher für die mitteleuropäische Wirtschaft dominierenden Häfen an der Nordsee.

Der Container-Umschlag im Hafen von Piräus hat sich seit dem Einstieg Chinas verzehnfacht. Damit ist er zum größten Containerhafen im Mittelmeerraum aufgestiegen. Ausschlaggebend dafür war die Anbindung des Hafens an das europäische Bahnnetz mit der neuen Verbindung Piräus-Budapest, die China als ein Projekt der BRI errichtete. Mit der 360 Kilometer langen Schnellfahrstrecke (anderthalb Milliarden Baukosten) über Belgrad können insbesondere die Länder auf dem Balkan und in Osteuropa bedient werden. Gleichzeitig generieren die Transitländer Frachteinnahmen, die dringend für ihre Volkswirtschaften notwendig sind. Das rief die Kritik der starken EU-Länder Deutschland und Frankreich hervor.

Piräus wurde durch den von China geförderten Hafenausbau auch der bedeutendste Passagierhafen Europas, der vor der Pandemie von 18 Millionen Reisenden frequentiert wurde.

Triest und Genua, Italien

Die Regierung in Rom erkannte sehr früh die enorme Bedeutung der Häfen im Süden Europas für den Handel mit der Volksrepublik China. Im April 2019 schloss Italien als erster EU-Staat und als G7-Mitglied einen Rahmenvertrag für die Beteiligung an der Neuen Seidenstraße. Der bei einem Besuch von Präsident Xi Jinping signierte Vertrag sah u. a. den Ausbau der Häfen von Triest und von Genua vor. Wie bereits Piräus sollen die beiden Häfen zu großen Umschlagplätzen chinesischer Exporte werden.

Das Bauunternehmen *Chinese Communications Construction Company* verhandelte darüber hinaus mit den Hafenbehörden in Genua über die Errichtung einer Pier für Kreuzfahrtschiffe.

Neben den genannten Hafenprojekten beteiligt sich China seit 2016 an insgesamt 46 Container-Terminals in Europa, die staatliche Reederei COSCO hält inzwischen beispielsweise 35 Prozent am Rotterdamer Terminal.

Saudi-Arabien und Vereinigte Arabische Emirate (VAE)

Saudi-Arabien, das Königreich auf der Arabischen Halbinsel, hat mit der *Belt and Road Initiative* eine eigenständige »Saudi Vision 2030« verbunden. Das von Kronprinz Mohammed bin Salman entwickelte Modernisierungskonzept soll das Land vorbereiten auf die Zeit nach dem Ende der Ölära. Die Schaffung von Millionen neuer Jobs für die junge Bevölkerung – das Durchschnittsalter beträgt nur 27 Jahre – steht im Mittelpunkt der Strategie. Dazu gehört die Investition von 500 Milliarden Dollar in die Forschungs- und Zukunftsstadt Neom am Roten Meer. Auf 26 500 Quadratkilometern entsteht im Nordwesten des Landes eine vollständig aus erneuerbaren Energien gespeiste und komplett digitalisierte Millionenstadt mit Hightech-Industrien. Für dieses Projekt wurden Vereinbarungen mit führenden chinesischen Hightech-Firmen wie Huawei getroffen.

Diese Kooperation umfasst alle Felder der Industrie des 21. Jahrhunderts und ermöglicht beiden Ländern, sich unabhängig von den dominierenden westlichen Industrienationen zu entwickeln. China ist zudem größter Abnehmer saudischen Öls und darum auch größter Handelspartner Saudi-Arabiens.

Auch die Vereinigten Arabischen Emirate sehen in der Neuen Seidenstraße eine Option, ihr Öl durch die Vergabe von Projekten im Hafenausbau und bei der Ausbeutung von Ölfeldern an chinesische Unternehmen besser zu vermarkten. Die Emirate legten das Dokument »Dubai-Seidenstraßenstrategie« *(Dubai Silk Road)* vor, welches neun Initiativen und 33 Einzelprojekte auflistet. China beteiligt sich am Ausbau der Häfen in Jel Ali und in Dubai sowie am Container-Terminal Khalifa in Abu Dhabi.

2020 waren in den VAE mehr als 4000 private und staatliche Unternehmen aus China aktiv. Es bestehen gemeinsame Forschungs- und wissenschaftliche Einrichtungen sowie ein reger studentischer Austausch.

Von außerordentlicher Bedeutung für die BRI sind die Beteiligung von Banken der VAE an gemeinsamen Investmentfonds und die Niederlassungen dieser Banken im Finanzzentrum in Shanghai.

Allerdings übten die USA auch auf die VAE politischen Druck aus und verlangten, gemeinsame Projekte mit China einzustellen. Mit der Behauptung, China würde Hafenprojekte und Hightech Industrien militärisch nutzen, erzwangen sie zumindest vorläufig den landesweiten Ausbau des G5-Netzes durch Huawei und einen Hafenausbau zu stoppen.

Haifa und Tel Aviv, Israel

Ähnlichen Druck übte Washington auf Israel aus. Mit der *Shanghai International Port Group* (SIPG) war die Betreibung des Hafens von Haifa für 25 Jahre vereinbart worden. Außerdem waren chinesische Firmen an der im Bau befindlichen Stadtbahn von Tel Aviv und vielen anderen Infrastruktur-Projekten beteiligt. 2014 war Tnuva, das Unternehmen, welches über 70 Jahre lang die landwirtschaftlichen Produkte der Kibuzzim vermarktete, in chinesischen Besitz übergegangen.

Die USA hatten mit einer Einstellung der Militärhilfe an Israel gedroht, sollten die *Israel Aerospace Industries* nicht den Verkauf eines eigens für China entwickelten Frühwarn- und Aufklärungsflugzeugs stoppen.

Eine Aufkündigung des Vertrags über den Haifaer Hafen könnte »weitreichende Schockwellen auslösen«, fürchteten Fachleute. Viele andere Handelsbereiche, darunter Investitionen in die Autotechnik und israelische Firmen, die in China tätig sind, könnten in Mitleidenschaft gezogen zu werden.

Nicht zum ersten Mal gab Israel dem Druck nach und brach den mit einem chinesischen Unternehmen getroffenen Vertrag. Erinnert sei nur an die Phalcon-Affäre, die 2002 mit der Zahlung von 350 Millionen US-Dollar Kompensation Israels an China endete. »Phalcon« war eine in den neunziger Jahren entwickelte, auf Flugzeugen installierte elektronische Radar- und Kontrollanlage. *Israel Aircraft Industries,* einer der wichtigsten Hightech-Rüstungskonzerne des jüdischen Staates, produziert das System zu einem Stückpreis von 250 Millionen Dollar – einem Viertel der vergleichbaren US-Version. Dieses System hatte es an China verkaufen wollen, die Verträge waren unterzeichnet. Die USA verlangten den Bruch des Vertrages.

Diverse Seidenstraßen und einzelne Abschnitte

Die arktische Seidenstraße

Die Klimaforscher erwarten, dass die Arktis in wenigen Jahrzehnten im Sommer komplett eisfrei ist und damit auch von normalen Schiffen befahren werden kann. Abgesehen von den ökologischen Folgen bedeutete dies, dass dort auch Fracht- und Containerschiffe von Europa nach Asien verkehren werden, was Zeit und damit Geld sparte. Von Hamburg nach Dalian oder Tianjin über den Suez-Kanal sind es etwa 21 000 Kilometer, über die Nordostpassage nur noch rund 13 000 Kilometer, was die Reisezeit um ein Drittel verkürzte.

Neben russischen und kanadischen Schifffahrtsunternehmen nutzt Chinas staatliche Reederei COSCO bereits seit 2015 während der Sommerperiode die Nordostpassage.

Acht Staaten haben mit ihrem Festland, ihren Inseln und Küstengewässern Anteil an der Arktis – Russland, die USA, Kanada, Island, Norwegen, Schweden und Finnland sowie Dänemark mit der Insel Grönland sind Anrainer und erheben Ansprüche. China ist seit 2013 Beobachter im Arktischen Rat, obwohl es kein Arktisanrainer ist, aber langfristig einen Beitrag zur Erforschung der arktischen Natur und des Umweltschutzes leisten will. Auch, um künftig nachhaltige Schifffahrt betreiben zu können. China unterhält auf Spitzbergen ein Forschungsinstitut und betreibt ein Forschungsschiff in der Region.

Russland und die anderen Anrainerstaaten beabsichtigen, die arktischen Erdgas- und Erdölvorkommen auszubeuten, und bauen Hafenstützpunkte in der Arktis aus. In Archangelsk, am westlichen Nadelöhr der russischen Arktispassage, plant man einen neuen Tiefseehafen, in dem jährlich bis zu 30 Millionen Tonnen umgeschlagen werden können. Seit 2017 ist ein chinesisches Bauunternehmen mit russischen Partnern im Gespräch.

Eine arktische Seidenstraße könnte bereits in den nächsten Jahren gemeinsam mit Russland und anderen Anrainerstaaten aufgebaut werden. Noch ist die Nordostpassage durch die Arktis kein elementarer Bestandteil der BRI, wird aber in naher Zukunft eine Rolle spielen.

Russland

Russland und die Mongolei haben lange, allerdings widersprüchliche Beziehungen zu China unterhalten. Das hat sich in den vergangenen Jahrzehnten in Bezug auf den Handel, die Transportverbindungen, nicht zuletzt auch mit der Philosophie der Neuen Seidenstraße, geändert.

Schon während der Anfänge der chinesischen Transporte nach Europa über die Mongolei oder den sibirischen Grenzübergang in Manchouli ergaben sich Synergieeffekte. Der kleine Grenzhandel, der Tourismus und erste gemeinsame Unternehmen in den Grenzstädten entwickelten sich.

In den Jahren zwischen 1990 und 2000 passierte ich regelmäßig die Grenze. Gemeinsam mit russischen, mongolischen, chinesischen, aber auch mit kasachischen und kirgisischen Händlern reiste ich in Personenzügen, die vollgestopft waren mit Handelsgütern. Die Grenz- und Zollabfertigungen waren in der Regel von gegenseitigem Verständnis bestimmt. Alle profitierten schließlich vom reibungslosen Handel.

Mitte der neunziger Jahre entstanden gemeinsame Märkte in den Grenzstädten, so dass die Händler, meist Frauen, nicht mehr in die Inlandsstädte Chinas reisen mussten.

Auf chinesischer Seite wurde begonnen, an der russischen Grenze Umschlagseinrichtungen für diverse Güter aufzubauen, Bahnhöfe wurden auf beiden Seiten für größere Transportmengen erweitert.

Mit den Büros der russischen Eisenbahnen in Chita, einem Eisenbahnknotenpunkt in Sibirien, und denen der chinesischen Eisenbahn in Harbin handelte ich in jedem Jahr die Grenzabwicklung der Container unseres Logistikunternehmens aus. Es mussten Probleme wieder und wieder diskutiert und gelöst werden. Obwohl alle Beteiligten, insbesondere die Vertreter der Bahnen, an grenzübergreifenden Regelungen interessiert waren, kamen keine dauerhaften Lösungen zustande.

Es bedurfte eines starken koordinierenden Partners, der die Fäden zusammenhielt und auch Entscheidungen forcierte. Dieser Akteur wurde nach dem Einläuten der Neuen Seidenstraße 2013 kreiert. Ein Joint Venture zwischen chinesischen und russischen Partnern führte zur Bildung eines Unternehmens, das die Abwicklung der Transporte von und nach China im Transit durch Russland organisierte.

Russland begrüßte die *Belt and Road Initiative* vom Beginn an. Der Eisenbahnverkehr zwischen China und Russland vervielfachte sich. Inzwischen passieren an den Übergängen zwischen China und Kasachstan mit Anschluss nach Russland mehr Waren die Grenze als an den Übergängen China-Russland direkt oder China-Mongolei-Russland. Gegenwärtig treffen wöchentlich mehr als 100 Züge mit Containern in Westeuropa ein, meist enden sie im Hafen von Duisburg, dem Endpunkt der Neuen Seidenstraße in Deutschland. Von dort erfolgt die europaweite Verteilung.

Russlands Schienennetz ächzt unter dem stetig wachsenden Frachtaufkommen. In den ersten neun Monaten 2021 beförderte die staatliche russische Eisenbahn rund 4,8 Millionen Container. Dies war ein Anstieg um 13,2 Prozent im Vergleich zum Vorjahreszeitraum. Das wurde möglich, weil die kasachischen und die russischen Eisenbahnen die Strecken modernisiert hatten, die Signaltechnik und der kommerzielle Austausch waren digitalisiert worden.

Der Eisenbahnknotenpunkt in Omsk nimmt unverändert eine zentrale Position ein. In der Millionenstadt am Zusammenfluss von Irtysch und Om werden die Züge aus China, die über Sibirien, die Mongolei oder Kasachstan eintreffen, neu zusammengestellt und an ihre Bestimmungsorte weitergeleitet.

Aber der Güterverkehr ist bei aller Bedeutung nicht das wichtigste Motiv für Russland oder für die Mongolei, sich an der BRI aktiv zu beteiligen.

Russland und China haben eine tausende Kilometer lange gemeinsame Grenze, beide Nachbarn wünschen sich ein friedliches Nebeneinander. Was beide Präsidenten beim Auftakt der Olympischen Winterspiele in Peking bekräftigten. Die *Tagesschau* meldete am 4. Februar 2022: »Bei einem Treffen mit Chinas Staatspräsident Xi Jinping hob Putin hervor, dass sich die Beziehungen der beiden Länder ›im Geiste der Freundschaft und der strategischen Partnerschaft‹ entwickelten.«

Nach den 1978 eingeleiteten Reformen war die Volksrepublik China zu einer Industrienation aufgestiegen, ihre Volkswirtschaft war Jahrzehnte später nächst den USA die größte der Welt, während die russische Wirtschaft nach dem Untergang der Sowjetunion dramatisch geschrumpft war. Der Reichtum Russlands an Rohstoffen wie Öl und Gas verhinderte den Absturz in die Bedeutungslosigkeit. China wiederum hatte großen Bedarf an Rohstoffen und am Absatz seiner Fertigwaren. Das waren ideale Voraussetzungen für Win-Win-Kooperationen.

2001 hat der russische Präsident vor dem deutschen Parlament die Offerte für eine enge Zusammenarbeit, eine friedliche Kooperation zwischen den Ländern der EU und Russland unterbreitet. Diese wurde im Westen nicht aufgegriffen – die USA hielten an ihrer Strategie fest zu verhindern, dass sich westliches Knowhow mit den östlichen Ressourcen verbündete. Mit einem eurasischen Wirtschaftsblock würde ein mächtiger Konkurrent entstehen, was es zu verhindern galt. In diesem Sinne handelten die USA auf allen Ebenen und Bereichen, um die Spaltung Europas aufrechtzuerhalten und zu vertiefen. Dazu dienen die absprachewidrige Osterweiterung der NATO zur Einkreisung Russlands, die politischen und wirtschaftlichen Sanktionen, der Ausschluss aus der internationalen Zusammenarbeit und die permanente Propaganda gegen Moskau. Das größte Land der Welt, Russland, höhnte US-Präsident Obama im Frühjahr 2014, sei eine »Regionalmacht«. Sie sei keineswegs mehr »geopolitischer Feind Nummer eins« und stelle keine Bedrohung für die Sicherheit der USA dar. Er mache sich mehr Sorgen darüber, dass in Manhattan eine Atombombe hochginge, erklärte er auf einem Sicherheitsgipfel der NATO in Den Haag. Das war eine bewusste Demütigung der einstigen Großmacht, nicht die erste. Sie sollte langfristige Folgen haben.

Russland und China näherten sich seit den neunziger Jahren sukzessive an. 1994 vereinbarten sie eine »konstruktive«, zwei Jahre später eine »strategische Partnerschaft«. 2001 schlossen sie einen Freundschaftsvertrag über zwanzig Jahre. Dieser Freundschaftsvertrag bot die Basis für eine enge wirtschaftliche, wissenschaftliche, kulturelle (und auch militärische) Zusammenarbeit. Er diente der Stabilisierung Zentralasiens und dem Kampf gegen Terrorismus, Separatismus und religiösen Fanatismus in dieser Region. Der Handel hingegen entwickelte sich nur zaghaft. Erst mit der *Belt and Road Initiative* 2013 erfuhr er eine sprunghafte Entwicklung, die Projekte an der Neue Seidenstraße führten auch zu einer Verbesserung der bilateralen Beziehungen.

Kern der wirtschaftlichen Kooperation wurden Öl-Exporte von Russland nach China mittels Pipeline. 2013 zeichneten beide Länder einen Vertrag über Lieferungen von Öl und Gas im Umfange von 270 Milliarden Dollar in einem Zeitraum von 25 Jahren. Die Lieferungen aus Russland liegen in der strategischen Linie der BRI: Sicherung der Energiebasis für den wirtschaftlichen Aufbau Chinas und alternativ zu den Seetransporten.

Die erste Phase der Fertigstellung einer etwa 3000 Kilometer langen Gas-Pipeline *(Power of Siberia Gas Pipeline)* von Russland nach Nordost-China begann im Dezember 2019. Die Rohrleitung wird nach der geplanten Indienststellung im Jahr 2025 etwa 38 Milliarden Kubikmeter jährlich befördern. (Im Vergleich dazu: Nord Stream 1 und 2 kämen bei voller Auslastung auf eine Jahreskapazität von 110 Millionen Kubikmeter Gas.)

China liefert im Gegenzug Konsum- und Industriegüter nach Russland. Direktinvestitionen erfolgten bisher lediglich in der Automobil- und in der verarbeitenden Industrie.

Die russischen Erwartungen beim Eintritt in die *Belt and Road Initiative* konzentrierten sich auf die Erneuerung und Erweiterung der Transport- und Logistikinfrastruktur, auf Direktinvestitionen zur Bildung von Hightech-Unternehmen und zur wirtschaftlichen Entwicklung des russischen Fernen Osten.

Nachdem China sich zunächst auf die ehemaligen Sowjetrepubliken in Zentralasien orientiert hatte, konzentriert sich die Volksrepublik seit 2013/14 stärker auf die Integration in die Eurasische Wirtschaftsunion. Vorbehalte Moskaus, dass China den russischen Einfluss auf die zentralasiatischen Länder zurückdrängen wolle, wurden dadurch widerlegt.

2021 war China Russlands größter Handelspartner und Russland für China einer der wichtigsten Wirtschaftspartner. Der Handelsumsatz stieg inzwischen auf 108 Milliarden Dollar. Betrug der Anteil Chinas am russischen Export 2000 lediglich fünf Prozent, so stieg er bis 2018 auf 12,5 Prozent. Der Import chinesischer Waren durch Russland wuchs in dieser Zeit von 2,8 auf 22 Prozent.

Russlands Anteil an Chinas Ex- und Import stagniert dennoch seit Jahren bei etwa zwei Prozent. Durch den einseitig auf Energieträger orientierten russischen Außenhandel (75 bis 80 Prozent des gesamten Exports) wird die Intention der *Belt and Road Initiative* (wirtschaftliche Entwicklung der Partner) nur bedingt erfüllt, sofern beispielsweise keine neuen Betriebe der verarbeitenden Industrie entstehen. Insbesondere in den fernöstlichen Regionen Russlands geschah diesbezüglich wenig bis nichts.

Im Kontext der Neuen Seidenstraße wurde in Russland ein Ministerium für die Entwicklung des Fernen Ostens ins Leben gerufen, das dieses Defizit beheben soll. In der Planung sind neue Städte, in denen auch chinesische Betriebe angesiedelt werden sollen, und Sonderwirtschaftszonen. Besonderes Augenmerk wird auf die gemeinsame Entwicklung einer digitalen Wirtschaft gelegt sowie auf die digitale Integration im

Bereich des zivilen Flugzeugbaus und der Automobilindustrie, bei der Chemie- und Pharmaindustrie, in der Schwer- und Energietechnik und der Metallurgie.

Der Export Chinas nach Russland hat sich in den vergangenen Jahren von vorrangig Konsumgütern auf Maschinen und innovative Technik verlagert. 2018 betrug deren Anteil fast 60 Prozent. Die Zusammenarbeit bei Zukunftstechnologien wird auch die weiteren Direktinvestitionen bestimmen, da nicht zuletzt aus ökologischen Erwägungen der Bedarf (und damit der Import) fossiler Energieträger zurückgehen wird. Daran ändern auch die langfristigen Liefer- und Abnahmeverträge nichts. Dessen ist sich die Führung in Moskau bewusst und unternimmt Schritte, hier in der Wirtschaftspolitik Korrekturen vorzunehmen.

Die Kooperation zwischen der Volksrepublik China und der Russischen Föderation geht weit über die Projekte der Neuen Seidenstraße hinaus. Es liegt im strategischen Interesse beider Länder, wirtschaftlich und politisch, aber auch militärisch zusammenzuarbeiten, zumal die USA und deren Verbündete beide Staaten zu ihren »strategischen Rivalen« erklärt haben. Auf dem NATO-Gipfel im Juni 2021 hieß es, man sehe beide zwar nicht als »Gegner« oder »Feind«, aber man müsse ihren »globalen Einfluss« unter Kontrolle halten.

Im Rahmen der BRI stehen Projekte in der Logistik, der verarbeitenden Industrie und der Landwirtschaft im Fokus beider Staaten. Beispielsweise beteiligen sich chinesische Unternehmen am Bau neuer Logistikhubs, die an Knotenpunkten der Neuen Seidenstraße auf russischem Gebiet entstehen sollen. So investierte in Murmansk an der russischen Nordmeerküste die chinesische Poly-Group 275 Millionen Euro in den Bau eines Kohle-Terminals mit einer Kapazität von 18 Millionen Tonnen pro Jahr. In Belyi Rast im Moskauer Gebiet errichtete die chinesische Liaoning Port Group und die Russische Eisenbahn (RZD) für etwa 280 Millionen Dollar ein Containerterminal.

Der chinesische Autohersteller Great Wall Motor produziert SUV der Marke Haval in Tula, das Unternehmen Haier – mit 16,5 Prozent Marktanteil Weltmarktführer bei Haushaltsgroßgeräten – errichtete für 267 Millionen Euro eine Waschmaschinenfabrik in Russland. Daneben wird Haier für 400 Millionen Euro eine Smart Factory zur Produktion von Haushaltsgeräten in der autonomen Republik Tatarstan im europäischen Teil Russlands bauen lassen.

Für Projekte beim Ausbau des Transportkorridors Europa-Westchina im europäischen Teil Russlands werden 10,4 Milliarden Dollar ausgegeben, davon kommen 60 Prozent aus dem russischen Staatshaushalt. Der russische Teil der Autobahn »Meridian« – sie führt über 2000 Kilometer von Kasachstan bis Belarus – wird bis zu 9,5 Milliarden Dollar kosten. (Die Autotrasse zwischen Westchina und Westeuropa ist insgesamt 8500 Kilometer lang.) In den Bau des Businesszentrums »Rostech City« und des Techno-Parks auf dem Gelände des ehemaligen Flughafens Tuschino in Moskau werden 1,27 Milliarden Euro investiert.

Besonders interessant ist die Forschungskooperation unter dem Dach der *Belt and Road Initiative*. Der Verband der technischen Hochschulen Russlands und Chinas und der Elektronikkonzern Huawei planen ein »Tal des Intellekts«, in welchem Wissenschaftler aus beiden Ländern gemeinsam forschen sollen. Zudem investieren der russische *Fonds für Direktinvestitionen* und die *China Investment Corporation* eine Milliarde Dollar in einen gemeinsamen wissenschaftlich-technischen Innovationsfonds zur Entwicklung künstlicher Intelligenz, neuer Materialien und Raumfahrttechnologien.

Eines der bisher wichtigsten Projekte der Neuen Seidenstraße war die Modernisierung der Eisenbahnstrecke von Moskau bis zur chinesischen bzw. kasachischen Grenze, damit dort Hochgeschwindigkeitszüge von und nach Europa verkehren können.

2018 legten China und Russland eine gemeinsame Strategie zur Erschließung der nördlichen Seeroute vor, die sie »Arktische Seidenstraße« nannten. China verpflichtet sich, in russischen Häfen eine logistische Infrastruktur aufzubauen und gemeinsam den kürzesten Seeweg zwischen Asien und Europa zu erschließen.

Ergebnisse dieser verstärkten Zusammenarbeit schlugen sich im Handelsaustausch zwischen beiden Ländern nieder. Der Handel stieg 2021 im Vergleich zum Vorjahr um etwa 30 Prozent. Mit diesem starken Zuwachs erreichten die Transportkapazitäten die Grenzen der Belastbarkeit.

Die wirtschaftliche Zusammenarbeit wird ergänzt durch einen intensiven interzivilisatorischen Austausch. Gegenwärtig studieren etwa 35 000 Chinesen in Russland und etwa 20 000 Russen in China. In der Volksrepublik wird wieder die russische Sprache an den Schulen und Universitäten gelehrt. Vor der Pandemie reisten über zwei Millionen Russen als Touristen nach China, und 1,8 Millionen Chinesen besuchten Russland. Das alles wirkt sich auf die wechselseitige Wahrnehmung aus. 2012 sahen nur 16 Prozent der Russen China als Freund Russland an, 2019 waren es 42 Prozent.

Mongolei

Die Mongolei liegt zwischen Russland und China, sie ist ein riesiges Binnenland (1,5 Millionen Quadratkilometer) mit einer geringen Bevölkerung (3,2 Millionen Menschen) und mit gewaltigen Vorkommen an Kohle und Erzen, aber industriell kaum erschlossen. Es herrscht noch immer die nomadische Viehwirtschaft vor. Die bestehende Infrastruktur wurde wesentlich von der benachbarten Sowjetunion besorgt, die Rohstoffvorkommen werden allenfalls marginal ausgebeutet. Jene im Süden des Landes waren ohne Verkehrsanbindung. Um nicht in Abhängigkeit zu geraten, lud die Mongolei nach dem politischen Gezeitenwechsel etwas entfernt liegende Nachbarn ein, im Land zu investieren. Japan, Südkorea und die USA zeigten sich interessiert.

Allerdings ist das Land im Kontext der Neuen Seidenstraße ein wichtiger Baustein. Während meiner Tätigkeit als Direktor eines Joint Ventures in der Mongolei erlebte ich die Distanz zu China, der Handel mit dem Westen dominierte. Das sollte sich nach dem Anlaufen der *Belt and Road Initiative* ändern.

2005 ging weniger als die Hälfte der mongolischen Exporte nach China, 2016 bereits 90 Prozent – vornehmlich Kupfer (allein das macht 70 Prozent davon aus), tierische Produkte und Kohle.

Die Exporte werden per Eisenbahn über die Hauptstrecke von Ulan Bator (Ulaanbaatar, »Roter Held«) nach Naushki an der chinesischen Grenze abgewickelt.

Zur weiteren Erschließung der Rohstoffreserven der Mongolei, aber auch zur Verbesserung des Transits, müssen die Transportverbindungen erweitert werden. Der Eisenbahntransit ist neben dem Export von Metallen und tierischen Produkten die wichtigste Einnahmequelle des Staates. Ausbau und Modernisierung der Strecken im Rahmen der BRI, die seit 2015 erfolgen, steigerten die Umschlagskapazität bislang um 70 Prozent.

Diese Transporte bilden das Rückgrat des *China – Mongolia – Russia Economic Corridor* (CMREC), der von der russisch/mongolischen Grenzstadt bis nach Tianjin, der Hafenstadt im Nordosten Chinas, reicht. Im Rahmen der BRI wurde der 1111 km lange mongolische Abschnitt modernisiert und durch ein zweites Gleis erweitert sowie elektrifiziert. Der durch China zu finanzierende Aufwand könnte bei 4,4 Milliarden Dollar liegen. Mit der China Development Bank wird der Ausbau des Transport-Anschlusses der zweitgrößten Kohlelagerstätte der Welt und der Kupferminen um Tavan Tolgai und Oyu Tolgoi mit dem chinesischen Eisenbahnnetz diskutiert, um die Rohstoffexporte aus der Mongolei zu erhöhen. Die Lagerstätten befinden sich im verkehrstechnisch nicht erschlossenen Süden der Mongolei, weshalb bisher keine Investitionen für die Ausbeutung der Kohlevorkommen erfolgten. Durch die BRI könnte dieses Hindernis überwunden werden und für die Mongolei einen wirtschaftlichen Aufschwung bedeuten.

Die mongolische Regierung ist bemüht, im Zusammenhang mit der Neuen Seidenstraße die verarbeitende Industrie zu fördern, um vor allem Arbeitsplätze zu schaffen. Chinesische und mongolische Unternehmen investieren in neue Werke, in denen Kaschmirwolle und Leder verarbeitet werden.

Wie andere zentralasiatische Länder zieht die Mongolei direkten Nutzen aus der *Belt and Road Initiative,* indem erstens die Infrastruktur als Basis für den internationalen Handel ausgebaut wird, indem zweitens bisher nicht erschlossene Rohstoffquellen nutzbar gemacht werden und indem drittens die dadurch generierten Einnahmen für die weitere Entwicklung der verarbeitenden Industrie investiert werden.

Da die Versuche der USA zur Einhegung Chinas durch Kasachstan, Tadschikistan, Kirgisistan und Afghanistan wenig erfolgreich waren, konzentrierten sich die Vereinigten Staaten mehr und mehr auf die Mongolei. Es gibt kontinuierlich diplomatische Aktivitäten auf höchster Ebene, was dazu führte, dass die Mongolei die USA als ihren »dritten Nachbarn« ansieht und mit diesem die unmittelbaren Nachbarn China und Russland »ausbalanciert«, d. h. auf Distanz hält und militärische Neutralität übt. Es sind keine ausländischen Truppen in der Mongolei stationiert, und die Mongolei gehört auch keinem militärischen Bündnis an.

Kasachstan

In Zentralasien liegen die sogenannten STAN-Staaten – Kasachstan, Kirgisistan, Tadschikistan, Usbekistan, Turkmenistan, Afghanistan, Pakistan und der Iran.

Die zentralasiatischen Länder der ehemaligen Sowjetunion und Afghanistan sind Binnenländern und darum nicht an Seehandelsrouten angeschlossen. Die wirtschaftlichen Beziehungen und die Verkehrsverbindungen waren Jahrzehnte von den Bedürfnissen und den Möglichkeiten der UdSSR bestimmt. Nach der Auflösung der Sowjetunion wurden diese Länder selbstständig, was nicht unbedingt unabhängig hieß, dazu war die organisch gewachsene Verflechtung mit dem »Mutterland« zu groß. Auf der anderen Seite brach Nationalismus im Prozess der Selbstfindung auf, nationale Spannungen, die in dem Vielvölkerstaat Sowjetunion unterdrückt oder nicht angemessen berücksichtigt worden waren, entluden sich mitunter in Gewalt und Unterdrückung anderer Minderheiten. In diesem Zusammenhang kam es auch zu Konflikten um Verkehrs- und Energietrassen, um die Ausbeutung von Rohstoffen und andere Wirtschaftsfragen.

In den ersten beiden Jahrzehnten nach Erlangung der politischen Selbstständigkeit dieser Ländern, deren Staatsbürger mehrheitlich dem Islam zugehörig sind, hat sich der ökonomische Rückstand zu Russland oder China kaum verringert, im Gegenteil:

Die Tabelle zeigt die Unterschiede:

	Bev. in Mio	BIP/ Kopf in Mrd $	Weltrang	% Islambev.
Pakistan	221	1349	158	97
Afghanistan	38	507	188	99
Usbekistan	33	1742	152	89
Kasachstan	19	9750	73	70
Tadschikistan	9	873	172	90
Kirgisistan	6,6	1323	159	80
Turkmenistan	6	7724	84	94
China	1400	10522	69	0,5

Bis auf Kasachstan gehören alle STAN-Länder zu den ärmeren Staaten unter den 213 der Welt, weisen aber dennoch große Unterschiede im Lebensstandard auf. Kasachstan hat ein circa zehn Mal höheres Bruttoinlandsprodukt je Kopf als Tadschikistan. In allen Ländern leben mehrere ethnische Bevölkerungsgruppen, die unterschiedlichen muslimischen Religionsrichtungen angehören. Die siebzig Jahre Zugehörigkeit zur Sowjetunion, der nationalen Abhängigkeit und der nicht anerkannten Religionen erschweren nach der staatlichen Unabhängigkeit den Prozess der gesellschaftlichen und wirtschaftlichen Entwicklung.

Der zentralasiatische Raum verfügt über große Erz-, Erdöl- und Gasvorkommen sowie über gute Voraussetzungen für den Anbau von Baumwolle und Getreide. Diese natürlichen Ressourcen konnten bislang wegen fehlender Infrastrukturen nur unzureichend für die Entwicklung der Länder genutzt werden, weshalb sich der Lebensstandard auch nur langsam verbesserte.

Die westlichen Länder, allen voran die USA, glaubten in den neunziger Jahren, die Länder Zentralasiens würden sich sofort zu parlamentarischen Demokratien nach ihrem Muster entwickeln und sich dem Neoliberalismus öffnen. Entsprechend engagierten sie sich beim sogenannten *Nation Building*. Und scheiterten. Am auffälligsten in Afghanistan, das sie im Sommer 2021 fluchtartig verließen.

Daher wurde die Idee der Wiederbelebung der traditionellen Seidenstraße in diesen Ländern mit großem Interesse aufgenommen, da der Gedanke der partnerschaftlichen Entwicklung im Vordergrund stand. Die Chinesen wollten – anders als die Amerikaner – nicht missionieren und den Ländern ihre gesellschaftlichen Vorstellungen aufdrängen. Sie wollten anderen helfen, um sich selbst zu helfen, auf gleichberechtigter Basis und zum Vorteil aller Beteiligten, ohne wechselseitige Abhängigkeit und diktierten Bedingungen.

Bereits im Vorfeld der *Belt and Road Initiative* hatte es bilaterale Kooperationen gegeben, auf die aufgebaut werden konnte. In einer ersten Phase des chinesischen Engagements in Zentralasien, in den Jahren zwischen 1990 und 2013, konzentrierte man sich auf Öl- und Gaslieferungen aus Kasachstan und Turkmenistan, auf Pipelines sowie auf die Entwicklung von Eisenbahn- und Straßenprojekten. 1997 übernahm China beispielsweise Anteile an einer Gaspipeline, die durch Turkmenistan, Usbekistan und Kasachstan nach China führte.

Nach 2000 standen Investitionen in Tadschikistan und Kirgisistan in Transport, Energiegewinnung und -übertragung im Fokus. Private und staatliche klein- und mittelständische Unternehmen vor Ort suchten nach Verwertungsmöglichkeiten auf den dortigen Märkten, da in China der Wettbewerb einen erfolgreichen Handel nur noch in Größenordnung erlaubte, wozu sie aber nicht in der Lage waren, ihn zu bedienen.

In der dritten Phase der Zusammenarbeit nahm die Entwicklung einer effektiven Transportroute eine zentrale Rolle ein, die von prosperierenden Industrie- und Handelsbetrieben gesäumt werden sollte. Das war die Idee der Neuen Seidenstraße.

Allerdings: Kirgisistan, Usbekistan und Tadschikistan standen (und stehen) ganz oben auf der Liste der korrupten Länder. Die dort übliche Schmiergeldwirtschaft beeinflusste augenscheinlich auch chinesische Unternehmen, was zu einem raschen Ansehensverlust Chinas in der dortigen Bevölkerung führte. Zudem kam es aufgrund von Verstößen gegen das Arbeitsrecht, wegen ungleicher Bezahlung und nationalistischer Tendenzen zu Protesten und Streiks, was diese Tendenz noch verstärkte. Da gab es einiges zu tun, um das dadurch entstandene negative Bild der *Belt and Road Initiative* zu überwinden.

Bis 2021 wurden drei Transportkorridore durch die zentralasiatischen Staaten konzipiert und im Wesentlichen auch realisiert. Das waren

1. der **Nördliche Korridor** (China-Kasachstan-Russland, Westeuropa),

2. der **Mittlere Korridor** mit drei Routen (China-Kasachstan-Aserbaidschan-Georgien-Türkei; China-Kasachstan-Usbekistan, Turkmenistan-Iran; China-Kirgisistan-Usbekistan-Turkmenistan-Iran) und

3. der **Südliche Korridor** (China-Kigisistan-Tadschikistan-Afghanistan-Pakistan/Iran).

Diese Bahnverbindungen bilden das zentralasiatische Eisenbahnnetzwerk und damit den eigentlichen Kern der *Belt and Road Initiative*.

Bis 1990 waren alle Transport- und Handelsverbindungen der STAN-Länder auf die Sowjetunion ausgerichtet, deren Teil sie waren. Der Untergang der Union führte zur Neuorientierung nicht nur bei der gesellschaftspolitischen und ökonomischen Ausrichtung, sondern auch bei den Handels- und Wirtschaftsbeziehungen zu den Nachbarn.

Kasachstan, ein von Steppen domininiertes Land mit etwa 19 Millionen Einwohnern und damit einer der Staaten mit der geringsten Bevölkerungsdichte weltweit, liegt zwischen China, Russland, Kirgisistan, Usbekistan, Turkmenistan und dem kaspischen Binnenmeer und ist damit ein typisches Transitland. Hier geht nicht nur die Trasse von China nach Westeuropa hindurch, sondern Abzweige gehen auch in die Länder im Süden Asiens. Kasachstan ist also auch ein Knotenpunkt der *Belt and Road Initiative*.

Drei Transport- und Wirtschaftskorridore führen durch das Land:

1. die **nördliche und südliche Transitverbindung** China-Kasachstan-Russland-Ost- und Westeuropa;

2. die **mittlere Bahn/See-Verbindung** (die internationale transkaukasische Transportroute über den Hafen Aktau am Kaspischen Meer nach Baku/Aserbaidschan und über Georgien weiter zu türkischen Häfen respektive von Baku in den Iran und von dort weiter in die Türkei; sowie

3. die **südliche Bahnverbindung** (via Kasachstan und Turkmenistan nach dem Iran über den 2016 eröffneten Bahngrenzübergang Sarakhs. Die Route über Usbekistan, Turkmenistan in den Iran ist kürzer, aber bislang konnten die beteiligten Eisenbahngesellschaften noch keine Vereinbarungen treffen).

Die Eisenbahnverbindung zwischen Kasachstan und China über den Grenzübergang Alashankou und Drushba (kasachisch: Dostyk) wurde 1990 – dreißig Jahre nach der dazu getroffenen Vereinbarung – in Betrieb genommen und stellt heute den wichtigsten Übergang für den Schienen- und Straßentransport zwischen beiden Ländern dar.

Auf Beschluss des Staatsrats der VR China wurde am 26. Juni 2014 eine kreisfreie Stadt im Kasachischen Autonomen Bezirk Ili des Gebiets Xinjiang gegründet. Diese Stadt Korgas (auch Khorgos oder Horgos) ist jener geografische Punkt auf der Erde, der die größte Entfernung zu einem Ozean hat. Die Stadt liegt an der Grenze zu Kasachstan und ist im Rahmen der Neuen Seidenstraße zu einem internationalen Logistik- und Handelsknotenpunkt und damit zu einem wichtigen Grenzübergang ausgebaut worden. Bis 2016 wurden mehr als drei Milliarden Dollar investiert. Auf 5740 ha entstand der Güter-Umschlagsplatz »Khorgos-East Gate« mit einer Freihandelszone. Zwei chinesische Unternehmen haben 49 Prozent der

Anteile am »Trockenhafen« Khorgos-East Gate übernommen, darunter der weltgrößte Marinelogistiker COSCO.

Dort wird auch von der chinesischen auf die russische Breitspur und umgekehrt »umgespurt«. Der Umschlag entwickelte sich binnen weniger Jahre gewaltig – von 22 061 TEU (= Zwanzig-Fuß-Standardcontainer) im Jahr 2013 stieg er auf 558 157 TEU im Jahr 2020.

Während der Corona-Pandemie und wegen der Havarie im Suez-Kanal war die Route über Korgas der einzige zuverlässige Transportweg für medizinische Güter.

Die Züge legen auf den 2500 km neu gebauten und 10 000 km modernisierten Schienensträngen täglich Strecken zwischen 1000 und 1100 km zurück. Die Transport- und Zolldokumente sind digitalisiert, sodass keine Verzögerungen durch die kommerzielle Bearbeitung auftreten

Es wird prognostiziert, dass sich der Aufwärtstrend fortsetzt und 2023 vermutlich eine Million TEU Korgas passieren werden. Dennoch macht dies weniger als fünf Prozent des seewärtigen Containerverkehrs aus.

Neben dem wichtigen Transit Richtung Westen verfügt Kasachstan auch über Eisenbahnstrecken Richtung Usbekistan (mit Anschluss nach Afghanistan und nach Kirgisistan). Eine weitere Strecke ist nach Osch geplant, der großen Handelsstadt in Kirgisistan. Von dort geht es weiter nach Usbekistan und zur tadschikischen Hauptstadt Duschanbe im Süden.

Der Anschluss zwischen dem kasachischen Netz und Bischkek in Kirgisistan wurde bereits während der Sowjetzeit gebaut, jetzt aber als Projekt der BRI elektrifiziert und modernisiert.

Ein direkter Anschluss von Kirgisistan ans chinesische Netz Richtung Kashgar (auch Kaxgar oder Kaschgar, die kreisfreie Stadt im Uigurischen Autonomen Gebiet Xinjiang) ist in der Planung.

Über diese Schienenverbindungen haben die zentralasiatischen Länder Zugang zu den chinesischen Häfen.

Auf dem *Eastern Economic Forum* (EEF) im September 2021 in Wladiwostok, dem sechsten inzwischen, kündigte der kasachische Präsident den Bau einer neuen Eisenbahnstrecke für den Mittleren Korridor der Neue Seidenstraßen in seinem Land an. Diese neue 840 km lange Eisenbahnstrecke zwischen der chinesischen Grenzstadt Dostyk und dem Kaspischen Meer soll 2025 in Betrieb gehen. Über das Kaspische Meer wird der Hafen Baku in Aserbaidschan erreicht mit Anschluss entweder in den Iran oder über Armenien in die Türkei.

Dieser Mittlere Korridor war bereits 2014 eröffnet worden, war aber schon bald überlastet. In den letzten drei Jahren nahm der Verkehr über diese Route um das Dreizehnfache zu. Die neue Eisenbahnstrecke wird sie entlasten.

Eine 2228 Kilometer lange Pipeline von den kasachischen Ölfeldern am Kaspischen Meer mit einer Kapazität von 20 Millionen Tonnen pro Jahr ging 2014 in Betrieb. Sie ist mit der russischen Pipeline von Westsibirien verbunden, die in der chinesischen Raffinerie Dushanzi in Xinjiang endet.

Die Zentralasiatische Gas-Pipeline (oder Turkmenistan-China-Gas-Pipeline) ist über 7000 Kilometer lang und ging ebenfalls 2014 in Betrieb. Durch diese Röhren fließt Gas von Turkmenistan durch Usbekistan und Kasachstan über Xinjiang bis nach Shanghai. Die Pipeline besteht aus vier separaten Leitungen, die eine jährliche Leistung von über 140 Milliarden Kubikmeter haben. In Usbekistan verläuft sie parallel zur Usbekistan-Kasachstan-China-Pipeline, die China bei Korgas erreicht. In Kasachstan ist die Pipeline verbunden mit der Kasachstan-China- Pipeline mit einer Kapazität von 15 Milliarden Kubikmeter im Jahr.

Eine weitere Gaspipeline, ebenfalls finanziert durch die *Belt an Road Initiative,* befindet sich gegenwärtig noch im Bau. Sie führt über Afghanistan weiter nach Pakistan und Indien. Durch diese Pipeline sollen künftig jährlich 33 Milliarden Kubikmeter Gas in diese Länder fließen.

Einen Schwerpunkt der chinesischen Exporte in diese Region bilden Ausrüstungen für die Stromerzeugung, dabei konzentriert man sich auf die Gewinnung von Energie durch Sonne und Wind.

Insgesamt wollen Kasachstan und die Volksrepublik China 51 Projekte im Wert von 26 Milliarden Dollar realisieren. Sie betreffen die Modernisierung der Eisenbahn-Grenzübergänge und verschiedene Straßenbauprojekte, den Ausbau der Kasachstan-China-Pipeline und petrochemische Betriebe, den Aufbau von Parks zur Erzeugung erneuerbarer Energien und deren Verknüpfung mit dem Stromnetz. Geplant ist die Errichtung einer Ziegelfabrik in Astana, die Errichtung von Getreidefarmen und von Lebensmittelfabriken. Ferner ist eine *Special Economic Industrial Zone* in Korgas und ein Zentralmarkt für Zentralasien konzipiert, von dem aus Waren in die Nachbarländer verteilt werden. Zudem sollen Kupferlagerstätten gemeinsam erschlossen werden.

Die kasachische Wirtschaft ist bereits die größte in Zentralasien. Ihre Entwicklung ist abhängig vom weiteren Ausbau der Infrastruktur und von Handelserleichterungen zwischen den Ländern. Nach kasachischen Einschätzungen führte die verbesserte Infrastruktur zu einer Steigerung des Bruttoinlandsproduktes um 6,5 Prozent. Handelserleichterungen im Rahmen der Eurasischen Wirtschaftsunion (z. B. reduzierte Zölle) sollen weitere neun Prozent bringen. Allein mit Transitgebühren nimmt Kasachstan jährlich bis zu fünf Milliarden Dollar ein.

In der verarbeitenden Industrie erfolgen zunehmend Finanzierungen kompletter Fabriken, die dann an lokale Betreiber übergeben werden. Das schließt die Ausbildung und Schulung der Arbeiter und Manager vor Ort und in China ein.

Usbekistan

Das Land liegt zwischen fünf Nachbarstaaten und ist dadurch ein bedeutender zentralasiatischer Markt, der zudem von einem Transitkorridor passiert wird. Der Ausbau der Infrastruktur eines Landes (von 44 weltweit), das keinen direkten Zugang zum Meer und damit zur internationalen Schifffahrt hat, besitzt darum große Bedeutung für die Entwicklung Usbekistans und die gesellschaftliche Wohlfahrt. Usbekistan ist – neben Liechtenstein – der einzige Binnenstaat der Welt, der nur von Binnenländern umgeben ist.

Mit dem Wechsel der politischen Führung 2016 setzte eine verstärkte Zusammenarbeit mit China ein. Im Rahmen der BRI stellt China Investitionen und Kredite für Transportinfrastruktur- und Energie-Projekte in Höhe von mehr als acht Milliarden Dollar zur Verfügung.

Die usbekischen Eisenbahnen stellen in Nord-Süd-Richtung und in Ost-West-Richtung wichtige Bindeglieder für den transkontinentalen Transitverkehr dar. Insbesondere die Nord-Süd-Verbindung nach Afghanistan mit Anschluss nach Pakistan zu den dortigen Häfen wird von der usbekischen Regierung der Verbindung zu Häfen an der iranischen Küste vorgezogen.

Im September 2016 wurde die direkte Zugverbindung von China nach Hairatan offiziell in Betrieb genommen. Hairatan liegt an der usbekisch-afghanischen Grenze am Südufer des Amudarja.

Der China-Kirgisistan-Usbekistan-Highway wurde bis Duschanbe verlängert. Diese Autobahn verkürzt die Transitzeit um sechs Tage und ist wichtig für die schnelle Industrialisierung Usbekistans. Das Land lebt vom Export von Öl, Gas und Gold. Bis 2019 gehörte auch Rohbaumwolle zu den ausgeführten Gütern. Seither exportiert man stattdessen jedoch Textilprodukte.

Die chinesischen Investitionen konzentrieren sich auf die Textil-, die Zement- und die Chemieindustrie.

2017 schlossen China und Usbekistan im Rahmen der *Belt and Road Initiative* 115 Verträge mit einem Volumen von 23 Milliarden Dollar, inzwischen sind rund 1500 chinesische Unternehmen in Usbekistan tätig. Die mit chinesischen Krediten erbauten Textilfabriken exportieren bis zu 90 Prozent ihrer Produktion, zumeist natürlich nach China.

Eines der größten Projekte ist der Bau einer Raffinerie-Anlage zur Herstellung von flüssigem Gas, für die 11,2 Milliarden Dollar bereitgestellt wurden. Noch im Bau befindlich sind eine Soda-Fabrik, ein Betrieb zur Herstellung von Düngemitteln und ein Kraftwerk.

Der Handel zwischen Usbekistan und China im Kontext der Neuen Seidenstraße hat inzwischen ein Volumen erreicht, das größer ist als der Warenaustausch mit Russland, Kasachstan, der Türkei und Südkorea. Usbekistan schloss ein Freihandelsabkommen mit den kaukasischen Ländern und verhandelt dazu auch mit der Türkei.

Turkmenistan

Turkmenistan zählt knapp eine halbe Million Quadratkilometer und weniger als sechs Millionen Einwohner, es ist ein dünn besiedelter Wüstenstaat (95 Prozent des Territoriums sind Wüste und Geröll), verfügt aber über die viertgrößten Erdgasvorkommen der Welt. Das Land grenzt im Westen ans Kaspische Meer und im Südosten an Afghanistan, im Südwesten an den Iran und im Nordosten an Kasachstan und Usbekistan. Turkmenistan, das aber nur nebenbei, ist das Land mit den wenigsten Rauchern weltweit (etwa acht Prozent) und wird mit am stärksten vom Klimawandel betroffen sein. Steigt die Temperatur weltweit um zwei Grad, so steigt sie hier, wie die Berechnungen der Klimaforscher ergaben, um 6,6 Grad. Der viertgrößte Binnensee der Welt, der Aral, etwa so groß wie Bayern, ist seit 1960 ausgetrocknet, was eine der größten vom Menschen verursachten Umweltkatastrophen weltweit darstellt.

Im Juni 2016 verhandelten der turkmenische Präsident und die chinesische Führung über eine intensivere Zusammenarbeit im Rahmen der *Belt and Road Initiative*. Ausschlaggebend für die Nachfragen aus Aschgabat, der Hauptstadt in der Nähe zur iranischen Grenze, waren Differenzen mit Russland, die dazu führten, dass begonnene Infrastrukturprojekte nicht fertiggestellt wurden. Zu diesen Vorhaben zählte auch der vierte Transportkorridor der Neuen Seidenstraße, der China (und auch Russland) mit dem Iran verbinden sollte

Turkmenistan liefert inzwischen sein Gas nicht wie früher nach Russland, sondern nach China. Die Volksrepublik deckt inzwischen mehr als die Hälfte ihres Gasbedarfs aus Turkmenistan. Im Rahmen der BRI wird der Export noch zunehmen.

China erschließt weitere Erdgasvorkommen (das Gasfeld von Galkynysch ist eines der größten der Welt) und legt Pipelines. Eine führt nach Afghanistan und eine weitere nach Pakistan und Indien. Durch diese Pipeline sollen künftig 33 Milliarden Kubikmeter Gas im Jahr fließen.

2014 wurde eine 925 km lange Eisenbahnstrecke von Kasachstan durch Usbekistan und Turkmenistan mit künftigem Anschluss in den Iran in Betrieb genommen, drei Jahre später die 10 000 km lange China-Kasachstan-Usbekistan-Turkmenistan-Iran-Eisenbahn. Im Mai 2018 brachte der erste direkte Containerzug aus der Inneren Mongolei in China Sonnenblumenkerne nach Teheran und eröffnete damit den regelmäßigen Zugverkehr zwischen China und dem Iran.

Durch diese Eisenbahnverbindung nach dem Iran konnte Turkmenistan erstmals seit 1947 wieder über iranische Häfen Handelsbeziehungen zu Indien aufnehmen.

Diese Bahnverbindung von den chinesischen Industriezentren erschließt zugleich den Zugang zum iranischen Eisenbahnnetz sowie dem Golfmarkt und stellt eine wichtige Alternative zum Seetransport dar.

Auf der Strecke durch Kasachstan, Usbekistan und Turkmenistan werden die jeweiligen Industriezentren angebunden. Das ist die Basis für weitere Investitionsobjekte auf dem Gebiet der verarbeitenden und Kommunikations-Industrie, der Infrastruktur und der Landwirtschaft.

Für Russland und den Iran ist der leistungsfähige Verkehrsanschluss wegen der von den USA verhängten wirtschaftlichen Sanktionen von besonderer Bedeutung.

Gegenwärtig bereitet Turkmenistan seinen Beitritt zur *Eurasian Economic Union* (EAEU), der Eurasischen Wirtschaftsunion, vor, um vom Freihandel mit Armenien, Belarus, Kasachstan, Kirgisistan und Russland zu profitieren.

Kirgisistan

Insbesondere ärmere Länder wie Tadschikistan und Kirgisistan erhoffen sich durch die Kooperation mit China positive Impulse für ihre wenig entwickelte Wirtschaft und damit für die Überwindung der Armut.

Kirgisistan, knapp 200 000 Quadratkilometer groß, zählt mit seinen 6,5 Millionen Menschen zu den ärmsten Länder Zentralasiens. Es liegt zwischen Kasachstan und China und grenzt im Südwesten an Usbekistan und Tadschikistan. Damit ist es ein idealer Handels- und Verkehrsknoten. Von China werden Güter importiert und über die lokalen Märkte in Bischkek und Osch gehandelt und re-exportiert nach Kasachstan, Usbekistan und Tadschikistan. Kirgisistans Export beschränkt sich auf Gold, Quecksilber, Uran und Produkte aus Wolle. Öl, Gas, Ausrüstungen, Chemikalien und Lebensmittel müssen importiert werden. Die negative Handelsbilanz soll durch Transiteinnahmen und den Re-Export ausgeglichen werden, weshalb die im Rahmen der *Belt and Road Initiative* zu errichtenden Bahn- und Straßenprojekte herausragende Bedeutung für das Land besitzen.

Kirgisistan hat eine 1063 Kilometer lange Grenze mit China. Diese zieht sich über die hohen Bergrücken des Tienschan-Gebirges bis nach Tadschikistan und ist nur schwer verkehrstechnisch zu erschließen. Lediglich nahe Erkeshtam gibt es einen Straßen-Grenzübergang nach China, der befindet sich auf einem 3000 Meter hohen Pass. Es ist die einzige Verkehrsverbindung nach Kaxgar in China, der Oasenstadt im Uigurischen Autonomen Gebiet Xinjiang. Nach dem 165 km nordöstlich gelegenen Torugart-Pass ist der Grenzübergang bei Erkeshtam die zweitwichtigste Straßenverbindung zwischen Kirgisistan und China. Und zugleich das Ende der Europastraße 60, die in Brest in der französischen Bretagne ihren Ausgang nimmt und etwa 6590 Kilometer lang ist.

Im Osten des Landes, an der Grenze zu Usbekistan, konnten durch diplomatische Vermittlungen Chinas die aus der Vergangenheit bestehenden Grenz- und Territorialstreitigkeiten überwunden und ein Grenzübergang im Tal von Ferghana eröffnet werden.

Eine durchgehende Eisenbahnverbindung besteht noch nicht, obwohl 2020 eine kombinierte Straßen-/Eisenbahnlinie zwischen China und Usbekistan über Kirgisistan eröffnet wurde. Der Transport erfolgte auf LKW von Kaxgar nach Osch im Süden Kirgisistans und von dort per Bahn nach Taschkent. Diese Bahnstrecke wurde 2016 von China als Projekt der Neuen Seidenstraße finanziert und gebaut.

Im Mai 2021 vereinbarten China und Kirgisistan eine Erhöhung des Importes von landwirtschaftlichen Produkten nach China und zusätzliche Investitionen von 54 Millionen Dollar. Insgesamt hat die Volksrepublik damit 2,2 Milliarden Dollar in Kirgisistan investiert.

Seit 2006 im Bau befindet sich eine Bahnstrecke von Kaxgar nach Osch über den gegenwärtig nur von Trucks genutzten Bergpass Erkeshtam (auch Irkeschtam) in fast dreitausend Metern Höhe.

Der Ausbau dieser etwa 450 Kilometer langen Strecke ist aufwendig und damit teuer, er wird vermutlich bis zu fünf Milliarden Dollar kosten. Notwendig sind etwa fünfzig Tunnel und neunzig Brücken.

Diese Eisenbahnlinie wird nach ihrer Fertigstellung nicht nur eine direkte Verbindung zwischen dem Fernen und dem Nahen Osten, sondern auch die kürzeste sein. Und über Tadschikistan und Afghanistan gelangt man zu den Häfen in Pakistan.

Mit der Zunahme des Exports von landwirtschaftlichen Produkten konnte Kirgisistan Schulden bei China abtragen. Zur Vermeidung einer Überschuldung nahm Kirgisistan bei der Bekämpfung der Corona-Pandemie Kredite beim Internationalen Währungsfonds (IWF) auf.

Tadschikistan

Es ist mit 143 000 Quadratkilometern das kleinste der zentralasiatischen Länder und zählt weniger als (geschätzte) zehn Millionen Menschen. Zwei Drittel des Territoriums sind Hochgebirge, fast die Hälfte des Staatsgebiets liegt dreitausend Meter hoch oder noch darüber. Landwirtschaft ist nur im Ferghanatal möglich und wird dort intensiv betrieben.

Obleich noch immer ein armes Land (in der UdSSR war es die ärmste Sowjetrepublik), entwickelte sich Tadschikistan seit der Unabhängigkeit beachtlich. Betrug 1992 das Bruttoinlandsprodukt 0,29 Milliarden Dollar, so erreichte man 2019 bereits 8,12 Milliarden, was das 28-fache des Ausgangswertes darstellt. Pro Kopf bedeutete das eine Verdreifachung. Dennoch leben noch immer zwei Drittel der Bevölkerung in Armut. Lediglich in der Hauptstadt Duschanbe, wo knapp 800 000 Menschen leben, existiert ein bescheidener Wohlstand.

Fast ein Drittel des BIP stammt aus Überweisungen von in Russland oder Kasachstan arbeitenden Tadschiken. Das Wachstum wurde im Wesentlichen durch den erhöhten Export von Wolle und Aluminium erreicht.

Als entscheidender Nachteil erweist sich die fehlende internationale Anbindung. Es besteht nach China lediglich ein Straßengrenzübergang auf einer Höhe von 4360 Metern über dem Meeresspiegel. Er ist nur von Mai bis November passierbar, und selbst dann nur etwa für zwei Wochen im Monat.

Eine Eisenbahnverbindung besteht gegenwärtig lediglich von Duschanbe über die Transkaspische Eisenbahn nach Usbekistan und Turkmenistan mit Anschluss an das internationale Eisenbahnnetz. Diese Verbindung ist Bestandteil des Transportkorridors China-Afghanistan. An den Grenzen zu Usbekistan, Kirgisistan und Afghanistan wurden Terminals für den Umschlag errichtet.

China offerierte für Projekte in Tadschikistan etwa 500 Millionen Dollar und investierte bis 2015 bereits 273 Millionen.

Für die China-Kirgisistan-Tadschikistan-Afghanistan-Iran-Eisenbahn erarbeiteten Experten der beteiligten Länder 2018 eine Machbarkeitsstudie. Trotz des geplanten Eisenbahnprojektes wird das bestehende Straßennetz mit Brücken und Tunneln ausgebaut und modernisiert. Tadschikistan plant im Rahmen der *Belt and Road Initiative* den Anschluss an den 1284 km langen Karakorum Highway (KKH). Der gilt als die höchstgelegene Fernstraße der Welt und verbindet Kaxgar im Autonomen Gebiet Xinjiang mit Havelian im Nordwesten Pakistans. Im Winter ist er jedoch nur bedingt befahrbar. Der Karakorum Highway wurde gemeinsam von China und Pakistan innerhalb von etwa zwanzig Jahren erbaut und 1978 fertiggestellt.

2006, lange bevor die Idee der Neuen Seidenstraße geboren wurde, schloss Tadschikistan einen Kreditvertrag mit der *China Exim Bank* für den Ausbau der Transitstraßen, von Stromüberlandleitungen und zur Errichtung eines Wasserkraftwerkes. Dieser Rogun-Staudamm – mit 335 Meter ist er die höchste Staumauer der Welt – ist das wichtigste Energieprojekt Tadschikistans. Nach Fertigstellung wird er das Land sowie Kirgisistan und Usbekistan mit Strom versorgen. Wenn alle Turbinen laufen, liefert eines der größten Wasserkraftwerke der Welt pro Jahr 13,3 Milliarden Kilowattstunden.

Chinesische Firmen investierten seit 2014 in die Modernisierung der Landwirtschaft und in traditionelle Industrie. Es wurden Erz-Bergwerke und Goldgruben erschlossen, die aber mitunter wegen der Verletzung von Umweltauflagen gestoppt werden mussten. Mit der Errichtung von Zementfabriken konnten Kredite getilgt werden. Ein Drittel der Produktion wird als Überschuss in die Volksrepublik exportiert.

Afghanistan

Nachdem die USA und ihre Verbündeten Afghanistan fluchtartig verlassen und die Taliban ihr Interesse an einer internationalen Zusammenarbeit zum Wiederaufbau des Landes signalisiert haben, spielen Verkehrsverbindungen über die Grenze eine zentrale Rolle. China, aber auch Russland, haben bereits mit der derzeitigen afghanischen Regierung verhandelt. Obwohl Afghanistan noch nicht offiziell in der Neuen Seidenstraße integriert ist, hat China einen Fonds von 100 Millionen Dollar bereitgestellt, weitere Kredite sind in Planung, während die USA afghanische Finanzreserven blockieren. Sieben Milliarden Dollar der afghanischen Zentralbank in New York wurden im August 2021 eingefroren und im Februar 2022 per Dekret des US-Präsidenten verteilt – die eine Hälfte soll an die Opfer des Terroranschlages vom 11. September 2001, also US-Bürger, gehen, die andere Hälfte solle der Not leidenden afghanischen Zivilbevölkerung, geschätzte 38 Millionen Menschen, direkt zur Verfügung gestellt werden. »Die Regierung wird versuchen, den Zugang zu 3,5 Milliarden Dollar dieser Gelder für die afghanische Bevölkerung und für Afghanistans Zukunft zu erleichtern«, teilte das Weiße Haus mit.

China und Russland anerkannten die neue Regierung in Kabul, ohne sich in die internen Angelegenheiten des Landes einzumischen. Es ist ein Versuch, Frieden in der Region herzustellen bei gleichzeitiger Zurückdrängung des Terrors, der von hier ausgegangen ist und vermutlich noch immer ausgeht. Es geht aber nicht nur um die Befriedung, sondern auch um die Abwendung von Hunger und Not und die Überwindung der Folgen des jahrzehntelangen Krieges.

Dazu ist es nötig, die Infrastruktur – Eisenbahn- und Straßenverbindungen, Pipelines und Wirtschaftszonen – in dem über 650 000 Quadratkilometer großen Land wieder herzustellen und auszubauen, damit das Land zu einem Handels- und Verkehrsknotenpunkt für ganz Zentralasien werden kann. Mit Hilfe der Nachbarländer Pakistan im Süden, Iran im Westen, Usbekistan, Turkmenistan und Tadschikistan im Norden und China im Osten, mit den bestehenden und geplanten Projekten der *Belt and Road Initiative* soll Kabul in die Lage versetzt werden, das geschundene Land zu entwickeln. Ohne politische oder militärische Einmischung von außen. Und mit den Transportverbindungen können die Rohstoffvorkommen erschlossen werden. In Afghanistan gibt es Kohle, Kupfer, Eisenerz, Lithium, Uran, Metalle der Seltenen Erden, Chromit, Gold,

Zink, Talk, Baryt, Schwefel, Blei, Marmor, Schmuckstein, Erdgas, Erdöl und weitere Rohstoffe. 2010 taxierten die US-Experten den Wert der bisher gefundenen, aber noch ungenutzten Mineralvorkommen zwischen 900 und 3000 Milliarden Dollar. Das erklärt, dass der Westen nicht nur aus geopolitischen Gründen sich dauerhaft in Afghanistan niederlassen wollte.

2020 vereinbarten die Regierungen Usbekistans, Pakistans und Afghanistans den Bau einer 573 km langen Eisenbahnstrecke von Hairatan/Mazar-e-Sharif nach Peshawar. Die Kosten wurden auf etwa fünf Milliarden Dollar beziffert und sollten als Projekt der Neuen Seidenstraße realisiert werden. Bereits im September 2016 war die direkte Zugverbindung von China zur afghanischen Grenze in Hairatan offiziell in Betrieb genommen worden.

Diese Transit-Bahnverbindung gilt als Teil des *China Pakistan Economic Corridor* (CPEC) und ermöglicht China und den zentralasiatischen Ländern den Anschluss an das pakistanische Eisenbahnnetz und damit an die Häfen in Karatschi und Gwadar. Diese Vereinbarung wird offensichtlich von den Taliban anerkannt, die Realisierung fortgesetzt.

2018 waren zwei Eisenbahnverbindungen von Turkmenistan nach Afghanistan in Betrieb gegangen. Am 10. Dezember 2020 wurde die Eisenbahnlinie Iran-Afghanistan eröffnet. Das Khaf-Herat-Eisenbahnprojekt *(Khaf-Herat Railway Project)* ist eine 225 Kilometer lange grenzüberschreitende Eisenbahnstrecke, die den Ostiran mit dem Westen Afghanistans verbindet. Damit besteht eine direkte Bahnverbindung von Europa über die Türkei, den Iran nach Afghanistan.

Auch der Ausbau des Highways Kabul-Peshawar, der parallel zur Eisenbahnstrecke verläuft, wurde bereits bestätigt.

An der Grenze zu Pakistan entsteht in Rashaki eine Wirtschaftssonderzone, die die Märkte in Afghanistan und Pakistan bedienen soll. Die Taliban haben die Unterstützung der Sonderzone zugesagt.

Das im Rahmen der Neuen Seidenstraße begonnene Gaspipeline-Projekt Turkmenistan-Afghanistan-Pakistan-Indien (TAPI) entlang des Kandahar Herat Highways im Westen Afghanistans wird weiter gebaut. Die Pipeline ist bereits bis Kabul fertiggestellt. China hat Interesse angemeldet, die Gasleitung bis nach Xinjiang zu verlängern.

Pakistan

Die fast 220 Millionen Menschen zählende Islamische Republik Pakistan, welche auf fast 800 000 Quadratkilometern Staatsgebiet leben, ist in Zentralasien ein wichtiger strategischer Partner Chinas. 2013 schlossen beide Staaten Vereinbarungen über einen *China Pakistan Economic Corridor* (CPEC), die die Entwicklung und Verbesserung der pakistanischen Transport- und Energie-Infrastruktur sowie eine Verbesserung der wirtschaftlichen Zusammenarbeit zwischen der Volksrepublik China und Pakistan zum Ziel hatten. Das geplante Investitionsvolumen für verschiedene Projekte betrug 62 Milliarden Dollar.

Zentrales Vorhaben des CPEC ist die Bahnanbindung Pakistans an die – noch zu bauende – Transafghanistan-Eisenbahnlinie, die etwa 600 km von Hairatan/Termez an der usbekischen Grenze über Kabul nach Peschawar an der afghanisch-pakistanischen Grenze führen wird. Von dort erreicht man über das pakistanische Eisenbahnnetz die Häfen in Karatschi und Gwadar.

Die Eisenbahnstrecke von Peshawar nach Karatschi ist 1872 km lang und soll nach ihrer Modernisierung eine Geschwindigkeit von 160 km/h erlauben.

Die Erweiterung des pakistanischen Eisenbahnnetzes wird etwa elf Milliarden Dollar kosten, was die China Exim Bank, die China Development Bank und die Industrial and Commercial Bank of China mit Krediten absichern. Am 6. Juli 2020 wurde ferner ein Vertrag im Wert von 7,2 Milliarden Dollar für eine Generalüberholung des pakistanischen Schienennetzes unterzeichnet, es ist das bis dahin teuerste Projekt Chinas in Pakistan.

Die schon erwähnte Karakorum Autobahn, die Verbindung zwischen Rawalpindi und der chinesischen Grenze, soll komplett erneuert und mehrspurig ausgebaut werden. Die internationale Fernstraße verbindet Havelian im Nordosten Pakistans mit Kaxgar in der Provinz Xinjiang.

Im Bau ist auch die Verlängerung der Autobahn von Lahore, der an der Grenze zu Indien gelegenen Hauptstadt des Punjab, nach Karatschi. Das sind noch einmal 1100 Straßenkilometer. Und es existieren weitere Vorhaben, mit denen das Straßennetz Pakistans entwickelt wird.

Im Rahmen des CPEC entsteht eine neue Rohrleitung für Rohöl, die an die Iran-Pakistan-Ölpipeline im Hafen Gwadar angebunden ist. Dadurch ist eine direkte Verbindung vom Iran nach China möglich. Immerhin werden 60 Prozent des chinesischen Energiebedarfs aus dem Iran und Ländern am Persischen Golf gedeckt.

Der Ausbau des Straßen-, Schienen- und Pipeline-Netzes in Pakistan dient sowohl den handelsstrategischen Interessen Chinas wie auch den Intentionen der *Belt and Road Initiative,* die wirtschaftliche Entwicklung der Partner zu fördern und zur dortigen Wohlfahrt beizutragen.

Der CPEC sieht den Ausbau der Energiebasis in Pakistan mit Krediten in Höhe von 33 Milliarden Dollar vor. Im Land herrscht ein chronischer Energiemangel, weshalb das Bruttoinlandsprodukt nicht das mögliche Niveau erreicht. Dieses Defizit soll mit dem Neubau von sieben Kohle-, vier Wasser- und sieben Wind- und Solar-Kraftwerken überwunden werden. Nahe der pakistanischen Stadt Bahawalpur entsteht eine der größten Photovoltaikanlagen der Welt. 2015 wurde die erste Ausbaustufe mit 100 Megawatt in Betrieb genommen, im Jahr darauf folgten weitere 300 MW. Am Ende wird der Solarpark Quaid-e-Azam etwa ein Gigawatt erzeugen.

80 Prozent der Vorhaben des *China-Pakistan Economic Corridor* werden von pakistanischen und chinesischen Unternehmen, 20 Prozent mit Krediten finanziert.

Indien

In Indien, einer Bundesrepublik mit 28 Bundesstaaten, leben annähernd so viele Menschen wie in der Volksrepublik China. Sie existieren auf etwa 3,3 Millionen Quadratkilometern (China 9,6 Millionen). Nach mehreren Jahrhunderten kolonialer Ausbeutung und Unterdrückung wurde der Subkontinent 1947 unabhängig, allerdings teilte die britische Krone, seit dem 18. Jahrhundert hier die bestimmende Kolonialmacht, die Region in zwei Teile: in die säkulare Indische Union und in die kleinere Islamische Republk Indien. Die Teilung führte zu einer der größten Vertreibungs- und Fluchtbewegungen der Geschichte. Ungefähr zehn Millionen Hindus und Sikhs wurden aus Pakistan vertrieben und etwa sieben Millionen Muslime aus Indien. 750 000 bis eine Million Menschen kamen ums Leben. Diese Geschichte hat bis heute Folgen und ist Ursprung vieler Spannungen und Konflikte in dieser Region.

Indien und China sind wirtschaftlich, politisch sowie geostrategisch Wettbewerber, also Konkurrenten. Aus verschiedenen Gründen meidet Indien eine zu große Nähe, insbesondere eine Abhängigkeit von China. Trotzdem entwickelte sich in den letzten Jahren eine immer enger werdende Zusammenarbeit beim Ausbau der Infrastruktur, der Energiewirtschaft und der Elektronik-/Kommunikationsindustrie. Im Sektor der mobilen Telekommunikation sind chinesische Firmen wie Huawei und ZTE mit einem Anteil von über 50 Prozent in Indien inzwischen marktführend. Außerdem beteiligen sich chinesische Konzerne wie Alibaba in großem Stil an E-Commerce-Unternehmen und finanzieren Firmen in der prosperierenden Start-up-Szene.

Jedoch kommen die Projekte des *Bangladesh, China, India and Myanmar Economic Corridor* (BCIM), die 2013 vereinbart wurden, nicht voran. Kern war der Bau einer Schnellstraße von Kunming in China nach Kalkutta in Indien. Für China stellt der BCIM-Wirtschaftskorridor einen wichtigen Teil der Neuen Seidenstraße dar, um die wirtschaftliche Zusammenarbeit mit Myanmar und Bangladesch weiterzuentwickeln.

Indien dagegen intensiviert in eigene Angebote an seine Nachbarn und will eigene grenzüberschreitende Verkehrsachsen realisieren. Dabei werden sie von den USA unterstützt. Mehr noch: Seit Amtsantritt der neuen Administration in Washington 2021 nahm der Druck zu, dass Indien sich aus der Zusammenarbeit mit China zurückzieht. Im Rahmen der »Pivot to Asia«-Politik, der Schwerpunktverlagerung der US-Außenpolitik auf den asiatisch-pazifischen Raum, sind die USA erkennbar bemüht, Indien wirtschaftlich und militärisch an sich zu binden. Die »größte Demokratie der Welt« spielt in der geostrategischen Planung der USA eine wichtige Rolle.

Aber auch für China und die *Belt and Road Initiative* hat Indien eine Schlüsselrolle. Für zwei wichtige Infrastruktur- und Handelsrouten – für den *Bangladesh, China, India and Myanmar Economic Corridor* (BCIM) und den *China-Pakistan Economic Corridor* – ist Indien unverzichtbar.

Indien lehnt es seit geraumer Zeit offiziell ab, an den von China initiierten Treffen zur *Belt and Road Initiative* teilzunehmen.

Die Atommacht strebt nach einem ständigen Sitz im UN-Sicherheitsrat und begründet die Atomrüstung mit einer vermeintlichen Bedrohung durch die Atommacht China, und es gibt immer wieder Auseinandersetzungen an der Grenze zwischen beiden Staaten. Indiens Militärausgaben betrugen 55,9 Milliarden Dollar im Jahr 2016, das entsprach 2,5 Prozent des Bruttoinlandsproduktes. Indien hatte damit das weltweit fünfthöchste Militärbudget. Trotz seines niedrigen Pro-Kopf-Einkommens ist das Land die fünftgrößte Wirtschaftsmacht der Welt und war 2015 erstmals die am schnellsten wachsende Volkswirtschaft der G20-Gruppe.

Nepal

Nepal, seit 2008 Republik, liegt zwischen China und Indien und ist der höchstgelegene Staat der Welt. Mehr als vierzig Prozent der Landesfläche (knapp 150 000 Quadratkilometer) befindet sich jenseits der dreitausend Meter. Sieben der zehn höchsten Berge der Welt erheben sich dort. Deshalb leben in dem Binnenland auch nicht sehr viele Menschen, man schätzt, dass es weniger als dreißig Millionen sind.

Nachdem China die 1956 km lange Bahnverbindung zwischen Xining (Hauptstadt der Provinz Qinghai) und Lhasa (Hauptstadt der Autonomen Gebiets Tibet) 2006 in Betrieb nahm, wurden Anschlussverbindungen nach Xigazê (Shigatse) und Nyingchi gebaut. Die Tibet-, Lhasa- oder Qinghai-Tibet-Bahn ist die höchstgelegene Bahnstrecke der Welt, weist den längsten Tunnel auf (fast 33 Kilometer) und bietet noch einige Weltrekorde. Die Lhasa-Bahn ist eines der größten Eisenbahnbauprojekte, die im 21. Jahrhundert fertiggestellt wurden. Am 15. August 2014 wurde die 253 km lange Bahnstrecke Lhasa-Xigazê in Betrieb genommen

Tibet ist dadurch mit den Provinzen Qinghai, Sichuan, Gansu und Xinjiang verbunden. Bereits 2008 schlug China vor, die Xigazê-Eisenbahn bis zur Grenze nach Nepal zu verlängern, um damit den Anschluss an Nepals Hauptstadt Katmandu und letztlich bis nach Indien zu gewinnen. Vor allem wegen der Furcht vor Umweltschäden und aufgrund traditioneller Vorbehalte der Bevölkerung wurde das Bahnprojekt und der Bau eines Wasserkraftwerkes bislang noch nicht begonnen. Eine Rolle spielt gewiss auch die Ablehnung Indiens, das hinter einer Eisenbahntrasse nach Nepal militärische Ambitionen Chinas vermutet.

Nepal aber ist das zweitärmste Land Asiens. Ein Anschluss an die internationalen Handelswege über eine Eisenbahnverbindung durch Tibet zu chinesischen Häfen könnte helfen, den Lebensstandard im Lande zu verbessern.

China und Nepal unterzeichneten 2018 zwanzig Kooperationsabkommen, darunter war die Bereitstellung von 500 Millionen Dollar als Finanzhilfe für die nächsten zwei Jahre. Bei einem Besuch des chinesischen Präsidenten 2019 wurden weitere Projekte zur Verbesserung der nepalesischen Infrastruktur vereinbart.

Auf der Internationalen Konferenz für die »Rekonstruktion von Nepal« im Dezember 2021 – sechs Jahre nach dem schweren

Erdbeben in der Region – erklärte der chinesische Außenminister, dass die Machbarkeitsstudie für den acht Milliarden teuren Bau der Eisenbahn Xigazê-Katmandu vor dem Abschluss stehe und als Vorhaben der Neuen Seidenstraße begonnen werden könne, wenn es denn beide Seiten wünschten.

Iran

Die Islamische Republik Iran (mit 1,6 Millionen Quadratkilometern und 83 Millionen Menschen rechnet das Land zu den zwanzig größten Staaten der Welt) spielte in den ursprünglichen geostrategischen Planungen der *Belt an Road Initiative* kaum eine Rolle. Das hat sich aber in den letzten Jahren verändert. Dafür gibt es verschiedene Gründe, wohl auch den Umgang des Westens mit dem Iran. Bis 1979, im Kalten Krieg, war das Land der wichtigste Verbündete der westlichen Welt am Persischen Golf, inzwischen gilt es als Terrorstaat, der wegen seines Atomprogramms politisch geächtet und mit wirtschaftlichen Sanktionen überzogen wird.

Bei der Umsetzung der Pläne für die Neue Seidenstraße ist der Iran wegen seiner geostrategischen Lage und seiner Öl- und Gasvorkommen ein wichtiger, unverzichtbarer Partner. Im August 2019 besuchte Irans Außenminister die Volksrepublik, um einen Fahrplan für eine strategische Partnerschaft zu diskutieren.

Der Iran liegt zwischen den zentralasiatischen Ländern Turkmenistan, Afghanistan und Pakistan, dem Kaspischen Meer und der Türkei, sodass er wichtig ist für Landtransporte von Ost- und Zentralasien nach Europa. Dadurch besteht ein großer Bedarf beim Ausbau der Infrastruktur. Auf Grund der von den USA verhängten Sanktionen sieht sich der Iran starken Einschränkungen im internationalen Handel und Zahlungsverkehr ausgesetzt. China ist eines der wenigen Länder, die mit dem Iran weiterhin Handel treiben, Öl importieren und Equipment für den Infrastrukturausbau liefern. Die US-Sanktionen gegenüber dem Iran förderten objektiv die Einbindung des Landes in die *Belt and Road Initiative,* der der Iran 2016 beim Staatsbesuch Xi Jinpings offiziell beigetreten war. Persien war über Jahrhunderte Transitland der traditionellen, also der alten Seidenstraße. Dort sollte angeknüpft werden.

Die Menschen im Iran anerkennen, wenn nicht gar bewundern die Leistung der Chinesen, binnen weniger Jahrzehnte sich mit Ausdauer, Fleiß und politisch klarer Führung zur zweitstärksten Wirtschaftsmacht der Welt entwickelt zu haben. Sie möchten aus der Isolation kommen, in die der Westen mit der USA an der Spitze das Land gedrängt hat. Das sind wesentliche Momente, weshalb Teheran die Nähe zu China sucht und von der *Belt and Road Initiative* zu profitieren hofft.

Im März 2021 zeichneten der Iran und China das auf 25 Jahre ausgelegte umfassende strategische Partnerschaftsabkommen. Dieses Abkommen umfasst neben dem Ölhandel alle Bereiche der Zusammenarbeit, also Wirtschaft, Wissenschaft, Kultur und nicht zuletzt Verteidigung und den Kampf gegen den Terrorismus.

China wird rund 400 Milliarden Dollar in rund 100 iranische Infrastrukturprojekte investieren, womit die Öl-Lieferungen an China bezahlt werden.

Die Kooperation ist für beide Seiten von außerordentlicher Bedeutung. Für China ist es einmal die Beteiligung an der Öl- und Gasförderung sowie am Transport der fossilen Energieträger nach China über See als auch durch Pipelines. Zweitens ist die Öffnung Irans als Transitland für die alternative Bahnverbindung China-Europa in die Türkei für die Neue Seidenstraße erheblich.

Nachdem die USA einseitig das 2015 unterzeichnete Nuklear-Abkommen, den *Joint Comprehensive Plan of Action* (JCPOA), 2018 aufgekündigt und umfangreiche Sanktionen gegen den Iran verhängt hatten, intensivierte der Iran die Zusammenarbeit mit China und mit Russland. Der Export von Öl nach China stieg trotz der Sanktionen durch die USA, der kommerzielle Handel wurde über Dritte abgewickelt. Die Bezahlung erfolgte in chinesischer Währung unter Ausschluss des Dollarclearing oder wurde mit Leistungen Chinas verrechnet.

Der Handel mit China wirkte den Intentionen der USA wirksam entgegen, mit einer Verschlechterung der wirtschaftlichen Lage den Iran zu destabilisieren, um einen Regimewechsel herbeizuführen. Denn das war und ist immer die Strategie der USA, ihnen gewogene und von ihnen abhängige Regierungen zu etablieren.

Nachdem die französische Ölgesellschaft Total wegen der durch die USA verhängten Sanktionen ihre Aktivitäten im Iran reduziert hatte, übernahm die staatliche Öl- und Gasgesellschaft *China National Petroleum Corp.* (CNPC) 50,1 Prozent der Anteile an der Entwicklung des *South Pars Gas-Condensate Field*. Bereits ein Jahr später zog sich Total unter dem Druck der USA ganz aus dem Iran zurück und CNPC übernahm weitere dreißig Prozent der Anteile am Gasfeld. Es gilt als das größte bisher bekannte Gasvorkommen der Welt. Das 1971 entdeckte Vorkommen erstreckt sich über 10 000 Quadratkilometer und reicht von der Küste Quatars quer über den Persischen Golf bis in den Iran.

Öl nach China wird von iranischen und pakistanischen Häfen verschifft oder künftig durch Pipelines über Pakistan fließen. Der Vorteil liegt auf beiden Seiten: für den Iran im Verkauf von Öl unter Umgehung der US-Sanktionen und dem Ausbau der eigenen Infrastruktur durch chinesische Kredite und Technologien, für China in langfristig gesicherten Importen.

Die Bahnverbindung China-Kasachstan-Turkmenistan-Iran bietet zudem eine sichere Alternative zum Seeverkehr.

Die Öllieferungen nach China, die bereits jetzt den größten Anteil der iranischen Exporte ausmachen, werden in dem Maße steigen, wie die Infrastruktur sich entwickelt. Die wichtigsten infrastrukturellen Vorhaben sind der Ausbau des Hafens Tschahbahar am Persischen Golf, die neuen Bahnverbindungen vom Kaspischen Meer nach Tschahbahar sowie die Verbindung des iranischen Bahnnetzes mit dem in Afghanistan.

Die Bahnverbindung vom Kaspischen Meer nach Tschahbahar wie auch der Hafen ist ein wichtiges Glied des Nord-Süd-Transportkorridors von Russland durch Aserbaidschan, den Iran nach Indien (Moskau, Astrachan, Baku, Tschahbahar,

Mumbai). Diese Route ist um mindestens 20 Tage kürzer als der Seeweg durch den Suezkanal zwischen Europa und Indien. Schätzungen prognostizieren ein jährliches Transportvolumen von 15 Millionen Tonnen.

Russland und Indien planen seit mehreren Jahren einen Nord-Süd-Transportkorridor von Russland über Georgien und Armenien oder eine kombinierte Land-/See-Route über das Kaspische Meer nach dem Iran und weiter im Transit durch Pakistan nach Indien oder über den iranischen Hafen Tschahbahar per Schiff nach Mumbai. Dieser kombinierte Nord-Süd-Transportkorridor über rund 7200 Kilometer würde – unter Umgehung des Suezkanals und Pakistans – Europa mit dem Iran und Indien verbinden. Er böte eine weitere Alternative zum Seeverkehr, aber auch direkte Handels- und Transportmöglichkeiten der am Korridor gelegenen Länder.

Das Kaspische Meer – umgeben von Russland, Kasachstan, Turkmenistan, Aserbaidschan und dem Iran, wichtig für die Verknüpfung der zentralasiatischen und der Länder im Kaukasus sowie einen möglichen Anschluss an Überseerouten von iranischen Häfen aus – ist darum von globaler Bedeutung. China hat im Rahmen der Neuen Seidenstraße vorgeschlagen, in eine Eisenbahnverbindung zum Hafen Tschahbahar zu investieren.

2018 fuhr der erste Vollcontainerzug von der Inneren Mongolei in China nach Teheran über eine Distanz von 10399 km. Er beförderte, wie schon erwähnt, über 1100 Tonnen Sonnenblumenkerne auf der neu errichteten Eisenbahnverbindung China-Kasachstan-Turkmenistan-Iran. Damit war eine weitere landseitige Verbindung von China nach Westen mit möglichem Anschluss über die Türkei nach Europa entstanden. 926 Kilometer davon, die Strecke zwischen Maschhad im Norden des Iran nach Isfahan im Westen (über Teheran), soll zweigleisig als Hochgeschwindigkeitsstrasse ausgebaut werden. Diese Transitverbindung wird seit dem ersten Zug regelmäßig, jedoch nicht immer mit durchgehenden Vollcontainerzügen genutzt.

Die Transportroute von Russland über das Kaspische Meer in den Iran ist mit der afghanischen Bahn verbunden, sie ist für den dortigen Wiederaufbau von Bedeutung. Der Iran und Afghanistan haben im Oktober 2020 die 225 km lange Strecke zwischen der iranischen Stadt Khaf und der afghanischen Stadt Herat eingeweiht.

Der Iran und die Türkei sind durch eine 534 Kilometer lange gemeinsamer Grenze verbunden. 2021 wurde der Direktservice Istanbul-Teheran-Islamabad für den Güter- und Personenverkehr eröffnet.

Von all den potentiellen Transitverbindungen erwartet der Iran neue Impulse für den Handel mit seinen nördlichen Nachbarn, mit Staaten im Westen und im Osten, mit Russland und mit China.

Für den Ausbau der Eisenbahnverbindungen hatte sich übrigens auch das deutsche Unternehmen Siemens beworben, zog sich aber zurück, nachdem die USA ihre Sanktionen gegen den Iran auch auf Unternehmen in Drittstaaten auszuweiten drohte.

Türkei

Noch vor dem Iran trat der NATO-Staat Türkei der *Belt and Road Initiative* bei. Das war 2015. Die Führung des fast 800 000 Quadratkilometer großen Landes, das zu einem Teil in Asien, zum anderen in Europa liegt und in dem an die 85 Millionen Menschen leben, zeigte sich interessiert, Teil eines transkontinentalen Transport- und Wirtschaftskorridors zu werden und von den geplanten Handels-, Industrie- und Infrastrukturprojekten zu profitieren. Zudem würde dadurch eine engere Verbindung zu den Turkvölkern geknüpft werden können, jenen vierzig in Zentralasien lebenden Ethnien (bis hin zu den Uiguren), die eine dem Türkischen ähnliche Sprache beherrschen. Man schätzt sie auf 200 Millionen Menschen.

Seit der offiziellen Eröffnung der Neuen Seidenstraße 2013 stiegen die chinesischen Direktinvestitionen in der Türkei an und erreichten im Jahr 2017 knapp 1,6 Milliarden Dollar. 2021 wurde sechs Milliarden überschritten.

In der Türkei sind rund 1000 Firmen registriert, in denen chinesisches Kapital steckt, die meisten sind Vertriebsgesellschaften.

China engagiert sich in der Türkei im Rahmen der BRI in erster Linie beim Ausbau des Schienennetzes, beim Auf- und Ausbau von Logistik-Hubs und -Terminals. Mit 750 Millionen Dollar beteiligte sich China am Ausbau der Strecke zwischen Istanbul und Ankara.

2020 wurden im Handel mit China Waren und Dienstleistungen im Wert von rund 24 Milliarden Dollar bewegt, China wurde zum zweitstärksten Handelspartner der Türkei. 2021 wurden eine weitere Intensivierung und die Ausweitung des Handels auf andere Sektoren (5G-Technik, Künstliche Intelligenz, digitale Ökonomie, Datenaustausch) vereinbart.

Die augenscheinliche Hinwendung der Türkei zu China sehen die EU und die USA sehr kritisch. Dabei stört es sie weniger, dass der türkische Präsident eine Vormachtstellung und einen Führungsanspruch in der Region anstrebt. Als Ärgernis wird empfunden, dass die Beteiligung an der Neuen Seidenstraße dazu führen könnte, dass die Türkei mit Hilfe Chinas zur strategischen Drehscheibe in den Beziehungen zum Osten – Zentralasien und China – werden könnte, gleichsam ein Brückenkopf Pekings in Europa.

Die Türkei beteiligt sich zunehmend an Infrastrukturprojekten im zentralasiatischen und kaukasischen Raum, die im Rahmen der *Belt and Road Initiative* konzipiert wurden und werden. Damit beweist sie eine Eigenständigkeit, die die Führungsmacht des Nordatlantikpaktes nicht gern sieht. 2017 wurde die Bahnlinie Kars-Achalkalaki-Tiflis-Baku (KATB), eine 849 Kilometer lange Eisenbahn-Verbindung zwischen der Türkei und Aserbaidschan, übergeben. Sie ist Teil des Transportkorridors Europa-Kaukasus-Asien. Bis 2030 soll die Transportkapazität auf 17 Millionen Tonnen im Jahr gesteigert werden.

Mit dem Ausbau der iranischen Transitstrecken bis nach Täbriz erfolgte eine zweite direkte Anbindung des türkischen Eisenbahnnetzes – dem südlichen Transportkorridor – an die asiatischen Schienennetze. Ein Güterzug braucht von

Islamabad in Pakistan über den Iran nach Istanbul – eine 6500 km lange Strecke (Pakistan 1900 km, Iran 2600 km, Türkei 1950 km) – lediglich elfeinhalb Tage, was einem Drittel der Transportzeit über See entspricht.

Über die Infrastruktur hinaus dient die chinesisch-türkische Zusammenarbeit auch der Vertiefung der bilateralen militärischen und sicherheitspolitischen Beziehungen, darunter auch im Bereich der Geheimdienste und der Cybersicherheit

China stellte in 2020 fünf Milliarden Dollar für die Errichtung des dritten Kernkraftwerkes in der Türkei bereit. 2015 kaufte ein chinesisches Konsortium 65 Prozent des drittgrößten Containerterminals in der Türkei, das Kumport-Terminal in Istanbul, welches die Bahnverbindungen auf den Mittelmeerrouten organisiert. China ist 51 Prozent Teilhaber der Yavuz Sultan Selim-Brücke, die sich über den Bosporus spannt und seit Sommer 2016 Asien mit Europa verbindet.

Die Türkei ist durch die Teilnahme an der BRI in eine aktive Rolle als Bindeglied zwischen Asien und Europa, zum Vorteil der eigenen Wirtschaft, hineingewachsen. Eine vor Jahren versprochene Mitgliedschaft in der EU hat sich damit wohl endgültig erledigt.

Tor zur Neuen Seidenstraße, die Provinz Xinjiang

Die Uiguren bezeichnet eine turksprachige Ethnie, der sich weltweit etwa fünfzehn Millionen Menschen zugehörig fühlen. Die meisten leben in der chinesischen Provinz Xinjiang, eine Dreiviertelmillion in Kasachstan, etwa 450 000 in Usbekistan, 125 000 in Kirgisistan und etwa 45 000 in der Türkei. Wenige Tausend Uiguren verteilen sich auf Australien, Kanada, Turkmenistan, die USA und weitere Staaten, in Deutschland sind es geschätzte anderthalbtausend. Alle zusammen machen sie etwa drei Prozent aus, die außerhalb Chinas leben. In China sind die Uiguren eine von 56 registrierten nationalen Minderheiten. Seit Gründung der Volksrepublik ist diese nationale Minderheit beachtlich gewachsen – von etwa 3,6 Millionen im Jahr 1953 bis zur letzten Volkszählung im Jahr 2010 auf über zehn Millionen.

Es gab in den letzten zweihundert Jahren wiederholt Versuche, einen eigenen Staat zu bilden. Ihnen allen war nur eine kurze Lebensdauer beschieden. So existierte zwischen 1865 und 1877 ein islamisches »Emirat Kaxgar«, das von Großbritannien finanziert wurde, um die Expansion der Russen zu stoppen. Das Territorium wurde jedoch von den Chinesen zurückerobert. Seither wird von den Muslimen in der Region die chinesische Hoheit als Fremdherrschaft angesehen. Es entstand ein Nationalismus, der in eine bis heute andauernde Sezessionsbewegung mündete. In den 1930 Jahren nahmen die Bestrebungen zu, eine »Türkisch-Islamische Republik Ostturkestan« zu gründen, die kurzzeitig als »Republik Ost-Turkestan« oder »Islamische Republik Uiguristan« 1933/34 existierte. Sie wurde von der chinesischen Zentralregierung beendet. Zehn Jahre später, im Windschatten der japanischen Okkupation und des Zweiten Weltkrieges, unternahmen die uigurischen Separatisten einen zweiten Anlauf und riefen 1944 die »Republik Ostturkestan« aus. Diese endete 1949. Nach dem Sieg der chinesischen Volksbefreiungsarmee und der Ausrufung der Volksrepublik China stimmten die übriggebliebenen Führer der Republik Ostturkestan – elf von ihnen waren im August bei einem Flugzeugunglück ums Leben gekommen – dem Vorschlag zu, drei von Uiguren bewohnte Disktrikte der »Republik Ostturkestan« in eine Autonome Region Xinjiang als integralen Bestandteil der Volksrepublik ins chinesische Staatsgebiet zu integrieren. Im Zusammenhang mit den Ende der fünfziger Jahre beginnenden Auseinandersetzungen zwischen der Sowjetunion und China unterstützte Moskau uigurische Separatisten gegen die Volksrepublik. 1966 soll die Anzahl der von den Sowjetunion insbesondere über *Radio Taschkent* provozierten separatistischen Angriffe auf chinesische Einrichtungen mehrere Tausend betragen haben. Und die von der Sowjetunion finanzierte Ostturkestanische Revolutionäre Volkspartei kämpfte 1968 sogar mit Waffen gegen die Volksrepublik, im Jahr darauf schossen sowjetische und chinesische Truppen an der Grenze zwischen Xinjiang und der UdSSR aufeinander. Auf die sowjetische Intervention in Afghanistan 1979, die Peking als Bedrohung empfand, reagierte die Volksrepublik erstens mit der Unterstützung der Mujaheddin in Afghanistan mit mehreren hundert Millionen Dollar, um sich der Invasion erfolgreich zu widersetzen, und zweitens mit der Ansiedlung von Han-Chinesen in der angrenzenden Provinz Xinjiang.

Diese Vorgeschichte muss man kennen, um bestimmte Entwicklungen und Erscheinungen in der Gegenwart besser zu verstehen.

Seit Vorstellung der *Belt and Road Initiative* im Jahr 2013 nahmen die Gerüchte über die Verfolgung der islamischen Minderheit der Uiguren massiv zu. Im Jahr 2017 wurde ich erstmals mit Informationen über die vermeintliche Internierung von einer Million Uiguren in KZ-ähnlichen Camps konfrontiert. Kurze Zeit später sprachen die ersten Politiker in den USA und auch hiesige Medien von »Völkermord«. 2020 verhängten die

USA Sanktionen gegen China mit der Begründung, in der Provinz Xinjiang würden Menschenrechte durch Zwangsarbeit in chinesischen Unternehmen verletzt.

Um die Jahrtausendwende bereiste ich aus geschäftlichen Gründen das *Uigurische Autonome Gebiet Xinjiang* sehr intensiv. 2010 und 2019 besuchte ich die Provinz als Tourist, um mit einer kleinen Gruppe von Buddhismus-Experten abgelegene buddhistische Tempel dort aufzusuchen. Auf diesen Reisen sah ich viele kleine Dörfer und Städte. Abgesehen von strengen Sicherheitskontrollen war das Leben dort sehr normal. Eine Unterdrückung des islamischen Glaubens und muslimischer Lebensweise konnte ich nicht entdecken. Zutreffend war hingegen: Während die meisten Muslime in China moderat waren, zeigten sich Uiguren in Xinjiang als extrem konservativ, ihr Denken schien geradezu mittelalterlich. Mädchen wurden gezwungen, Schleier zu tragen und minderjährig zu heiraten, wobei Uiguren nur Uiguren heiraten dürfen.

Moscheen sind nur für Muslime geöffnet. Vom Erlernen des Mandarin-Chinesisch wird aktiv abgeraten.

Derart rückwärtsgewandte Haltungen hemmen natürlich die von der chinesischen Zentralregierung angestrebte industrielle, kulturelle und soziale Entwicklung der chinesischen Nation.

Wissenschaftliche Untersuchungen aus den USA, aber auch aus Deutschland widerlegen die Behauptung eines Genozids oder von Zwangsarbeit. Selbst der Menschenrechtsausschuss des Bundestages erklärte bei einer Anhörung am 17. Mai 2021, dass es keine Belege für derartige Anschuldigungen gibt.

Die These, dass eine Million Uiguren in »Umerziehungslagern« inhaftierten wären, fußt auf Annahmen und Manipulationen von Zahlen des selbsternannten China-Experten Adrian Zenz. Er hat Ergebnisse einer Umfrage in drei Dörfern in Xinjiangs Süden über die Anzahl von Dorfbewohnern, die sich in Trainingseinrichtungen befanden, auf ganz Xinjiang extrapoliert und aus den Trainingseinrichtungen Umerziehungslager gemacht.

Bei diesen Einrichtungen handelt es sich um Erziehungs- und Ausbildungszentren, die es in ganz China gab und gibt und die bis in jüngste Zeit sogar von der Weltbank finanziert und evaluiert wurden. Von diesen Zentren sind allerdings die zur Terror- und Extremismus-Bekämpfung eingerichteten Lager zu unterscheiden. Diese dienten vorrangig der Deradikalisierung mit streng geregeltem Tagesablauf und persönlichen Einschränkungen bei gleichzeitiger Berufsausbildung und Sprachtraining. Diese Zentren wurden allerdings schon vor den von der US-Regierung verhängten Sanktionen wieder aufgelöst.

Fragwürdige Zeugenberichte sollen diese manipulierten Aussagen über Menschenrechtsverletzungen bestätigen, wobei nicht zwischen den Zentren für die Berufsausbildung und denen für die Deradikalisierung unterschieden wurde. Es ist nicht auszuschließen, dass es in den Einrichtungen Verfehlungen gab, die von Augenzeugen bestätigt wurden, aber diese stellen nicht die Politik der chinesischen Administration dar und werden auch juristisch im Lande verfolgt. In den neunziger Jahren erfolgte in der Provinz Xinjiang nachweislich eine Radikalisierung fundamentalistischer Muslimes und eine Zunahme separatistischer Bestrebungen uigurischer Nationalisten. Es gab Terroranschläge mit Hunderten von Toten nicht nur in Xinjiang, sondern auch in anderen Orten bis hin nach Peking. Bekannt geworden sind Bombenanschläge von 1992, 1993, 1997 und 1998 in Urumqui mit zahlreichen Toten. Die *Süddeutsche Zeitung* berichtete von über 200 Terroranschlägen mit 162 Todesopfern zwischen 1990 und 2001. Am 9. Juli 2009 machte ein blutiges Massaker in der Hauptstadt von Xinjiang, Urumqi, deutlich, dass die separatistischen Kräfte offensichtlich nicht mit den herkömmlichen polizeilichen und militärischen Mitteln zu befrieden sind. Über tausend Uiguren hatten mit Messern und Stöcken Polizisten und Han-Chinesen angegriffen, Fahrzeuge, Geschäfte und Wohngebäude geplündert und in Brand gesetzt. 197 Menschen kamen dabei ums Leben, davon 134 Han-Chinesen. Die bei der Universität von Maryland bei Washington geführte *Global Terrorism Database* verzeichnet für die Zeit danach verstärkt Attentate und terroristische Anschläge, die bis auf den Tiananmen-Platz in Peking reichen, wo am 28. Oktober 2013 drei Uiguren mit einem SUV in eine

Menschenmenge fuhren, zwei Passanten töteten und 38 verletzten.

Schon vorher waren 2011 und 2012 in Kaxgar und Yengschen vor allem Han-Chinesen angegriffen und ermordet oder verletzt worden. Einen blutigen Höhepunkt erreichte diese Serie am 1. März 2014, als uigurische Dschihadisten außerhalb Xinjiangs in der Provinzhauptstadt von Yynan Kunming 31 Menschen abschlachteten und 141 verletzten, was seitdem als Chinas Nine-eleven in die Terrorgeschichte eingegangen ist. Michael Clarke von der *Australien National University* in Canberra geht von mindestens zehn bewaffneten radikal-islamischen Uiguren-Gruppen aus, die Xinjiang von der angeblichen chinesischen Terrorherrschaft befreien wollen. Ein Terrorexperte von der *Nanyang Technological University* in Singapur, Rohan Gunaratna, erklärte nach dem Massaker in Kunming, dass es in den vergangenen zwölf Monaten wohl mehr als 200 Anschläge gegeben hatte, vielleicht sogar mehr.

Als Reaktion auf diese Serie wurde 2015 von der Zentralregierung in Peking ein Anti-Terrorgesetz für Xinjiang beschlossen, welches das Autonome Gebiet 2016 mit eigenen Anti-Terrorregelungen ergänzte. In der Folge wurden die kritisierten Umerziehungslager oder Deradikalisierungszentren eingerichtet, die allerdings 2019 wieder aufgelöst wurden. Die Rede von der »systematischen Internierung einer ganzen ethno-religiösen Minderheit«, die vom Ausmaß her »vermutlich die größte seit dem Holocaust« sei, wie Dr. Adrian Zenz zitiert wird, scheint ohne reale Grundlage. Aus dem Anti-Terrorkampf der USA in Afghanistan und Irak wissen wir von der Verletzung von Menschenrechten und Misshandlung von Gefangenen in Lagern wie Guantanamo, Abu Graib und Bagram. Es kann nicht ausgeschlossen werden, dass es solche Probleme auch in den Deeskalierungszentren in Xinjiang gegeben hat. Diese denkbaren Vorfälle als systemimmanent und als Regierungspolitik darzustellen, ist infam und erfüllt den Tatbestand der Hetze.

Eine weitere Anschuldigung: die zwangsweise Geburtenkontrolle und Sterilisation von Uiguren. Im letzten Jahrzehnt ist die uigurische Bevölkerung mit 20 Prozent überdurchschnittlich gewachsen. Aber nachdem in China die Ein-Kind-Politik beendet und die Privilegien für nationale Minderheiten aufgehoben wurden, somit auch für die uigurische Minderheit die Geburtenpolitik gilt und Verhütungsmittel frei verfügbar sind, wuchs seit 2019 die Zahl der Uiguren weniger stark. Diese natürliche demografische Entwicklung zum Politikum zu machen, ist aberwitzig und entbehrt jeder Sachkenntnis.

Die angebliche Zwangsarbeit auf den Baumwollfeldern wird mit Hinweis auf die Existenz des Produktions- und Baukorps Xinjiang (englisch *Xinjiang Production and Construction Corps*, XPCC) begründet. Die wirtschaftliche und paramilitärische Organisation war 1954 im Autonomen Gebiet der Uiguren zur Urbarmachung der Wüstenregionen ins Leben gerufen worden. Wie eine Untersuchung der Julius-Maximilians-Universität in Würzburg belegt, wurden dort demobilisierte Soldaten, Strafgefangene und zur Bewährung entlassene Häftlinge aufgefangen. Vermutlich waren die Strafgefangenen, möglicherweise auch die demobilisierten Soldaten, nicht unbedingt freiwillig in der Uigurischen Autonomen Provinz Xinjiang tätig, sie arbeiteten also unter Zwang. Diese Einrichtung entwickelte sich zu einem Unternehmen mit Zehntausenden Beschäftigten. Das XPCC erfüllt inzwischen administrative Aufgaben für mehrere Mittelstädte, Dörfer und Landwirtschaftsbetriebe in Xinjiang. Es verfügt über eine eigene Verwaltungsstruktur und erfüllt Regierungsaufgaben wie Gesundheitsversorgung und Erziehung in den Gebieten, die seiner Verwaltung unterstehen. Die Regierung von Xinjiang tritt dort normalerweise nicht in Erscheinung. Aussagen etwa deutscher Topmanager bestätigen, dass es keine Fakten gibt, die eine allgemeine Zwangsarbeit für Uiguren belegen.

Wenig oder überhaupt nicht wurde über die Erfolge bei der Industrialisierung und bei der Hebung des Lebensstandards in der Provinz berichtet, kaum etwas über die Anstrengungen der chinesischen Regierung im Kampf gegen die Armut und für die Schaffung von Arbeitsplätzen. Natürlich bedeutet dies mitunter, in die archaisch geprägte Lebensweise einzugreifen, sie im Interesse allgemeiner Wohlfahrt zu verändern. Die Entwicklung der Gesellschaft führt bisweilen auch zu Kollateralschäden und zu Verlusten bei tradierten Gewohnheiten.

Bleibt die Provinz Xinjiang hinter der Entwicklung des Landes zurück, wird sie bewusst auf einem niedrigeren Niveau gehalten?

Trotz der sehr harten, außergewöhnlichen klimatischen und geologischen Bedingungen wurde die Provinz mit vier- bis achtspurigen Autobahnen erschlossen, elektrifizierte Bahnstrecken durchqueren das Land und führen bis zu den Grenzstationen. Die Highspeed-Zugtrassen verbinden die großen Städte. Alle Dörfer sind elektrifiziert, allen steht schnelles 4- und 5G-Internet zur Verfügungt.

Das wirtschaftliche Wachstum in der Provinz betrug im letzten Jahrzehnt 7,2 Prozent und lag damit über dem Landesdurchschnitt. Allerdings konzentrierte sich der Fortschritt in der 1,66 Millionen Quadratkilometer großen Region (also fast fünf Mal so groß wie Deutschland) vor allem auf den stärker industrialisierten Norden. Um das soziale Gefälle zu überwinden, beschloss die Zentralregierung Programme zu Arbeitsbeschaffung, Ausbildung und Überwindung der Armut. Die Maßnahmen wurden mitunter mit viel Druck durchgesetzt.

Während des 13. Fünfjahrplans (2015–2020) investierte Xinjiang 4,1 Billionen RMB (etwa 640 Milliarden Dollar) in Anlagevermögen und den Bau von Verkehrs- und kommunalen Infrastruktureinrichtungen. In den fünf Jahren wurden in Xinjiang 30 000 Kilometer Straße und 1530 Kilometer Eisenbahnstrecken angelegt und 22 Flughäfen gebaut. Die Hauptstadt der Provinz, Urumqi, übertraf an Wohlstand weit alle anderen zentralasiatischen Zentren. Das BIP pro Kopf liegt bei 13 721 Dollar – es ist viel höher als das etwa in Almaty, der größten Stadt in Kasachstan.

Der Handel stieg auch 2021 gegenüber 2020 weiter stark an. Die Zollbehörden gaben eine Steigerung bei den Exporten um 33 und die der Einfuhren um 14 Prozent an.

Seit 2016 entstanden 1,4 Millionen neue Arbeitsplätze.

Durch die Entwicklung der lokalen Industrie, der Industrialisierung der Landwirtschaft, insbesondere bei der Baumwollproduktion (aus der Provinz kommen 80 Prozent der chinesischen Baumwolle), wuchs die nationale Bedeutung der Provinz. Auch hinsichtlich der Energieerzeugung und -versorgung. Dabei spielen Nachhaltigkeit und Umweltfreundlichkeit eine wichtige Rolle, verwiesen sei auf die Solarparks in der Taklamakan-Wüste und die Windparks im Tarim-Becken.

Erinnert sei auch an die Öl- und Gaspipelines sowie Energie-Trassen, die das Land passieren, die Transport- und Handelsrouten der Neuen Seidenstraße. Über die Grenzübergänge nach Kasachstan ist die Region mit der ganzen Welt verbunden.

Die Provinz Xinjiang ist das Tor der *Belt and Road Initiative,* der Flaschenhals, die Achillesferse. Hier trifft man ganz China, wenn der Verkehr aufgehalten und Abläufe gestoppt werden. Im Jahr 2020 haben insgesamt 9679 Züge des Trans-Eurasia-Express das nordwestchinesische Uigurische Autonome Gebiet Xinjiang durchquert und damit einen neuen Rekord aufgestellt.

Deshalb herrscht in dieser Region ein erhöhtes Sicherheitsgebot. Denn es ist ein offenes Geheimnis, dass China etliche politische Gegner und wirtschaftliche Konkurrenten hat, die dem Land schaden wollen. Und nachdem das Thema Tibet nicht mehr greift und Hongkong befriedet ist, hat man die Uiguren und deren vermeintliche Unterdrückung auf die Agenda gesetzt. Und dabei bedient man sich auch der vielen Exilanten.

Die Provinz Xinjiang hat sich zu einem wirtschaftlichen und politischen Zentrum von nationaler und internationaler Bedeutung entwickelt. Industriebetriebe siedelten sich wegen der optimalen Transportanbindungen und der gut ausgebildeten Bevölkerung an. Globalplayer wie Volkswagen und Siemens sind tätig, und Tesla hat im Dezember 2021 bekanntgegeben, ein Forschungszentrum dort einrichten zu wollen.

Die Zentralregierung begegnet dem Wirtschafts- und Propagandakrieg des Westens mit einer Doppelstrategie. Auf der einen Seite unternimmt sie alles, das materielle und soziale Leben für die Uiguren in ihrem Autonomie-Gebiet spürbar zu verbessern, dazu zählt die Ansiedlung neuer Betriebe, was auch Zuwanderung anderer Ethnien nach sich zieht. Auf der anderen Seite sorgt sie konsequent dafür, dass jeglicher Anflug von Separatismus und Terrorismus unterdrückt und verfolgt wird. In wenigen Jahren seit 2016 wurde ein enges Netz der zivilen Kontrolle und Organisation aller Lebensbereiche eingerichtet. Praktisch an allen Stadt- und Dorfzufahrten existieren Kontrollpunkte. In den Städten patrouillieren Polizeistreifen. Seit fünf Jahren gab es keine terroristischen Anschläge mehr. Die absolute Armut wurde provinzweit überwunden, die allgemeine Schulpflicht bis zur neunklassigen Mittelschulreife durchgesetzt. Alle Mädchen haben – frei von Kopftuchpflicht – uneingeschränkten Zugang zu den Bildungseinrichtungen auf allen Ebenen. Mit Unternehmen in den Küstenprovinzen Guangdong und Zhejiang gibt es Partnerschaftsvereinbarungen für die Ausbildung und den Austausch von Produktionseinrichtungen und Arbeitskräften.

Anfang 2022 wurde der bisherige Provinzgouverneur von Guangdong, Ma Xingrui, nach Xinjiang versetzt. Er hatte sich in der Region Guangdong im Perlflussdelta durch eine erfolgreiche Wirtschafts- und Sozialpolitik einen Namen gemacht. Shenzhen, die international gerühmte Sonderwirtschaftszone, lag in seinem Verantwortungsbereich. Es ist zu erwarten, dass nach den erfolgreichen Jahren der Terrorbekämpfung und des extensiven Ausbaus der Wirtschaft in Xinjiang nunmehr eine Phase der Intensivierung der Wirtschaft einsetzt.

Wege übers Land – die Straßen der *Belt and Road Initiative* in Südostasien

Der Verband Südostasiatischer Nationen (ASEAN) war 1967 von Thailand, Indonesien, Malaysia, den Philippinen und Singapur mit der Absicht gegründet worden, wirtschaftlich, politisch und sozial zu kooperieren. Inzwischen arbeiten unter diesem Dach zehn Staaten zusammen, die etwa acht Prozent der Weltbevölkerung repräsentieren, welche auf etwa einem Prozent der Erdoberfläche leben. In Bezug auf diese Parameter ist der Staatenverbund mit der EU vergleichbar, das in den Mitgliedstaaten der Europäischen Union erzeugte Bruttoinlandsprodukt ist aber noch immer fünf Mal so hoch (15 Billionen zu etwa 3 Billionen Dollar).

Im November 2020 schlossen die ASEAN-Länder mit Australien, China, Japan, Neuseeland und Südkorea ein multilaterales Freihandelsabkommen *(Regional Comprehensive Economic Partnership,* RCEP*)*, das seit dem 1. Januar 2022 in Kraft ist. Dadurch entstand die größte Freihandelszone der Welt: Immerhin werden in diesem Raum fast ein Drittel des gesamten Welthandels bestritten.

Acht der ASEAN-Staaten sind Anrainer des Südchinesischen Meeres. Seit Jahrtausenden nutzen die dort lebenden Menschen die See zum Fischfang, zum Warentransport und -austausch, zur Begegnung mit den Nachbarn. Das Meer trennt nicht, es verbindet – wenn denn Frieden zwischen den Menschen herrscht. Das sollte sich vor etwa dreihundert Jahren ändern, als die europäischen Kolonialmächte in dieser Region ihre Flaggen pflanzten und Territorien zu ihrem Eigentum, mindestens aber zu ihrem Einflussgebiet erklärten. Mit der Ausbeutung von Land und Leuten ging das Schüren von Konflikten einher. Und je grausamer und gewaltiger die Waffen, desto blutiger und barbarischer die Kriege. Der in Vietnam beispielsweise endete nach Jahrzehnten erst Mitte der siebziger Jahre, an den Folgen der US-Absicht, das Land in die Steinzeit zurückzubomben, tragen noch heute Menschen und die Natur.

Für alle ASEAN-Mitglieder ist es von vitalem Interesse, dass Frieden herrscht und das Südchinesische Meer ausschließlich ihren gemeinsamen Bedürfnissen dient. Es geht ihnen um eine friedliche Nutzung der fischreichen Gewässer, der vermuteten Bodenschätze, der freien Schifffahrt – ohne die Einmischung fremder Mächte, die eigene Ziele verfolgen und durchsetzen wollen. Der Verband Südostasiatischer Nationen und die mit ihm kooperierenden Staaten verstehen sich als Wirtschafts- und Kulturgemeinschaft.

China nahm vor etwa dreißig Jahren offizielle Beziehungen zum Verbund auf, schloss nach und nach Handelsabkommen mit allen Mitgliedsstaaten *(China ASEAN Free Trade Agreement)*. Der Handel zwischen ihnen und der Volksrepublik hat sich vervielfacht, ihre Beziehungen wurden auf allen Ebenen verbessert und vertieft. Und das, obwohl erhebliche Differenzen bestehen.

China leitet aus der Geschichte nationale Ansprüche auf das Südchinesische Meer ab. Diese Ansprüche kollidieren mit begründeten Rechten von Anrainerstaaten. Darum muss miteinander geredet werden – was auch geschieht. Die Volksrepublik sucht nach friedlichen Lösungen, die einerseits ihren legitimen Sicherheitsbedürfnissen Rechnung tragen, andererseits den Nachbarn nicht das Gefühl geben, übervorteilt worden zu sein.

Bislang kam noch keine einvernehmliche Lösung zustande. Das liegt nach meiner asiatischen Erfahrung und Kenntnis der Fakten vornehmlich an der Einmischung auswärtiger Mächte – allen voran die USA und deren Verbündeten. Die Vereinigten Staaten fühlen sich von China wirtschaftlich und damit auch politisch herausgefordert, weshalb sie die Volksrepublik zur Bedrohung der Welt erklärten. Der Gegner soll auch militärisch »eingehegt« werden. Die ungeklärten Fragen mit den

Anrainern des Südchinesisches Meer nehmen die USA als Vorwand, ihre Kriegsschiffe dort patrouillieren zu lassen.

Mitte November 2021 kreuzten vor der chinesischen Küste zum Beispiel der nukleargetriebene US-Flugzeugträger »Carl Vinson« sowie die Zerstörer »Stockdale«, »Lake Champlain« und »Shiloh«. Hinzu kamen noch britische Kriegsschiffe, und die Bundesrepublik schickte die Fregatte »Bayern«. Auf »Präsenz- und Ausbildungsfahrt«, wie es beschönigend in der deutschen Presse hieß. »Es geht darum Flagge zu zeigen und vor Ort zu demonstrieren, dass Deutschland auf der Seite seiner internationalen Wertepartner für die Freiheit der Seewege und die Einhaltung des Völkerrechts in der Region eintritt«, erklärte hingegen der Inspekteur der Marine, Vizeadmiral Kay-Achim Schönbach, bevor die Fregatte auslief. Wenig später war der offenherzige Vizeadmiral jedoch weg: Er hatte in Uniform in Neu Delhi in einer auf Youtube verbreiteten Diskussionsrunde nicht minder ehrlich erklärt, es sei Unsinn, wenn behauptet werde, dass Russland auch nur »einen kleinen Streifen ukrainischen Bodens« haben wolle. Das verstieß gegen die antirussische Staatsräson der BRD, deshalb wurde der Admiral umgehend von der Verteidigungsministerin entlassen. Da half auch nicht seine in gleicher Runde gemachte Ansage: Indien und Deutschland »brauchen Russland, weil wir Russland gegen China brauchen«. Inzwischen ist das jedoch kein Thema mehr, Chinas wirtschaftliche und technologische Zentren liegen an und in der Nähe der Küste des Südchinesischen Meeres, auf dem zunehmend die großen Kriegsschiffe jener Staaten präsent sind, die die Volksrepublik als Gegner betrachten. Daher entschloss sich die Führung in Peking aus objektivem Sicherheitsinteresse, die chinesische Verteidigungslinie weiter auf See zu verlegen. Zu diesem Zweck baute China – wie schon zuvor Vietnam und die Philippinen – einzelne Riffe und Inseln des Paracel-Archipels und der Spratly-Inselgruppe militärisch aus. Es wurden Anlagen zur See- und Luftüberwachung installiert, Raketenabwehrsysteme und andere Defensivwaffen. Die USA sprachen schon 2016 von einer vermeintlichen »Militarisierung des Südchinesischen Meeres« und begründeten damit die Entsendung ihrer Kriegsschiffe, um dort Manöver abzuhalten und die »freie Schifffahrt« zu sichern. Auf diese Weise wurde in der Tat das Meer vor der Küste Chinas »militarisiert«.

Ende November 2021 fand ein Sondergipfel – pandemiebedingt als Videokonferenz – zur Erinnerung an die Aufnahme der Dialogbeziehungen zwischen den ASEAN-Staaten und China statt. Im Juli 1991 hatte Chinas Außenminister als Gast der malaysischen Regierung in Kuala Lumpur am 24. ASEAN-Ministertreffen teilgenommen, das war der Beginn. 2003 hatten die Staats- und Regierungschefs in Bali eine Gemeinsame Erklärung zur strategischen Partnerschaft für Frieden und Wohlstand unterzeichnet und drei Aktionspläne verabschiedet (2005–2010, 2011–2015, 2016–2020). 2018 war die »strategische Partnerschaftsvision 2030« beschlossen worden, um noch enger zwischen den ASEAN-Staaten und China zu kooperieren. Auf dem Sondergipfen im November 2021 wurde auch die sicherheitspolitische Zusammenarbeit erörtert. Das Spektrum der behandelten Themen reichte von maritimer Sicherheit über die Bekämpfung von Terrorismus und grenzüberschreitender Kriminalität einschließlich Cyberkriminalität bis hin zu humanitärer und Katastrophenhilfe.

Staats- und Parteichef Xi schlug in der Videokonferenz vor, den Frieden in der Region durch Partnerschaft und weniger durch Bündnisse zu sichern und garantierte, dass China niemals Hegemonie anstreben werde. China sei zudem bereit, dem Vertrag von Bangkok beizutreten – das 1997 in Kraft getretene Abkommen errichtete eine atomwaffenfreie Zone in Südostasien. Xi erklärte, das Südchinesische Meer zu einem Meer des Friedens machen zu wollen, in welchem alle traditionellen und nichttraditionellen Herausforderungen durch Kooperation und eine gemeinsame Sicherheitspolitik bewältigt werden sollen.

Er unterbreitete chinesische Überlegungen, wie die verschiedenen Ansprüche der Anrainer gemeinschaftlich und friedlich geregelt werden könnten.

Neben der friedenspolitischen Offensive ging es auch um die Entwicklung der wirtschaftlichen Zusammenarbeit und des Handels. Folgerichtig spielte das Infrastrukturkonzept Neue Seidenstraße, die *Belt and Road Initiative,* auch in diesem Kreis eine wichtige Rolle.

Die Länder im Mekong-Delta – Myanmar, Thailand, Kambodscha und Vietnam – hatten sich der BRI angeschlossen, um ihren dringenden Bedarf an Eisenbahnverbindungen, Straßen und Pipelines zu decken. Für China wiederum ist eine enge Anbindung der südostasiatischen Länder mittels einer modernen Infrastruktur aus handelspolitischen und aus verkehrspolitischen Gründen von Bedeutung.

Die Mekong-Staaten sollen und wollen über Land mit den chinesischen Südprovinzen verbunden und damit an das chinesische Eisenbahn- und Straßennetz angeschlossen werden – um Alternativen zur risikobehaftete Schifffahrt im Südchinesischen Meer und durch die Straße von Malakka zu haben.

Die Kolonialmächte Großbritannien und Frankreich planten bereits 1900, Laos, Thailand, Malaysia und Singapur mit Eisenbahnen zu verbinden, was aber wegen fortgesetzter Kriege nur partiell gelang. 2006 griffen die ASEAN-Staaten und China diese Idee wieder auf. Doch erst mit der Neuen Seidenstraße nahm das Vorhaben Gestalt an. China wird auf diese Weise Zugang zu einem der am schnellsten wachsenden Wirtschaftsräume der Welt gewinnen.

Das panasiatische Schienennetz umfasst drei Strecken. Die zentrale Route verläuft vom südchinesischen Kunming durch Laos nach Bangkok, die Weststrecke verläuft von Myanmar nach Thailand und die Oststrecke durch Vietnam, Kambodscha und Thailand. Alle drei Strecken laufen in Bangkok zusammen, von wo Transportverbindungen nach Malaysia und Singapur bestehen. Bei Fertigstellung wird das Pan-Asia-Netzwerk acht ASEAN-Länder miteinander verbinden.

Die Schnellfahrstrecke von Kunming nach Singapur über Vientiane (Laos), Bangkok (Thailand) bis Kuala Lumpur (Malaysia) als Teil der Neuen Seidenstraße ist 4800 Kilometer lang. Im Dezember 2021 wurde die China-Laos-Eisenbahn in Betrieb genommen.

China – Myanmar (West-Route)

Der Wirtschaftskorridor China-Myanmar *(China-Myanmar Economic Corridor,* CMEC*)* ist ein Prestigeobjekt der *Belt and Road Initiative.* Er schließt Myanmar an das chinesische Verkehrs- und Handelsnetz an und stellt zugleich eine Alternative zur Seeroute durch die Straße von Malakka dar. Zudem sichert die Realisierung einer ganzen Reihe von Infrastrukturprojekten die wirtschaftliche Entwicklung des chinesischen Nachbarstaates, der bis 1989 Burma hieß. Der Korridor ist etwa 1700 Kilometer lang und reicht von Kunming bis in die Hafenstadt Kyaukpyu, etwa 400 Kilometer nordwestlich der Hauptstadt Rangun (Yangon) gelegen. In Mandalay geht ein Eisenbahnstrang ab nach Rangun.

Oder aus anderer Perspektive: Das einstige Fischerdorf Kyaukpyu am Golf von Bengalen, heute eine Großstadt mit fast 200 000 Einwohnern, ist Ausgangspunkt einer Hochgeschwindigkeits-Bahntrasse sowie einer Gas- und einer Ölpipeline. Seit 2017 fließen die Energieträger von dort nach China. Das Hafenterminal wird nach seiner Fertigstellung 600 000 Kubikmeter Öl aufnehmen, und im Hafen werden Tanker mit bis zu 300 000 BRT anlegen können.

Aung San Suu Kyi, von März 2016 bis Februar 2021 Regierungschefin, reduzierte das Budget für den Hafen von 7 Milliarden auf 1,3 Milliarden Dollar. Allerdings ist auch nach dem Militärputsch im Februar 2021 unklar, wie der Hafenausbau fortgesetzt wird. Derzeit ermittelt der Internationale Strafgerichtshof in Den Haag gegen Aung San Suu Kyi wegen des Völkermords an den Rohingya, der während ihrer Regierungszeit verübt worden war.

Die Eisenbahnstrecke – unterteilt in zwei Sektionen – war bereits 2011 vereinbart worden. Bislang wurde nur eine Teilstrecke auf chinesischer Seite (zwischen Dali und Ruili) fertiggestellt. Machbarkeitsstudien für den zweiten Bauabschnitt und zweier Straßenverbindungen befinden sich noch in der Projektphase: eine Ost-West-Anbindung über Mandalay im Landeszentrum, die weitergeführt werden soll nach

Bangladesch und Indien, und eine Nord-Süd-Strecke von Mandalay in die Hauptstadt Rangun.

Seit Jahrzehnten bereits ist ein Staudamm am Irrawaddy, unterhalb des Zusammenflusses von Mali und N'Mai, geplant. Der Bau eines 152 Meter hohen Dammes war jedoch umstritten, weil er Natur und Traditionen zerstören würde. Darum wurde das Vorhaben 2011 gestoppt, nachdem eine 900 Seiten umfassende Studie eines chinesischen Wissenschaftlers publik geworden war.

Mit den Mitteln der BRI (3,6 Milliarden Dollar) wurde das Wasserkraftwerk von der *China Power Investment Corporation* unter strengen Umweltbestimmungen neuerlich in Angriff genommen. Das Werk soll 3600 Megawatt liefern, von denen allerdings 90 Prozent nach China exportiert werden sollen. Nach vorliegenden Informationen ist der Bau erneut und für unbestimmte Zeit gestoppt worden.

Neben diesen Großprojekten sind weitere Vorhaben im Rahmen der Neuen Seidenstraße gelistet, so die Sonderwirtschaftszone in der Provinz Kachin – der Mandalay Myotha Industrie Park – und die Pathein Industrial City.

Allerdings werden auch gegen den Bau der Bahnstrecken, Straßenverbindungen und Industrieparks Bedenken geäußert. Es gibt Warnungen vor Umweltbelastungen und vor Eingriffen in soziale Strukturen, die bereits zu Verzögerungen geführt haben.

Nach dem Militärputsch 2020 gab es wohl auch Baustopps aus politischen Gründen, obwohl China sich strikt neutral zu den Entwicklungen im Innern des Landes verhält.

Pan Asian Railway (zentrale Route)

Die Kunming-Singapur-Eisenbahn, auch bekannt als *Pan Asian Railway Network,* ist eines der wichtigsten Verkehrsentwicklungsprojekte der Neuen Seidenstraße im Verband Südostasiatischer Nationen (ASEAN). Die Teilstrecke der Bahnlinie durch Laos ist Basisobjekt für die wirtschaftliche Entwicklung des Landes. Damit bekommt Laos wirtschaftlichen Anschluss an China, an Thailand und Malaysia, was der Entwicklung seiner Ökonomie zugute käme. Der 411 km lange mittlere Streckenabschnitt von Boten zur laotischen Hauptstadt Vientiane wurde im Oktober 2021 für den Probebetrieb fertiggestellt. Der erste Hochgeschwindigkeitszug für den Touristenverkehr fuhr von Kunming nach Vientiane, passierte 75 Tunnel und 167 Brücken, die die Baukosten auf knapp sechs Milliarden Dollar hochgetrieben hatten. Das entspricht ungefähr einem Drittel des laotischen Bruttoinlandsproduktes. Der Bau wurde aber dennoch von der laotischen Regierung gemeinsam mit China vorangetrieben, um die Wirtschaft entlang der Strecke schnellstmöglich entwickeln zu können. Wegen der Pandemie wurde der reguläre Verkehr im Dezember 2021 nur für den Güterverkehr eröffnet.

Die sich ansiedelnde Kleinindustrie soll die Basis für einen Handelsaustausch schaffen. Zusammen mit den geplanten Einnahmen aus dem Tourismus hofft man, die Baukosten und die dafür aufgenommenen Kredite der staatlichen chinesischen Exim Bank in der vorgesehenen Zeit tilgen zu können.

Neben dem Bau der Eisenbahnlinie investierte China in die Stromgewinnung, notwendig für den Betrieb der Hochgeschwindigkeitsbahn, in den Aufbau der Kleinindustrie und in die Digitalisierung. Es wurden sieben Staudämme im Nebenfluss des Mekong, dem Nam Ou, errichtet. Drei davon wurden 2016 in Betrieb genommen, die anderen werden mit Aufnahme des Zugbetriebes übergeben.

Laos ist wegen der hohen Investitionskosten in den Kreis der hoch verschuldeten Länder geraten. Es laufen Verhandlungen über den Verkauf von Mehrheitsanteilen des laotischen Netzbetreibers *Electricite du Laos* an das chinesische Unternehmen Southern Power Grid, um zu einem besseren Finanzstatus zu kommen.

Parallel zu der 1918 zwischen Bangkok und Nong Khai an der laotischen Grenze eröffneten Schmalspurbahn über 627 Kilometer soll im Rahmen der BRI eine Hochgeschwindigkeits-Normalspurtrasse gebaut werden. Diskussionen über Notwendigkeit dieser Bahnverbindung und deren Finanzierung verzögern seit Jahren den Bau. Ursprünglich sollten die ersten 253 km ohne chinesische Beteiligung bis 2023 fertiggestellt werden, obgleich die Finanzierung mit China bereits 2015 verabredet worden war. Beim jetzigen Stand könnte die thailändische Transitverbindung frühestens 2027 möglich sein.

Über eine bereits bestehenden Verbindung entlang der Westküste ist Thailands Eisenbahnnetz mit Singapur verbunden. Der zweigleisige Ausbau und die vollständige Elektrifizierung der Strecke sollen bis Ende 2022 abgeschlossen werden – mit einem chinesischen Kredit von etwa 13 Milliarden Dollar. Im April 2019 waren die langwierigen Verhandlungen über einen Anschluss dieser Westküstenbahn an die Ostküste vereinbart worden. Diese 650 bis 690 Kilometer lange Bahntrasse stellt die Verbindung zu Kuala Lumpur an der Straße von Malakka her. Nach einem Baustopp wegen überhöhter Kosten und zu geringen malaysischen Arbeitsanteilen verzögerte sich der Bau erheblich. Bedingung war, dass vierzig Prozent der beschäftigten Arbeitskräfte aus Malaysia kommen sollten und mit niedrigeren Aufwendungen gebaut werden muss. Mit einer Inbetriebnahme der Strecke wird nicht vor Ende 2026 gerechnet. Der chinesische Bau-Kredit wird mit Palm-Öl bezahlt.

Vietnam (Ost-Route)

Die Bahnverbindung zwischen Kunming (China) und der vietnamesischen Hafenstadt Haiphong über Hanoi wurde von 1904 bis 1910 als Schmalspur gelegt. Sie ist bis heute in Betrieb. 1936 verband die französische Kolonialmacht Hanoi im Norden mit Saigon (heute Ho-Chi-Minh-Stadt) im Süden mit der gleichen Spurweite.

Neben dieser alten Trasse soll eine neue entstehen. Vor 2010 gab es Verhandlungen zwischen Vietnam und Japan. Doch die Planung wurde aufgegeben, weil die Kosten zu hoch schienen. 2019 wurde erneut darüber in Vietnam diskutiert, ohne jedoch eine Entscheidung zu treffen.

Hingegen war bereits im Sommer 2017 mit dem Bau einer 198 km langen Hochgeschwindigkeitsverbindung von Nanning nach Pingxiang an der vietnamesischen Grenze begonnen worden, die 2021 in Betrieb genommen wurde. Sie hatte rund 2,6 Milliarden Dollar gekostet.

Zeitgleich entstanden – als Teil der *Belt and Road Initiative* – mit chinesischen Krediten in Hanoi ein Wärmekraftwerk und eine U-Bahn-Linie. 2017 betrieben private Unternehmen aus China 1187 Projekte mit einem Investitionsvolumen von 11,2 Milliarden Dollar in Vietnam, die wichtigsten Vorhaben lagen in den Bereichen Energie-, Textil- und Bekleidungsindustrie sowie Immobilien. Unter den ausländischen Investoren belegten die chinesischen allerdings nur den achten Rang.

Anfang Februar 2021 kamen die Führungen Vietnams und Chinas überein, ihre Differenzen in Bezug auf das Südchinesische Meer im gegenseitigen Einvernehmen konstruktiv zu überwinden und den Ausbau der Infrastruktur im Rahmen der Neuen Seidenstraße zu beschleunigen.

Kambodscha

Zwischen Kambodscha und China bestehen traditionell intensive wirtschaftliche und politische Beziehungen. Kambodscha hatte nach vielen Kriegsjahren und Pol Pots Terrorherrschaft, die 1979 vom Nachbarn Vietnam beendet worden war, einen großen Nachholebedarf. Es musste eine Infrastruktur, die Wirtschaft und das soziale Leben neu aufgebaut und entwickelt werden.

Kambodscha – 181 000 Quadratkilometer groß und von weniger als 17 Millionen Menschen bewohnt – besitzt bis heute kein zusammenhängendes und funktionierendes Eisenbahnnetz. Fast der gesamte Personen- und Gütertransport wird auf Straßen abgewickelt, die zudem meist unbefestigt und oft nicht passierbar sind. Investitionen westlicher Ländern konzentrierten sich auf die Textilindustrie – man nutzt dort insbesondere die billigen Arbeitskräfte. Die Unterstützung bei der Entwicklung der Infrastruktur wurde bis in die neunziger Jahre hinein an politische Bedingungen geknüpft, die die kambodschanische Regierung nicht erfüllen wollte oder auch nicht konnte. So kam bald kaum noch etwas aus dem Westen, Kambodscha verblieb im Kreis der ärmsten Staaten der Welt. Die Volksrepublik füllte diese Lücke, inzwischen ist das Land ein Hauptposten in der *Belt and Road Initiative*. Mit Unterstützung Chinas macht Kambdscha erhebliche Fortschritte im Kampf gegen Armut und Unterentwicklung und rechnet inzwischen zu den am schnellsten wachsenden Volkswirtschaften in Asien.

In den Jahren zwischen 2013 und 2017 investierte China 5,3 Milliarden Dollar in Kambodscha. Diese konzentrieren sich auf Infrastrukturprojekte als Basis für die wirtschaftliche Entwicklung: auf den Bau von Straßen und von Wasserkraftwerken am Mekong sowie touristischen Einrichtungen.

Auf 2000 Kilometern entstanden Straßen und sieben große Brücken, im Binnenhafen von Phnom Penh – Partnerstadt von Chongqing in China – entstand ein Containerterminal. Über den Mekong ist die Hauptstadt, das mit Abstand bedeutendste wirtschaftliche Zentrum des Landes, auch für kleinere Seeschiffe erreichbar.

Wichtig für die weitere ökonomische Entwicklung ist die neue Schnellstraße, die Phnom Penh mit der Wirtschaftssonderzone Sihanoukville verbindet, südwestlich von Phnom Penh am Golf von Thailand gelegen. Die gesamte Provinz soll zu einer Sonderwirtschaftszone nach dem Vorbild jener im chinesischen Shenzhen werden.

Über den Hafen Shihanoukville, den größten des Landes, werden über 80 Prozent des kambodschanischen Handels abgewickelt. Der Export wächst exorbitant. Die Strategie der Entwicklung von Sonderwirtschaftszonen in Verbindung mit entsprechenden Infrastrukturmaßnahmen zahlt sich aus. Der Hafen wird einen weiteren Containerterminal bis 2024 erhalten, dann können hier Schiffe mit bis zu 5000 Standardcontainern beladen werden. Wie in der chinesischen

Sonderwirtschaftszone Shenzhen werden auch in Sihanoukville steuerliche Vergünstigungen gewährt, es gibt Lizenzerleichterungen und vereinfachte Zollverfahren.

Das Bekannteste aller Projekte der Neuen Seidenstraße in Kambodscha ist das Küstengebiet von Dara Sakor, das für 99 Jahre an einen chinesischen Konzern für 3,8 Milliarden Dollar verpachtet wurde. Dieses Resort jenseits des Botum Sakor Nationalparks wird insbesondere für chinesische Touristen ausgebaut. Dazu gehört aber auch ein Tiefwasserhafen, ein Flugplatz, ein Industriepark und ein Kraftwerk. Wegen der dadurch nötigen Eingriffe in die Umwelt und die traditionelle Lebensweise der Anwohner regte sich massiver Protest. Hafen wie Airport (geplant 10 Millionen Passagiere im Jahr) wirken zudem überdimensioniert, was wiederum zur Unterstellung im Westen führte, China verfolge damit auch militärische Interessen.

Philippinen

Im Jahr 2016 trafen sich die Präsidenten der Philippinen und Chinas und vereinbarten Projekte für die maritime Seidenstraße für die nächsten fünf Jahre – trotz bestehender Differenzen wegen der Inseln im Südchinesischen Meer und deren Nutzung. Es wurde ein Investitionsprogramm im Volumen von 24 Milliarden Dollar beschlossen.

Die Philippinen gehörten 2015 zu den 21 Gründern der auf Initiative Chinas ins Leben gerufenen Asiatischen Infrastrukturinvestmentbank *(Asian Infrastructure Investment Bank,* AIIB). Sie war als Alternative zu der von den USA dominierten Weltbank, dem Internationalen Währungsfonds (IWF) und der Asiatischen Entwicklungsbank gegründet worden.

2016 finanzierte der AIIB zwei BRI-Transportprojekte und ein Bauvorhaben zur Flutkontrolle in Manila, obgleich die Philippinen erst 2018 den offiziellen Beitritt zur *Belt and Road Initiative* bekanntgab. Das philippinische Programm (»Build, Build, Build«) umfasst 75 Maßnahmen in den Bereichen Energie, Infrastruktur, Telekommunikation, Landwirtschaft einschließlich Fischerei und Tourismus. Mindestens jedes zweite Vorhaben wird mit chinesischen Mitteln finanziert. Das bedeutet Arbeitsplätze für das Land der über siebentausend Inseln, auf denen etwa 110 Millionen Menschen leben.

Der Handel mit China wuchs in der jüngsten Vergangenheit jährlich um etwa 17 Prozent. Der chinesische Handelskonzern Alibaba ermöglichte dem landesweiten Netz der lokalen Industrie den Zugang zum nationalen und zum internationalen Markt.

Während der Konferenz zum zehnjährigen Bestehen der Beziehungen zwischen China und den ASEAN-Ländern im November 2021 dankte der philippinische Präsident China für die Hilfe bei der Bekämpfung der Corona-Pandemie und bei der Unterstützung für die Entwicklung des Landes. Allerdings sprach er auch die bislang bestehenden Differenzen über die Nutzung der Inseln im Südchinesischen Meer an und verlangte die Lösung der offenen Fragen

Wesentlich für die weitere Kooperation zwischen China und den Philippinen im Rahmen der »Maritimen Seidenstraße« ist jedoch die Entscheidung der Philippinen zur militärischen Zusammenarbeit mit den USA. Wie auch immer diese ausfällt: Der Inselstaat bleibt ein wichtiger Knotenpunkt in der *Belt and Road Initiative*.

Indonesien

Ein nicht minder wichtiger Knotenpunkt für die »Maritime Seidenstraße« ist Indonesien, seit 2013 ist China der wichtigste Außenhandelspartner für diesen Inselstaat mit 274 Millionen Menschen. Hinsichtlich der Bevölkerung ist es der viertgrößte Staat der Welt (und der mit den meisten Moslems), sie leben auf mehr als 17 500 Inseln.

Die Schwerpunkte bei den BRI-Projekten in Indonesien liegen in der Infrastruktur inklusive Industrieparks sowie Einrichtungen für den Tourismus. 2019 vereinbarten Indonesien und China, ihren Handel (16 Prozent der Ausfuhren gehen nach China) auch in nationalen Währungen abzuwickeln.

China betrachtet Indonesien als wichtigen Partner in der *Belt and Road Initiative,* insbesondere bei der Verwirklichung der »Maritimen Seidenstraße«, von der Xi Jinping erstmals im Oktober 2013 bei seinem Staatsbesuch in Jakarta sprach.

Chinesische Unternehmen haben seither mindestens 12,7 Milliarden Dollar in indonesische Stahl- und Nickelbetriebe und in die Industrieparks von Weda Bay, Morowali und Qingshan investiert. Im Rahmen der »Maritimen Seidenstraße« wird der neue Seehafen Tanjung Priok, der größte des Landes, erweitert. Über ihn werden gegenwärtig 50 Prozent aller Seetransporte Indonesiens abgewickelt, bis 2023 soll die Kapazität verdreifacht werden.

Daneben wird an einer neuen Hochgeschwindigkeitsbahn zwischen Jakarta und Bandung sowie an neuen Straßen (2350 Kilometer) gebaut. Insgesamt sind 43 Infrastrukturprojekte im Bau oder in Planung, eingeschlossen darin die Überholung von 47 000 Kilometern Straße und 1000 Kilometern Autobahn.

In Sumatra, Sulawesi und Kalimantan sollen in den kommenden Jahren Eisenbahnstrecken von 3200 Kilometer Länge entstehen. Außerdem sind fünfzehn neue Flughäfen in Planung sowie 24 neue Häfen in kleiner Dimension.

Viele chinesische Investoren betrachten Jakarta als eine entscheidende Drehscheibe für ihre Expansion in der Region. Heute verfügt Indonesien über die größte Anzahl von Milliarden-Dollar-Startups in Südostasien – eine Entwicklung, die nicht zuletzt durch massive Zuflüsse chinesischer Investitionen angetrieben wird. Die chinesischen Technologie- und Handelskonzerne *Alibaba Group* und *Tencent Holdings* stiegen beim größten indonesischen Technologiekonzern GoTo ein.

Bangladesch

Bangladesch und China unterzeichneten 2016 beim Staatsbesuch Xi Jinpings 27 Vereinbarungen für chinesische Investitionen im Rahmen der *Belt and Road Initiative*. Das Volumen betrug 24 Milliarden Dollar und war nächst der Vereinbarung mit Pakistan, die kurz zuvor über 38 Milliarden Dollar getroffen worden war, das größte im Rahmen der Neuen Seidenstraße. Beide Staaten – Bangladesch und Pakistan – rechnen zu den ärmsten Ländern der Welt. Aber bekanntlich ist die Überwindung der Armut mit Hilfe der wirtschaftlichen Entwicklung das wirksamste Mittel zur Herstellung von Frieden und Sicherheit in einer Region.

2015 hatte China vorgeschlagen, im Kontext der *Belt and Road Initiative* einen 2800 Kilometer langen Wirtschafts-Korridor zwischen Indien und China zu entwickeln, der über Myanmar und Bangladesch führen sollte, man sprach vom *Bangladesh, China, India and Myanmar Economic Corridor* (BCIM). Der vorgeschlagene Korridor umfasst etwa 1,65 Millionen Quadratkilometer mit schätzungsweise 440 Millionen Menschen in der chinesischen Provinz Yunnan, in Bangladesch, Myanmar und Westbengalen in Ostindien. Sie sollen durch diesen Korridor der Neuen Seidenstraße einen wirtschaftlichen Aufschwung erfahren. Alle beteiligten Staaten werden prosperieren und China überdies einen weiteren Zugang zum Golf von Bengalen erhalten.

Für Bangladesch spielen vor allem die Entwicklung der Verkehrswege und der Kommunikation sowie Energiefragen eine vorrangige Rolle. Ein Vorhaben ist eine kombinierte Straßen- und Bahn-Brücke über den Padma (= Ganges). Die über sechs Kilometer lange Flussüberquerung ist das größte Infrastrukturvorhaben des Landes und sichert die Bahnverbindung zwischen der Hauptstadt Dhaka und dem Südwesten. Sie wird nach ihrer Fertigstellung im Sommer 2022 die längste Brücke in Südostasien sein.

Ursprünglich sollte sie von der Weltbank finanziert werden, aber diese stoppte den Geldfluss mit Hinweis auf vermeintliche interne Auseinandersetzungen innerhalb der Führung des Landes. Daraufhin übernahm China die Finanzierung. Die Brücke werde, so Expertenprognosen, zur Steigerung des Bruttoinlandsproduktes pro Jahr um mindestens 1,2 Prozent beitragen.

Ähnliche Erwartungen verbindet man mit dem Ausbau des Hafens Payra im Delta, das Ganges, Brahmaputra und Meghna bilden und fast vier Fünftel der Fläche von Bangladesch ausmacht. Der Port liegt zwar 75 Kilometer landeinwärts, soll aber zum Tiefseehafen ausgebaut werden. Dafür werden etwa 15 Milliarden Dollar investiert.

Bedeutender hingegen für die Neue Seidenstraße und den wirtschaftlichen Aufschwung des Landes ist die chinesische Wirtschafts- und Industriezone in der Nähe des größten Hafens von insgesamt neun: der Port of Chittagong. In der Industriezone konzentrieren sich chemische und pharmazeutische Betriebe, Textilunternehmen und Betriebe, in denen Pkw montiert werden.

Die chinesischen Unternehmen ZTE und Huawei verlegen landesweit Glasfaserkabel, die Regierung fördert den Ausbau des Kommunikationsnetzes mit G5-Standard, um damit neue Investoren im Ausland zu gewinnen.

Neben Infrastruktur-Projekten investiert China auch in ein Kohlekraftwerk und in die Erschließung von Ölquellen, es wurde bereits eine 220 km lange Pipeline verlegt.

Bangladesch ist bemüht, sich in den Auseinandersetzungen zwischen USA und China und zwischen Indien und China neutral zu verhalten. Allerdings vermag es nicht in jeder Hinsicht dem Druck zu widerstehen: Der Westen ist Hauptabnehmer seiner Textilerzeugnisse, und die geografische Nähe zum Subkontinent Indien ist auch nicht folgenlos. Allerdings hat Bangladesch bisher erfolgreich den Werbungsversuchen der USA widerstanden, sich dem »Quadrilateralen Dialog«, kurz Quad, anzuschließen, jener militärischen Anti-China-Allianz, der Japan, Australien, Indien und die USA angehören.

Die *Belt and Road Initiative* in Afrika

2006 war ich in Indien für ein französisches Logistikunternehmen tätig und gemeinsam mit chinesischen Kollegen damit beschäftigt, Bauteile von China nach Afrika, konkret nach Burkina Faso, zu bringen. Die Teile sollten in Mumbai aufs Schiff geladen und auf dem Seeweg bis Westafrika befördert werden. Dort sollten sie mit der Bahn zu ihrem Bestimmungsort gebracht werden. Allerdings war die Abidjan-Niger-Bahn damit überfordert: Die Bauteile waren zu groß und zu schwer, um auf der Schiene befördert zu werden. Und auch der Transport mit Trucks fiel aus. Damit starb das ganze Vorhaben.

In meiner vierzigjährigen Tätigkeit als Logistikmanager war dies der erste und einzige Auftrag für einen kombinierten See-Bahn-Transport, an dem ich aus objektiven Gründen scheiterte. Zwei Jahre später, der Unmut hallte noch nach, nahm ich eine Beratertätigkeit bei einem in Hongkong ansässigen Reederei- und Logistikunternehmen auf, das im China-Afrika-Handel unterwegs war. Es bestanden enge und stabile Geschäftsbeziehungen zu in China und in Afrika produzierenden Kunden. Und so wussten wir, dass in Afrika große Nachfrage nach auf dem Kontinent produzierten Waren bestand, diese aber nur eingeschränkt bedient wurde, weil die Transportmöglichkeiten sehr beschränkt waren. Die Straßen- und Bahnverbindungen waren zumeist von den Kolonialmächten ausschließlich zur Befriedigung ihrer Bedürfnisse angelegt worden. Die Straßen führten zu Häfen, von denen aus die Reichtümer des Landes nach Übersee verschifft wurden. Der interkontinentale Handel interessierte da nicht, folglich auch nicht die Entwicklung einer Infrastruktur.

Das Unternehmen in Hongkong war sich dessen bewusst und entwickelte darum eine Strategie, einen Küstenverkehr zwischen den Häfen im Westen und im Süden aufzubauen.

Per Bahn oder über die Straße kamen die im Landesinneren produzierten Waren in die Hafenstädte und wurden dort auf Schiffe verladen, die sie wiederum zu anderen afrikanischen Hafenstädten brachten. Von dort aus beförderte man die Erzeugnisse ins Landesinnere oder noch weiter auf dem Kontinent. Mitunter, was geradezu absurd war, mussten europäische Häfen als Zwischenstation von Afrika nach Afrika benutzt werde. Es existierten so gut wie keine Landverbindungen für Handelstransporte. Das Prozedere mit Zoll und Abfertigung war aufwendig und dauerte lange, mithin: es war einfach zu teuer und ökonomisch uninteressant.

Meine Aufgabe bestand darin, afrikanische Mitarbeiter für eine Tätigkeit in chinesischen Niederlassungen und Chinesen für die logistische Abwicklung in Afrika auszubilden. Dieser Job gab mir Gelegenheit, mich mit den Transportbedingungen in Westafrika und mit anderen Gegebenheiten zu beschäftigen. Das war nicht nur eine Herausforderung, sondern machte auch Spaß, meine in Europa und in Asien gesammelten Erfahrungen auf einen dritten Kontinent zu übertragen, sie an die vorhandenen Bedingungen anzupassen.

Der innerafrikanische Handel machte bis zur Jahrtausendwende weniger als zehn Prozent des gesamten afrikanischen Handels aus. Das war einerseits Erbe der Kolonialzeit, aber auch Folge ausgebliebener oder falscher »Entwicklungshilfe« des Westens, also der vormaligen Kolonialmächte. Man konnte auch von Postkolonialismus sprechen. Die wenigen Bahnstrecken waren oft nicht kompatibel – sie wiesen die technischen Standards, Spurbreiten und Signaltechnik der jeweiligen Kolonialmacht auf. Im südlichen Afrika verkehrten die Kapspurbahnen mit eine Spurweite von 1067 Millimeter, im Norden gab es Bahnen mit der Normalspur von 1435 Millimetern, wie sie 1846 in Großbritannien gesetzlich festgelegt worden war und heute auf 60 Prozent aller Bahntrassen gilt. Daneben existierten diverse Schmalspurbahnen.

Die Eisenbahn, ganz klar, sollte die Länder nicht miteinander verbinden, sie miteinander handeln lassen, sondern dafür sorgen, dass der Warenfluss ins »Mutterland« zügig vorankam.

Nach Erlangung der Selbstständigkeit – wir hatten 1960 das Afrikanische Jahr – fehlte es den Staaten sowohl an Geld als auch am notwendigen Verständnis für infrastrukturelle Fragen. Bahnstrecken und Straßen wurden vernachlässigt, nicht sachgemäß unterhalten, kaum genutzt oder stillgelegt. In Kenia zum Beispiel waren nur noch wenige Abschnitte der einst 2730 Kilometer langen Eisenbahnstrecke zwischen Mombasa und Uganda in Betrieb. China ging – entsprechend dem Geist der *Belt and Road Initiative* – ganz anders an das Problem heran. Als Erstes wollte man (und verfolgt auch seither diese Idee) die Staaten Afrikas mit einer Eisenbahn-Infrastruktur mit Normalspur verbinden. Dazu würde China die Kreditierung übernehmen.

Im Westen belächelte man die Vorstellung als illusorisch und undurchführbar, die China-Gegner denunzierten die Überlegung als durchschaubaren Versuch, sich die Bodenschätze und andere Reichtümer Afrikas anzueignen, China handele wie eine Kolonialmacht, lautete die Unterstellung.

Nicht minder wichtig ist das Straßennetz.

Auf 100 Quadrakilometern kamen im Jahr 2015/16 lediglich sieben Kilometer Straße (Asien 18 km). Der Anteil an gepflasterten oder asphaltierten Straßen lag unter fünf Prozent.

15 der 54 afrikanischen Staaten sind sogenannte *landlooked states,* Staaten also, die keinen Zugang zum Meer haben und Häfen im Ausland nutzen müssen. Zwölf von diesen eingeschlossenen Ländern gehören zu den 25 ärmsten der Welt. Allein diese Tatsache unterstreicht die enorme Bedeutung der Transport-Infrastruktur für die Entwicklung einer Wirtschaft. Natürlich gibt es auch andere, gravierende Ursachen für den Rückstand und die damit einhergehende Flucht der Bevölkerung. An erster Stelle stehen dabei Bürger- und Stellvertreterkriege, politische Instabilität sowie Stammes- und Religionskonflikte. Diese wurzeln natürlich im Kolonialismus, erklären aber nicht nicht alles. Korruption und Vetternwirtschaft beispielsweise, Unfähigkeit und Eitelkeit der nationalen Bourgeoisie wurzeln weniger in der Vergangenheit als in der kapitalistischen Gegenwart.

Bei der Energieversorgung sah und sieht es nicht viel besser aus. Etwa die Hälfte der 1,3 Milliarden Afrikaner – rund ein Sechstel der Weltbevölkerung – hatte bis vor wenigen Jahren keinen Stromanschluss. Und jene, die Energie aus der Steckdose bekommen, waren mitunter auch unzufrieden: Der Strom reicht nur für eine Glühlampe oder zum Aufladen der Handybatterie. Der jährliche durchschnittliche Verbrauch pro Kopf in der Subsahara-Region beträgt 488 kWh, was den zwanzigsten Teil des Verbrauchs eines Durchschnittsamerikaners darstellt.

Diese ungenügende Stromversorgung behindert jegliche industrielle Entwicklung, selbst der Betrieb lokaler Handwerksbetriebe ist eingeschränkt, nicht zu sprechen von modernen Technologien des 21. Jahrhunderts. Industrielle Inseln versorgen sich oft mit Strom von Dieselgeneratoren, die viel Kraftstoff verbrauchen und die Umwelt verschmutzen.

Bis zum Beginn des 21. Jahrhunderts gab es in Afrika etwa 30 Kohlekraftwerke, davon 19 in Südafrika. Geplant sind nach derzeitigen Informationen 20 neue Kraftwerke im südlichen und östlichen Afrika. Etwa 60 Wasserkraftwerke unterschiedlicher Kapazität sind ebenfalls in Betrieb. Für eine Industrialisierung reicht das nicht, zumal auch ein Mangel an Stromtrassen besteht.

Fachleute gehen davon aus, das sich bis zum Ende des Jahrhunderts Afrikas Bevölkerung vervierfachen könnte. Ohne ausreichende Infrastruktur wird die afrikanische Wirtschaft nicht schnell genug wachsen, um ausreichend Arbeitsplätze zu schaffen und die Ernährung der Menschen zu sichern. Zur Überwindung der Armut auf dem Kontinent und damit auch der Beendigung der Fluchtbewegungen ist der Aufbau einer Infrastruktur nicht nur unverzichtbar – er ist die Voraussetzung.

Die afrikanischen Führer sahen wohl die Notwendigkeit der Zusammenarbeit der afrikanischen Völker, was die Überwindung nationaler und religiöser Differenzen einschloss. Deshalb gründeten 45 Staaten 1963 die Organisation für Afrikanische Einheit *(Organisation of African Unity,* OAU*)*. 2000 wurde die OAU nach dem Vorbild der Europäischen Union zur

Afrikanischen Union (AU). Ihr Ziel ist die regionale Integration und die Hebung des Lebensstandards durch wirtschaftlichen Aufbau, Sicherung des Friedens und der nationaler Sicherheit, um politische Stabilität auf dem Kontinent zu gewinnen.

Afrikanische Union und Chinesisch-Afrikanisches Kooperationsforum

Die VR China unterstützte die AU von Anfang an und sah in ihr den Partner für die strategische Zusammenarbeit. Im Oktober 2000 wurde bei einer Ministerpräsidentenkonferenz in Peking auf Vorschlag Chinas das Chinesisch-Afrikanische Kooperationsforum (Forum on China-Africa Cooperation, FOCAC) ins Leben gerufen. Das Forum tritt alle drei Jahre entweder in China oder in einem afrikanischen Land zusammen und berät Maßnahmen zur Vertiefung der gemeinsamen Kooperation. Es werden Projekte für den Aufbau der Infrastruktur erörtert und Strategien erarbeitet, die nicht nur der Wirtschaft gelten, sondern auch dem administrativen Aufbau, der Regierungsarbeit, der Bildung und Kultur und der Beachtung der Menschenrechte. Oberste Prinzipien sind die Nichteinmischung in innerstaatliche Belange und vollkommene Gleichberechtigung aller Forumsmitglieder, die Entsagung jeglichen politischen Drucks bei Investitionen und so weiter. In dieser Hinsicht unterscheidet sich etwa die Vergabe von Krediten westlicher Staaten und Institutionen, die meist mit Auflagen und Forderungen verknüpft werden.

An den Beratungen der FOCAC nehmen die Staatsoberhäupter, mindestens aber verantwortliche Minister teil. Die gleichberechtigte Teilnahme von Chinas Präsidenten oder des Premierministers hat durchaus symbolische Bedeutung, zeigt es doch, wie wichtig jedes teilnehmende Land ist. Es wird nicht unterschieden nach Größe und Bedeutung.

Die erste Konferenz 2000 verabschiedete die Pekinger Erklärung des Forums für die chinesisch-afrikanische Zusammenarbeit und ein Programm für die wirtschaftliche und soziale

Entwicklung. Auf der zweiten Konferenz 2003 in Addis Abeba wurde erstmals ein konkreter Aktionsplan bestätigt.

Auf der dritten Konferenz 2006 in Peking stellte die VR China einen ersten Kredit über fünf Milliarden Dollar zur Verfügung und kündigte die Bildung eines China-Afrika-Entwicklungsfonds an, um Investitionen in Afrika vorzunehmen.

Während der vierten Konferenz 2009 im ägyptischen Ferienort Sharm el-Sheikh wurde der bisherige Aktionsplan bilanziert und ein weiterer für drei Jahre aufgestellt. Für seine Realisierung wurde ein Darlehen von über zehn Milliarden Dollar ausgereicht und Sonderkredite in Höhe von einer Milliarde für kleine und mittlere afrikanische Unternehmen bewilligt. Gleichzeitig schrieb China die Schulden einiger der ärmsten Länder ab.

Die Zusammenarbeit erreichte eine neue, für afrikanische Länder ungewöhnliche Höhe, aber eben auch einen ungewohnten Charakter. Kein europäisches Land oder die EU, nicht zu reden von den USA, war eine solch umfassende und gleichberechtigte Kooperation bisher eingegangen. In Ägypten wurde beschlossen, 100 saubere Energieprojekte (Solarenergie-, Biogas-Anlagen und Kleinwasserkraftwerke) und 100 gemeinsame Projekte zur wissenschaftlichen und technologischen Forschung zu beginnen. China lud zudem 100 Postdoktoranden für wissenschaftliche Forschungen, 5500 Studenten, 1500 Lehrer und 20000 Fachleute zur weiteren Qualifikation nach China ein. Die Einladung war an die Verpflichtung gebunden, nach Abschluss der Ausbildung in das Heimatland zurückzukehren und nicht in einem Industrieland nach einem gut bezahlten Job zu suchen.

Im Bereich der Landwirtschaft wurden 2000 Landtechniker ausgebildet und chinesische Agrartechnologenteams nach Afrika geschickt, um bei der Modernisierung der Landwirtschaft zu helfen.

Zur Förderung des Exports nach China wurden bei 95 Prozent aller Produkte aus afrikanischen Staaten, mit denen China diplomatische Beziehungen unterhält, die Importzölle schrittweise reduziert.

Auf der fünften Konferenz 2012, wieder in Peking, und der sechsten 2015 in Johannesburg wurden wiederum die Aktionspläne abgerechnet und neue erstellt sowie Entwicklungshilfen in Höhe von 30 bzw. 60 Milliarden Dollar zur Verfügung gestellt. China verpflichtete sich in Johannesburg, mindestens 10 000 Dörfer mit Satellitenfernsehanlagen auszurüsten.

2012 übergab die VR China das mit chinesischem Geld errichtete Hauptquartier der AU in Addis Abeba als Geschenk an die Union. Es war nach der Tansania-Sambia-Eisenbahn das zweitgrößte Projekt in Afrika, welches mit chinesischer Hilfe vollendet wurde.

2013 rief Chinas Präsident in Kasachstan die *Belt and Road Initiative* ins Leben. Als erstes afrikanisches Land unterzeichnete Südafrika 2015 ein Abkommen über die Zusammenarbeit mit China im Rahmen der Neuen Seidenstraße. Staats- und Regierungschefs aus Kenia, Äthiopien, Ägypten, Dschibuti und Mosambik nahmen 2017 und 2019 am *Belt and Road Forum für Internationale Kooperation* teil. Bis heute haben 40 afrikanische Länder, die diplomatische Beziehungen mit China unterhalten, Kooperationsabkommen im Rahmen der Initiative geschlossen.

2015, nach der Begründung der *Belt and Road Initiative,* entsandte China eine Mission zur AU. Gemeinsam wurden Grundsätze der Beziehungen zwischen Afrika und China formuliert. Sie markierten fünf Linien, die China nicht überschreiten wird: keine Einmischung bei der Wahl eines nationalen Entwicklungsweges; keine Einmischung in die inneren Angelegenheiten der afrikanischen Länder; kein Diktat gegenüber den afrikanischen Ländern; keine Verknüpfung politischer Wünsche mit Hilfsmaßnahmen; keine Durchsetzung politischer Absichten mit Hilfe von Investitionen und Finanzierungsmaßnahmen.

Auf der siebten Konferenz 2018 in Peking offerierte der chinesische Präsident noch einmal 60 Milliarden Dollar in Form von Zuschüssen, zinsgünstigen Krediten und Investitionen. Die Wirtschaftshilfe Chinas für Afrika im Rahmen der Neuen Seidenstraße betrugen von 2013 bis 2018 ungefähr 45 Milliarden. Im Zeitraum zwischen den beiden Gipfeln wurden 70 Prozent der zugesagten Mittel verbraucht und zweckdienlich gebunden. 45 Prozent davon gingen als Zuschüsse, zinslose Darlehen und Kredite an verschiedene Länder.

Auf dieser Konferenz beschloss man u. a. die Weiterführung der Bildungsprogramme. Erstmals nahmen auch Militärs aus 49 Staaten daran teil und betonten damit den Geist einer strategischen Partnerschaft zwischen China und der AU.

Die VR China und die Länder der Afrikanischen Union verständigten sich darauf, die chinesisch-afrikanische Zusammenarbeit in die *Belt and Road Initiative* einzubinden. China und die Kommission der Afrikanischen Union unterzeichneten einen Kooperationsplan zur gemeinsamen Förderung des Seidenstraßen-Wirtschaftsgürtels und der »Maritimen Seidenstraße«. Es handelte sich um das erste Abkommen, das zwischen China und einer regionalen Organisation unterzeichnet wurde.

Auf der Konferenz 2018 kündigte China an, die bis Ende des Jahres fälligen Zinszahlungen auszusetzen und die Kredite in zinslose chinesische Staatsanleihen zu verwandeln. Davon profitierten insbesondere die hoch verschuldeten Staaten.

Die achte FOCAC-Ministerkonferenz kam im November 2021 in Dakar in Senegal virtuell zusammen. Xi Jinping informierte, dass China 600 Millionen Impfdosen im Kampf gegen den Corona-Virus an afrikanische Staaten unentgeltlich abgeben werde. Zu jener Zeit waren weniger als fünf Prozent der Afrikaner geimpft. Chinas Staats- und Parteichef erneuerte sein Versprechen, auf geistige Eigentumsrechte an den chinesischen COVID 19-Impfstoffen zu verzichten, d. h. Lizenzen abzutreten. Chinesische Firmen beteiligten sich bereits an der Impfstoffproduktion mit afrikanischen Firmen.

Über diesen Weg soll das Ziel erreicht werden, bis Ende 2022 60 Prozent der afrikanischen Bevölkerung zu impfen.

Bis zum 12. November 2021 hatte China über 110 Ländern und Organisationen, darunter fünfzig afrikanischen Staaten und der AU-Kommission, rund 1,7 Milliarden Dosen Vakzine bereitgestellt.

Auf der Dakar-Konferenz stellt China überdies 40 Milliarden Dollar für Investitionen, Kredite und Handel zur Verfügung.

Zusammen mit den Impfstoffen war das ein Gesamtpaket von 60 Milliarden Dollar, also die gleiche Summe, die die Volksrepublik schon bei den FOCAC-Konferenzen 2015 und 2018 aufgebracht hatte.

Präsident Xi stellte in Dakar neun Programme im Rahmen des ersten Dreijahresplans der China-Afrika-Kooperation »Vision 2035« vor. Die bisher verfolgten und die hier neu formulierten Programme – ein Medizin- und Gesundheitsprogramm, ein Armutsbekämpfungs- und Agrarentwicklungsprogramm, ein Programm zur Förderung des Handels und von Investitionen, ein digitales Innovationsprogramm, ein grünes Entwicklungsprogramm, das Programm zum Aufbau von industriellen Kapazitäten, das Programm für den kulturellen und persönlichen Austausch und ein Programm für Frieden und Sicherheit – sollen unter Kontrolle der Kommissionen der AU zügig umgesetzt werden. Die dafür vorgesehenen 40 Milliarden Dollar werden verstärkt in die verarbeitende Industrie fließen, um dort Arbeitsplätze zu schaffen, und weniger in Mammut-Infrastrukturprojekte mit hohen Schuldenlasten, wie dies bisher der Fall war.

Eine Untersuchung von McKinsey 2017 über die chinesisch-afrikanische Wirtschaftsbeziehungen ergab, dass 89 Prozent der Arbeitskräfte in diesen Projekten aus Afrika kommen.

Investitionen

Zwischen 2000 und 2014 erhöhten die afrikanischen Länder ihre Kreditaufnahmen um 100 Milliarden Dollar, um sich mit chinesischer Hilfe aus der Abhängigkeit von IWF und Weltbank zu befreien. Die Kredite der kapitalistischen Institute wurden an wirtschaftliche und politische Reformen geknüpft, die diese Staaten immer weniger bereit waren zu erfüllen. Von 2016 bis 2020 erreichten die Gesamtinvestitionen in Infrastrukturprojekte in Afrika fast 200 Milliarden US-Dollar. Angola, Äthiopien, Sambia, DR Kongo und der Sudan waren die Länder mit der größten Verschuldung.

2020, so das chinesische Außenministeriums, entfielen 31,4 Prozent aller Infrastrukturprojekte auf dem afrikanischen Kontinent auf chinesische Unternehmungen. Das betraf Südafrika (14 Prozent), DR Kongo (12,5 Prozent), Angola (6,5 Prozent), Sambia (6,5 Prozent), Äthiopien (5,6 Prozent) und Ghana (4,1 Prozent). Die treibende Kraft dabei sind private Investoren, die inzwischen über 3500 Unternehmen gegründet haben, mit denen Millionen Arbeitsplätze geschaffen wurden. Vier von fünf Arbeitskräften kommen aus der Region.

Der *China-Africa Development Fund* (CADF) war 2006 auf dem FOCAC-Gipfel ins Leben gerufen worden. Das ist ein chinesischer Private-Equity-Fonds, der ausschließlich von der China Development Bank, einer staatlichen Bank in China, finanziert wird. Ziel des Fonds ist es, chinesische Unternehmen in den Bereichen Stromerzeugung, Verkehrsinfrastruktur, natürliche Ressourcen, Produktion und anderen Sektoren zu Investitionen in Afrika anzuregen. Das Startkapital betrug eine Milliarde Dollar, das wurde auf der sechsten FOCAC-Konferenz in Johannesburg 2015 um zehn Milliarden erhöht. Bis 2010 hatte der Fonds in 30 Projekte in Afrika im Wert von rund 800 Millionen US-Dollar investiert. 37 Länder zogen daraus Nutzen, so die Bilanz im Juni 2021.

Die *Bank of China* (BOC), Chinas Zentralbank, schloss mit den Zentralbanken von Südafrika, Marokko, Ägypten und Nigeria Währunggsswaps, wie die Tauschgeschäfte im Finanzwesen heißen. Das dient der Risikominimierung der beteiligten Banken. Mit den vier Zentralbanken wurde ein Gesamtbetrag von 73 Milliarden Renminbi (RMB) vereinbart.

China unterzeichnete mit sieben afrikanischen Ländern, darunter Ägypten, Südafrika und Nigeria, ein *Memorandum of Understanding* (MOU) über die Zusammenarbeit in der Finanzaufsicht und schuf damit eine solide Grundlage für eine stabile und langfristige bilaterale Zusammenarbeit im Finanzbereich.

China trat der Afrikanischen Entwicklungsbank *(African Development Bank,* AfDB*)* bei, ferner der Handels- und Entwicklungsbank des östlichen und südlichen Afrikas (TDB), der Westafrikanischen Entwicklungsbank und weiteren multilateralen Entwicklungsfinanzinstitutionen.

2014 legten die *Bank of China* und die *Afrikanische Entwicklungsbank* einen gemeinsamen Fonds in Höhe von zwei Milliarden Dollar auf, den *Africa Growing Together Fund* (AGTF). Er dient der finanziellen Absicherung von Investitionsgeschäften. Bis Ende Oktober 2021 wurden daraus 36 Projekte in der Landwirtschaft, für Wassergewinnung und Abwasser, für Transport, Energie und andere Bereiche in 19 Ländern finanziert.

Um den innerafrikanischen Zahlungsverkehr zu erleichtern, wurde das *Cross-Border Interbank Payment System* (CIPS) für das grenzüberschreitende Interbank-Zahlungssystem eingeführt. Es bietet seinen Teilnehmern RMB-Zahlungen und -Handel, Clearing- und Abwicklungsdienste an. Bis 2021 nahmen daran bereits 19 afrikanische Staaten teil.

Während die Covid-Pandemie die Weltwirtschaft erschütterte und viele Anleger erschreckte, stiegen die chinesischen Investitionen in Afrika um 9,5 Prozent seit 2019. Das waren knapp drei Milliarden Dollar, davon 2,66 Milliarden nichtfinanzielle Direktinvestitionen.

Der Trend setzt sich fort. Die Direktinvestitionen in Afrika beliefen sich in den ersten sieben Monaten des Jahres 2021 auf 2,07 Milliarden Dollar und übertrafen damit das Niveau vor der Pandemie im gleichen Zeitraum des Jahres 2019.

Bislang konzentrierten sich die Investitionen im Wesentlichen auf strategische Ziele des Infrastrukturaufbaus.

Auf afrikanischer Seite wuchs das Interesse an Industrieinvestitionen – verbunden mit Infrastrukturmaßnahmen, die aus der Rohstofffalle herausführen sollen. China investierte daher in den letzten Jahren verstärkt in den afrikanischen Industrie- und Dienstleistungssektor. Die Investitionen in wissenschaftliche Forschung und Technologiedienstleistungen, in Verkehr, Lagerhaltung und Postdienste haben sich 2020 im Vergleich zu früheren Jahren mehr als verdoppelt.

Laut Zusagen auf der achten FOCAC-Konferenz wird die chinesische Regierung chinesische Unternehmen ermutigen, in den nächsten drei Jahren nicht weniger als zehn Milliarden

Dollar in Afrika zu investieren, genannt wurden zehn digitale Wirtschaftsprojekte sowie zehn grüne Entwicklungs-, Umweltschutz- und Klimaschutzvorhaben.

Die Weltbank nahm eine Analyse des chinesischen Investments vor. Bis 2018 betrugen Chinas Investitionen in Afrika lediglich etwa drei Prozent von allen globalen Investments. Wie auch die Investments der westlichen Länder waren auch die Chinas auf die Erschließung von Rohstoffen gerichtet, hieß es. Der entscheidende Unterschied zwischen dem Engagement des Westens und Chinas wurde allerdings nicht erwähnt. Während der Westen vorzugsweise in stabile und entwickelte Länder investiert und ärmere Staaten mit schwierigeren Regierungs-, Arbeits- und Umweltverhältnissen ausschließt, tut China dies nicht. Stattdessen versucht man mit Investitionen die kritische Lage zu stabilisieren und das Land zu entwickeln. Natürlich sind auch chinesische Investments gewinnorientiert. Aber eben nicht nur und ausschließlich.

Panafrikanische Freihandelszone

Seit 2009 ist die Volksrepublik China Afrikas größter Handelspartner, 2020 betrug der Anteil am Außenhandel des Kontinents 21 Prozent. Im Laufe der Jahre veränderte sich auch die Struktur des Handels, die Menge hochwertiger Industriegüter nahm zu und macht inzwischen die Hälfte der Importe aus.

China hingegen führt zunehmend verarbeitete Erzeugnisse aus Afrika ein, so dass sich die Proportionen zu den Rohstoffimporten verändern. 97 Prozent der gehandelten Waren werden zollfrei eingeführt, um den Zugang afrikanischer Agrar- und Industriegüter zum chinesischen Markt zu erleichtern. Zugenommen hat auch der Import von Dienstleistungen, seit 2017 betrug die durchschnittliche Steigerungsrate 20 Prozent, was fast 400 000 neue Arbeitsplätze pro Jahr bedeutete.

Um die Dimensionen dieses Handels (im Zusammenhang mit der Neuen Seidenstraße) zu erkennen, ist ein Vergleich hilfreich.

Das Volumen des Warenaustausch der USA mit Afrika stieg von 21 Milliarden Dollar im Jahr 2002 auf 56 Milliarden im Jahr 2019. In der gleichen Zeit wuchs der mit China von 12 Milliarden auf 192 Milliarden. Er ist damit inzwischen fast vier Mal so hoch.

Auf der 8. FOCAC-Konferenz im November 2021 wurde die Absicht formuliert, den Export nach China mit finanziellen Anreizen und Exportkrediten bis 2024 auf 300 Milliarden zu steigern. Und bei den landwirtschaftlichen Erzeugnissen, deren Anteil am Handel weiter erhöht werden soll, will man, wie es heißt, belastende Inspektions- und Qualitätsvorschriften rationalisieren, was wohl heißt, weniger streng zu kontrollieren. Der chinesische Markt ist inzwischen der zweitgrößte für afrikanische Agrarerzeugnisse.

Seit Januar 2021 gilt das von der AU angestrebte innerafrikanische Freihandelsabkommen (AfCFTA). Auf 90 Prozent aller Waren, die auf dem Kontinent gehandelt werden, werden keine Zölle erhoben. Dieses Abkommen ist ein entscheidender Schritt der afrikanischen Staaten, um sich aus der Abhängigkeit vom Überseehandel zu befreien. Ein großer Teil des Wertschöpfungsprozesses erfolgt auf dem Kontinent, und die damit generierten Erlöse verbleiben auch dort. Außerdem entfallen viele Transporte, was ja noch geraume Zeit ein Nadelöhr bleiben wird.

Das Freihandelsabkommen macht es Beschaffungsunternehmen leichter, panafrikanische Lieferketten zu betreiben und diese zu konsolidieren. Wenn ganz Afrika wie eine Sonderwirtschaftszone behandelt wird, kann man dort mit zollfrei importierten (chinesischen) Zulieferungen Waren herstellen, die dann in Afrika gehandelt und/oder in den indopazifischen RCEP-Raum – die Freihandelszone Asiens mit fünfzehn Staaten – geliefert werden. Dies ist einer der Hauptgründe, warum der chinesisch-afrikanische Handel 2021 um 38 Prozent stieg. Dieser Trend wird sich in den kommenden Jahren fortsetzen.

Um die *Panafrikanische Freihandelszone* noch stärker in die *Belt and Road Initiative* zu integrieren, wurde eine spezielle Arbeitsgruppe ins Leben gerufen. Sie soll dafür sorgen, dass chinesische Unternehmen in den nächsten drei Jahren weitere 10 Milliarden Dollar in Afrika investieren und eine Plattform für die Förderung privater Investitionen zwischen China und Afrika aufgebaut wird.

China initiierte bisher in 16 afrikanischen Staaten 25 Wirtschafts- und Handelskooperationszonen. Ende 2020 produzierten dort bereits 623 Unternehmen, die 735 Milliarden Dollar investiert hatten.

Alle diese Einrichtungen und Maßnahmen sorgten dafür, dass zwischen Afrika und China von Januar bis Oktober 2021 Waren im Wert von 207 Milliarden Dollar gehandelt wurden. Auch wenn die Zuwachsraten bei den afrikanischen Einfuhren in China über denen der chinesischen Exporte nach Afrika lagen (32 zu 25 Prozent), so werden noch immer mehr chinesische Erzeugnisse nach Afrika exportiert als afrikanische Waren nach China (121 zu 86 Milliarden).

Dass sich diese Lücke tendenziell schließen wird, liegt am politischen Grundverständnis der beiden Seiten. Allerdings gibt es auch geostrategische Entwicklungen, die diesen Prozess beschleunigen. Aufgrund der engeren militärischen Bindung Australiens an die USA und Großbritannien ist China bestrebt, den Import von Eisenerz aus Down Under zu reduzieren, um einer möglichen Abhängigkeit und damit Erpressbarkeit zu entgehen. Deshalb führt China seit Ende 2021 Gespräche in Sierra Leone, um den Import von dortigem Eisenerz zu steigern.

Dessen Förderung war 1985 wegen mangelnder Auslandsnachfrage eingestellt worden. Das Land ist zudem reich an Bodenschätzen wie Bauxit, Braunkohle, Chrom, Diamanten, Gold, Graphit, Columbit, Mangan, Molybdän, Platin, Rutil (Titanoxid) und Rhodium.

Der panafrikanische Handel stieg von 2000 bis 2017 jährlich um zehn Prozent, danach erhöhte sich die Zuwachsrate um 17 bis 19 Prozent. Das Volumen beträgt gegenwärtig etwa 930 Milliarden Dollar, was nur etwa ein Viertel des EU-Binnenhandels ausmacht (weit über 3 Billionen Dollar – und das bei lediglich einem Drittel der Bevölkerung).

Die Weltbank prognostiziert, dass Afrikas Wirtschaftsleistung durch die geplanten Maßnahmen in den folgenden anderthalb Jahrzehnten um mindestens 380 Milliarden steigen könnte.

Industrialisierung

Neben dem Aufbau einer verbindenden Infrastruktur und der Energieproduktion, die die Basis für eine Industrialisierung darstellt, investiert China zunehmend in die verarbeitende Industrie. Bis heute hat die Volksrepublik mit 15 Ländern in Afrika Kooperationsmechanismen für industrielle Kapazitäten eingerichtet. China und afrikanische Länder haben zusammengearbeitet, um Wirtschafts- und Handelskooperationszonen, Sonderwirtschaftszonen, Industrieparks und Wissenschaftsparks aufzubauen, die Unternehmen aus China und anderen Ländern anziehen sollen, um in und für Afrika zu produzieren. Sie haben Produktions- und Verarbeitungsbasen aufgebaut und ihre Betriebe in Afrika disloziert, was in den betreffenden Regionen zu mehr Arbeitsplätzen und Steuereinnahmen führte. Und das wiederum trug zur industriellen Modernisierung bei und förderte die technische Zusammenarbeit. Die chinesischen Investitionen in Nigeria – dem mit 214 Millionen Menschen bevölkerungsreichsten Staat Afrikas – beispielsweise konzentrieren sich auf die verarbeitende Industrie, unter anderem auf die Produktion von Baumaterialien, Möbeln, Lebensmitteln, Getränken und Verpackungen sowohl für den lokalen Bedarf als auch für den Export nach China. Obwohl in vielen der genannten Sektoren moderne chinesische Firmen die nigerianischen Unternehmen verdrängt haben, führte dieser Prozess zur weiteren Industrialisierung des Landes insgesamt und damit zur Schaffung von Beschäftigungsverhältnissen. Der weit überwiegende Teil der Arbeitskräfte kommt aus dem Land. In der nigerianischen Freihandelszone und dem Industriepark von Lekki sind 70 Prozent der Arbeitskräfte in chinesischen Unternehmen Nigerianer.

In diesem Industriepark werden hauptsächlich Produkte für den nigerianischen Markt hergestellt, so LKW, PKW, Röhren für Pipelines und medizinische Erzeugnisse. Der Park verfügt über ein eigenes Kraftwerk und Trinkwasseraufbereitungsanlagen für den Bedarf der Region.

2014 hat Nigerias Volkswirtschaft die von Südafrika, die bis dahin stärkste des Kontinents, überholt, das Bruttoinlandsprodukt liegt inzwischen weit über einer Milliarde Dollar.

Die Verdrängung lokaler Unternehmen, das darf man nicht übersehen, führt zu Spannungen zwischen der Bevölkerung und den chinesischen Investoren. Dieses Problem wurde bereits auf FOCAC-Treffen behandelt. Es wurde China an seine eigene Entwicklung erinnert und vorgeschlagen, mehr in Joint Ventures (JV) zu investieren und den Gemeinschaftsunternehmen den Vorrang gegenüber hundertprozentig chinesischen Unternehmen zu geben.

So wurde in *Uganda* ein Gemeinschaftsunternehmen zwischen der *Uganda Automotive Group* und der chinesischen *First Automotive Works* zur LKW-Produktion gegründet. Das Joint Venture ist eines von über sechzig Unternehmen, die sich in Ugandas größtem Industrie- und Gewerbepark unweit von Kampala niederließen. In Namanve produziert das Gemeinschaftsunternehmen schwere Lastkraftwagen und bildet zugleich einheimische Arbeiter aus. Zur Zeit importiert Afrika noch verstärkt gebrauchte Lastwagen, die technisch veraltet sind, viel Kraftstoff verbrauchen und darum umweltschädlich sind. Im Dezember 2021 lief der erste Truck vom Band.

Im benachbarten *Tansania* flossen die meisten Investitionen in die Textil- und Bekleidungsindustrie. Auch diese Unternehmen produzieren sowohl für den Bedarf des Landes und für den Export.

In *Kenia* befinden sich über 400 Unternehmen in chinesischem Besitz, von denen die meisten in der Leichtindustrie, im Baugewerbe, im Tourismus und bei der Ausbeutung natürlicher Ressourcen tätig sind. Darüber hinaus investierten chinesische Firmen in die Metall-, die Kommunikations- und die Automobilindustrie.

Die Investitionskommission *Äthiopiens* gab im Jahr 2020 an, dass 620 chinesische Investitionsprojekte, vor allem in der verarbeitenden Industrie und im Bausektor, registriert seien. Diese würden etwa 200 000 Äthiopier beschäftigen. In den Sonderwirtschaftszonen Äthiopiens waren es 86 000. Im Zuge der Corona-Pandemie ging deren Zahl um mehr als 12 000 zurück.

In Afrika wurden im Durchschnitt pro Jahr mit Hilfe chinesischer Investitionen etwa 19 000 Arbeitsplätze geschaffen. Das waren mehr, als die Amerikaner leisteten, aber dennoch weit weniger als die europäischen Investoren. Das erklärt sich daraus, dass die chinesischen Investitionen in Infrastrukturprojekte gewaltig waren und sind, aber eben weniger Jobs bringen als etwa Industrieansiedlungen.

Landwirtschaft

Die Zusammenarbeit zwischen China und den afrikanischen Ländern in der Landwirtschaft ist älter als die Neue Seidenstraße, wurde aber durch die *Belt and Road Initiative* spürbar forciert. Seit 2012 schloss China 31 landwirtschaftliche Kooperationsvereinbarungen mit 20 afrikanischen Ländern und regionalen Organisationen sowie 72 bilaterale und multilaterale Abkommen über Zusammenarbeit im Agrarbereich. 2019 fand das erste chinesisch-afrikanische Forum zur Landwirtschaftskooperation statt. Dort wurde die Einrichtung einer Kommission für die Landwirtschaftskooperation China-Afrikanische Union angekündigt. Avisiert wurde auch ein Aktionsprogramm zur Modernisierung der Landwirtschaft.

In diesem Kontext tauchte in den westlichen Medien immer wieder die Behauptung auf, China würde in Afrika Ackerflächen übernehmen und bebauen, um seinen eigenen Lebensmittelbedarf zu decken. Das trifft nur zur Hälfte zu. Ja, chinesische Unternehmen bestellen Felder in Afrika, aber die dort erzeugten Agrarprodukte sind ausschließlich für lokale und regionale Märkte bestimmt. Nach Berichten der FOCAC verfügten Ende 2020 mehr als 200 chinesische Unternehmen in 35 afrikanischen Staaten über Ländereien und Agrarproduktionsstätten für etwa 1,11 Milliarden Dollar. Sie produzierten für den afrikanischen Markt, allerdings zunehmend auch für den Export – in die Volksrepublik China. Mehr als 350 Agrarprodukte können mit China zollfrei gehandelt werden.

In China haben inzwischen 7456 Afrikaner eine Ausbildung in der Landwirtschaft erhalten, in Afrika selbst mehr als 50 000. Sie wurden in den dortigen 23 landwirtschaftlichen Demonstrationszentren von Chinesen qualifiziert.

Im Dezember 2021 schlossen die chinesische Akademie für Agrarwissenschaften und die ägyptischen Behörde für Fernerkundung und Weltraumwissenschaften ein Forschungsabkommen für »intelligente Landwirtschaft«.

Ausgewählte Projekte

Seit der Bildung des *Forums für China-Afrika-Kooperation* (FOCAC) im Jahr 2000 wurden von chinesischen Firmen insgesamt 10 000 km Eisenbahnstrecken angelegt und ungefähr 100 000 km Straßen und Autobahnen gebaut. Dazu gehörten auch etwa 1000 Brücken.

Die herausragenden Projekte waren die Strecken Mombasa-Nairobi, die erste moderne Bahn in Afrika, und Addis Abeba-Dschibuti. Mit ersterer entstanden rund 46 000 neue Arbeitsplätze. Bis 2021 verkehrten zwischen Mombasa und der kenianischen Hauptstadt bereits 5,4 Millionen Passagiere und 1,3 Millionen Container. Diese Bahn sorgte für eine Steigerung des Bruttoinlandsproduktes von Kenia um nachweisbare anderthalb Prozent.

In Nigeria wurde die erste und zweite Ausbaustufe bei der Modernisierung des Eisenbahnnetzes abgeschlossen.

Der Mehrzweckhafen Doraleh in Dschibuti am Horn von Afrika und das Container-Terminal in Lome im westafrikanischen Togo gingen 2021 in Betrieb. Diese Häfen erfüllen eine wichtige Aufgabe beim Transshipment für den innerafrikanischen Handel.

Fertiggestellt wurden auch Straßenbauvorhaben, so die 1. Nationalstraße der Republik Kongo, die Thies-Touba-Autobahn im Senegal, die 693 km lange Küstenstraße zwischen Port Gentil und Omboué in Gabun und die Brücke über den Ogooué bei Booué in Zentralgabun.

Zum Auf- und Ausbau der Energiebasis wurden 80 neue Kraftwerke und etwa 66 000 Kilometer Stromtrassen errichtet. Die konventionellen, aber modernen Betriebe erzeugen 120 Millionen Kilowattstunden.

Es wurden Dutzende mit chinesischem Kapital finanzierte Photovoltaik-Anlagen installiert, die zusammen etwa 1,5 GW in regionale Netze einspeisen können. In Kenia entstand der Garissa Solarpark, der größte in Ostafrikas, mit einer Kapazität von 76 Millionen kWh.

Die DR Kongo (bis 1997 Zaire), ist nächst Algerien der flächenmäßig größte Staat des Kontinents. Dort leben etwa 100 Millionen Menschen aus 200 Ethnien. Trotz ihres Rohstoffreichtums zählt die Demokratische Republik Kongo, bedingt durch jahrzehntelange Ausbeutung, Korruption, Kriege und ungebremstes Bevölkerungswachstum zu den ärmsten Ländern der Welt. In den vergangenen Jahren investierte China in Infrastrukturprojekte, aber mehr noch in Bergbauunternehmen. Und der Handel zwischen beiden Staaten nahm stark zu. Im Jahr 2007 exportierte die DR Kongo Kobalt im Wert von 304,8 Millionen Dollar in die USA – 2008 für 1,13 Milliarden Dollar nach China. Auch die Exporte von Kupfererz und Harthölzern nach China nahmen stark zu.

Eines der umfangreichsten Projekte in der DR Kongo wurde 2008 vereinbart. Für den Abbau und Export kongolesischer Minerale sollten 6 Milliarden Dollar investiert werden. Seine Rohstoff-Einfuhren bezahlte China mit dem Bau von weiteren Infrastrukturprojekten.

Allerdings versickerten große Beträge in der Schattenwirtschaft, die Korruption sorgte für das Verschwinden erheblicher Zahlungen, die für die Fertigstellung vieler Vorhaben fehlten. Im Januar 2021 erließ die chinesische Regierung kongolesische Schulden in Höhe von 28 Millionen Dollar und sicherte weitere 17 Millionen Dollar als Hilfe zum Fertigstellen von Entwicklungsprojekten zu.

Auf der FOCAC-Konferenz im November 2021 diskutierten und unterzeichneten die Vertreter der DR Kongo ein neues Rahmenabkommen mit der *China Communications Construction Company* (CCCC), um die 840 km lange Nationalstraße Nr. 4 zwischen Kisangani und Beni nahe der Grenze zu Uganda auszubauen. Die neue Straße wird auch mit Kenia und Transportwegen zum Hafen von Mombasa verbunden sein.

Digitalisierung

Der Einsatz moderner Kommunikationsmittel ist für die Entwicklung der Wirtschaft unverzichtbar. Diese Strategie des Überspringens von überholten Technologien wurde bereits in China und in Asien erfolgreich praktiziert und soll auch in Afrika verfolgt werden.

Für den Aufbau eines Kommunikationsnetzwerkes auf dem Kontinent müssen über 200 000 km Glasfaserkabel verlegt werden. Dadurch sollen 900 Millionen Menschen Internetzugang erhalten. An der Verlegung der Glasfaserkabel sind etwa anderthalbtausend Unternehmen in 15 Ländern beteiligt, die mit chinesischen Firmen kooperieren. Die chinesische Huawei 5G-Technik findet ohne Einschränkung Anwendung. Huawei besorgt etwa 70 Prozent der Telekommunikation in Afrika.

Ein gutes Beispiel ist der Aufbau digitaler Infrastruktur in Äthiopien durch das chinesische Unternehmen ZTE, das dafür drei Milliarden Dollar investiert. Wie in den afrikanischen Medien berichtet wird, entspricht das Netzwerk den höchsten internationalen Standards. Die allerding später in das Netzwerk installierten Überwachungssysteme kamen nicht aus China, sondern aus Westeuropa. Die äthiopische Regierung erwarb eine Überwachungssoftware mit dem Namen »FinSpy« – programmiert und vermarktet von der britischen Firma Gamma Group. Und auch ein italienisches Unternehmen (»HackingTeam«) machte Geschäfte.

29 Länder haben bereits mit der chinesischen Hilfe die sogenannte smarte, d. h. digitale Verwaltung eingeführt oder sind noch dabei. Mit der Digitalisierung wird die Verwaltung transparenter und die Korruption kann, wie in China bereits erfolgreich betrieben, reduziert werden.

Der Globalplayer Huawei realisiert 20 Prozent seines Umsatzes in Afrika und ist damit der Konkurrenz in den USA und in Europa mehr als nur ein Dorn im Auge. Deshalb wird das Thema »digitale Souveränität« fortgesetzt in den westlichen Medien und im Kontakt mit afrikanischen Staaten penetriert. Huawai spioniere im Auftrage Pekings, heißt es immer wieder. Trotz der amerikanischen Propaganda unterhält Huawei ein gesundes Verhältnis zu Regierungen und großen Unternehmen in Afrika, erklären Konzernvertreter und afrikanische Politiker. Die Vorhaltungen aus dem Westen seien nicht technischer, sondern politischer Natur.

China und Afrika haben einen gemeinsamen Cloud-Service in Südafrika für die gesamte Afrikanische Union eingerichtet. Damit wurden die Abhängigkeit vom amerikanischen Cloud-Service beendet und die großen Tech-Unternehmen der Kontrolle aus Übersee entzogen.

In China und Afrika boomt der Handel mit neuen Geschäftsmodellen, einschließlich des grenzüberschreitenden E-Kommerzes. Hochwertige und spezielle Produkte aus Afrika sind auf diese Weise direkt auf dem chinesischen Markt verfügbar. China hat einen Mechanismus für die Zusammenarbeit mit Ruanda in diesem Bereich entwickelt. Es ist ein Pilotprojekt für andere Länder. Chinesische Unternehmen investieren aktiv in ausländische Auftragsabwicklungszentren. Und 2019 fand ein von China und der AU initiiertes Shopping-Festival im Netz statt.

Chinesische Smartphones erfreuen sich bei den Afrikanern größter Beliebtheit. Fast jedes zweite in Afrika verkaufte und genutze Handy stammt aus chinesischer Produktion.

Chinesische Unternehmen haben sich an einer Reihe von Seekabelprojekten beteiligt. Die Telekommunikationskabel verbinden Afrika mit Asien, Europa und Amerika. Die Unternehmen haben mit eigenen Investitionen und großen afrikanischen Betreibern zusammengearbeitet, um eine vollständige Grundabdeckung der Telekommunikationsdienste in Afrika zu erreichen.

Gesundheitswesen

Aus gemeinsamen Erfahrungen wissen Chinesen und Afrikaner um die Bedeutung eines funktionierenden Gesundheitswesens. China erlebte schmerzliche Rückschläge durch Infektionen und Krankheiten, und Afrika leidet aufgrund extremer klimatischer Bedingungen und wegen der jahrhundertelangen kolonialen Unterdrückung an Seuchen, Epidemien und gefährlichen Krankheiten, die von Bakterien, Viren, Insekten, Würmern und anderen Tieren übertragen werden. Die *Belt and Road Initiative* hat auch diesen Komplex im Auge und kann auf Erfahrungen aus der Vergangenheit aufbauen.

1963 zog das erste chinesische Ärzteteam nach Afrika. Dort, in einer algerischen Klinik in der Provinz Saida, 430 Kilometer westlich der Hauptstadt Algier, arbeiteten bis heute chinesische Ärzte. Seither sendet China medizinisches Personal auf den Kontinent, bisher rund 23 000 Frauen und Männer. Sie haben, so weiß die Statistik, 230 Millionen Patienten untersucht und behandelt. Aktuell sind 1000 medizinische Fachkräfte aus China in 45 afrikanischen Ländern unterwegs. Sie arbeiten in 98 medizinischen Zentren. Seit Beginn der Neuen Seidenstraße kamen mindestens 130 medizinische Einrichtungen zu den vorhandenen hinzu. Chinesische Ärzteteams führten im Rahmen der 2010 gestarteten Initiative »Brightness Action« 34 klinische Programme durch, bei denen es vornehmlich um Sehfähigkeit und Augenerkrankungen geht.

China konzentriert sich insbesondere auf die Ausbildung medizinischen Personals. Es wurden bereits mehr als 20 000 Afrikaner ausgebildet, die sich verpflichteten, nach ihrem Studium und der Qualifikation in Afrika zu arbeiten. Viele afrikanische Medizinstudenten, die im Westen ausgebildet werden, lassen sich auch dort an- und damit abwerben. Sie fehlen beim Aufbau des Gesundheitswesens in ihrer Heimat. Gesellschaftliche Interessen rangieren aber vor individuellen Wünschen.

Die Neue Seidenstraße soll auch dafür sorgen, dass qualitativ hochwertige Medikamente zu erschwinglichen Preisen zur Verfügung stehen. Rund 80 Prozent pharmazeutischer und medizinischer Produkte, die in Afrika gebraucht werden, müssen importiert werden. Selbst in Ländern wie Kenia, das über die fortschrittlichste Pharmaindustrie Ostafrikas verfügt, liegt die Importabhängigkeit bei 70 Prozent. Der Aufbau einer eigenen Pharmazie-Industrie steht schon lange auf der Tagesordnung. Auf der letzten FOCAC-Konferenz im November 2021 wurden endlich die nötigen Beschlüsse gefasst.

Bekämpfung der Armut

China gehörte noch vor einem halben Jahrhundert zu den ärmsten Ländern der Welt. In dieser Lage sind die meisten afrikanischen Staaten noch heute. Die Entwicklung Chinas ist bekannt. Bis 2021 konnten alle Chinesen aus der absoluten Armut befreit werden, nicht wenige Chinesen leben in bescheidenem Wohlstand, es gibt eine Mittelschicht, die mehrere Hundert Millionen Menschen zählt.

Die in China gesammelten Erfahrungen lassen sich nicht auf andere Staaten übertragen, China ist kein Modell, sagt Peking selbst. Dass die Übertragung gesellschaftlicher Modelle nicht funktioniert, hat der Untergang des Sozialismus in Europa eindrücklich gewiesen. Moskau war der Überzeugung, dass das sowjetische Modell immer und überall Anwendung finden kann und sollte und achtete mit Argusaugen darauf wie ein Franchisegeber, dass der Partner nicht von den Vorgaben abwich. Tat er dies dennoch, wurde er zur Ordnung gerufen, manchmal sogar mit Panzern.

China überträgt seine gesellschaftlichen Vorstellungen nicht auf andere Staaten. Auch in Afrika muss jedes Land seinen eigenen Weg gehen, China will dabei helfen, indem es beim Aufbau einer Infrastruktur und bei der Versorgung mit Energie aktiv wird, indem es bei der Entwicklung einer Volkswirtschaft in allen seinen Verästelungen Unterstützung gibt. Stets mit der Maßgabe, und das ist ja auch das Credo der Neuen Seidenstraße, zur Wohlfahrt der Völker beizutragen.

Dabei müssen die Anstrengungen konzentriert und gebündelt werden, wozu es der Koordination und der Organisation bedarf, einer Struktur, die nicht von privaten und Kapitalinteressen, sondern von dem Wunsch einer Bevölkerungsmehrheit nach Frieden, Arbeit und Wohlbefinden diktiert wird. Deshalb schließen sich Neoliberalismus und kollektive Überwindung von Armut und Ungerechtigkeit aus.

Die sogenannte freie Marktwirtschaft, für deren Einführung der Westen in den afrikanischen Staaten sorgte, nachdem diese ihr koloniales Joch abgeschüttelt hatten, beendete nicht die Armut und das Elend dort. Im Gegenteil: Sie erzeugte neue und größere Not. Und diese vertrieb Millionen Menschen aus ihrer Heimat mit der Illusion, dass es ihnen in den Mutterländern des Kapitalismus besser gehen würde.

Armut ist heute eine gemeinsame Herausforderung für China und Afrika, ihre Überwindung das vorrangige Ziel der AGENDA 2030 der Vereinten Nationen für nachhaltige Entwicklung.

Seit 2010 fanden im Rahmen des *Forums für China-Afrika-Kooperation* (FOCAC) zehn Konferenzen zur Armutsbekämpfung statt. Zwischen 2005 und 2021 brachte China 160 Programme zur Armutsbekämpfung auf den Weg. Ein Element war die Vermittlung chinesischer Erfahrungen in speziellen Kursen zur Armutsbekämpfung. An diesen Seminaren für Sozialmanager nahmen bisher etwa 2800 Frauen und Männer aus 53 afrikanischen Ländern teil.

China versprach auf der achten FOCAC-Konferenz, weitere zehn Projekte zur Armutsbekämpfung zu realisieren, in die die Erfahrungen der Volksrepublik einfließen werden. Gemäß dieser Erfahrungen ist Bildung alles. In den Schulen – den Grund- wie den Hochschulen – wird die Basis für eine erfolgreiche Entwicklung des Landes und damit zur Überwindung der Armut gelegt. China unterstützt Afrikas Bemühungen zur Verbesserung der Schulbildung, die Volksrepublik finanziert über 170 Schulen und 45 Sportstätten in Afrika, ab 2022 werden 10 000 »hochrangige afrikanische Fachkräfte« für Workshops und Seminare nach China eingeladen.

In China studieren junge Menschen aus sehr vielen Ländern. Die meisten kommen aus Asien (295 043), gefolgt von Afrika (81 562). Platz 3 wird von Europa belegt (73 618). Danach folgen die USA (35 733) und Ozeanien mit 6229.

Sicherheit

Bislang war die chinesische Marine nicht auf den Weltmeeren präsent und konnte es auch nicht sein, da die Seestreitkräfte nur für den unmittelbaren Schutz der Küstengewässer ausgelegt waren. Erst nachdem – ausgerechnet von westlichen Staaten – China aufgefordert worden war, sich am Schutz der freien Schifffahrt und des Seehandels zu beteiligen, sollte sich dies ändern. Am 2. Juni 2008 hatte der UN-Sicherheitsrat mit seiner Resolution 1816 auf die Berichte der Internationalen Seeschifffahrts-Organisation (IMO) über »Seeräuberei und bewaffnete Raubüberfälle« insbesondere in den Gewässern vor der Küste Somalias reagiert. Er forderte »Staaten, deren Marinefahrzeuge und Militärluftfahrzeuge auf Hoher See und im Luftraum vor der Küste Somalias im Einsatz sind, nachdrücklich auf, Wachsamkeit in Bezug auf seeräuberische Handlungen und bewaffnete Raubüberfälle zu üben, und ermutigt in diesem Zusammenhang insbesondere die Staaten, die an der Nutzung der der gewerblichen Seeschifffahrt dienenden Schifffahrtswege vor der Küste Somalias interessiert sind, ihre Maßnahmen zur Abschreckung seeräuberischer Handlungen und bewaffneter Raubüberfälle auf See [...] zu verstärken und zu koordinieren.« Fortan begleitete die chinesische Volksmarine Schiffskonvois bei deren Fahrt durch den Golf von Aden. Bis heute hat die PLA Navy 39 – so die Bezeichnung für die spezielle chinesische Taskforce – für den Schutz von rund 7000 Schiffen gesorgt.

2015 errichtete China dafür auch seinen ersten und einzigen Flottenstützpunkt außerhalb des chinesischen Territoriums in Dschibuti, wo sich bereits ähnliche Einrichtungen der USA, Italiens und Frankreichs, Japans und Saudi-Arabiens befanden. Auch Deutschland ist dort präsent. Der chinesische Stützpunkt dient neben dem militärischen Schutz der Schifffahrtslinien auch als Basis für die chinesischen Peacekeeping-Missionen.

Chinas erster Einsatz bei einer UNO-Friedensmission erfolgte 1990 in Afrika. Seitdem hat China mehr als 30 000 Blauhelm-Soldaten in 17 Missionen nach Afrika entsandt. Gegenwärtig sind über 1800 chinesische Blauhelm-Soldaten in Mali, der Demokratischen Republik Kongo, im Südsudan und in der Westsahara stationiert. Bis zum heutigen Zeitpunkt fielen elf chinesische Blauhelm-Soldaten bei diesen Einsätzen.

2009 war ich im Hafen von Tianjin mit der Verschiffung eines chinesischen UN-Kontingents befasst.

Chinas Reputation in Afrika

In deutschen Medien wird gelegentlich der Eindruck vermittelt, dass afrikanische Staaten Chinas Engagement auf dem Kontinent missbilligen und es als Einmischung kritisieren. Wenn dies so wäre, wäre das Interesse und die Beteiligung an der Neuen Seidenstraße oder dem *Forum für China-Afrika-Kooperation* (FOCAC) und anderen Gremien nicht so groß.

Das *Afrobarometer,* ein unabhängiges Forschungsnetzwerk, erstellt in Abständen ein Stimmungsbild, wie China in Afrika wahrgenommen wird. 2021 wurden dazu über 48 000 Interviews mit Bürgern in 34 Ländern geführt und ausgewertet. Das Ergebnis zeigt, »that Africans hold positive views of Chinas assistance and influence on the continent«, auf Deutsch: Die Afrikaner haben ein positives Bild von China und dessen Einfluss. 63 Prozent der Befragten sagten, dass der wirtschaftliche und politische Einfluss in ihren Heimatländern entweder

»some what positive« oder »very positive« sei. Nur 14 Prozent beurteilten Chinas Einfluss als negativ.

Trotzdem: 33 Prozent der Befragten bevorzugten das gesellschaftliche Modell der USA »as the preferred development model«, während nur 22 Prozent – und das waren vor allem die Jüngeren – das chinesische präferierten.

Dafür gibt es verschiedene Gründe, nicht zuletzt die unveränderte Wirksamkeit westlicher Propaganda wie auch Unwissen sowie Unkenntnis der chinesischen Gesellschaft wie auch der asiatischen Kulturen allgemein. Nicht auszuschließen sind auch subjektiv schlechte Erfahrungen mit chinesischen Investoren und Unternehmern vor Ort, von denen einige sich wie Kolonialherrn des 19. Jahrhunderts benahmen. Auch das zeitigt Wirkung.

Die Neue Seidenstraße in Europa

Die Beteiligung der europäischen Länder an der *Belt and Road Initiative* erfolgte zögerlich und war und ist nicht frei von globalpolitischen Einflüssen, will heißen: der Haltung der USA zu China. Die Kooperation zwischen China und den Ländern der EU wuchs in den vergangenen 50 Jahren kontinuierlich und erreichte 2016 einen vorläufigen Höhepunkt. Danach fiel das Interesse stetig. Die wichtigste Ursache für rückläufige Investitionen – und dies ist natürlich Folge politischer Entscheidungen – besteht in der strengen Kontrolle und Abwehr von Beteiligungen chinesischer Unternehmen an europäischen Firmen. Aus vermeintlichem Sicherheitsinteresse werden chinesische Angebote, sich in Hightech-Unternehmen zu engagieren, geblockt.

Hintergrund ist natürlich die Furcht vor der erfolgreichen Wirtschaft der Volksrepublik China, die nicht nur als Konkurrent betrachtet, sondern aus ideologischen Gründen bekämpft wird. Es ist der gleiche Antikommunismus, mit dem in der Zeit nach dem Zweiten Weltkrieg die Sowjetunion und deren Einfluss »eingedämmt« (containment) werden sollte. Nunmehr wird »die Gefahr aus Asien« beschrien. Die KP Chinas sei vermeintlich angetreten, die europäische Einheit zu untergraben und das transatlantische Bündnis zu spalten, sie wolle sich die Welt untertan machen und die christlich-abendländische Kultur, also Freiheit und Demokratie der westlichen Welt und deren Werte zerstören.

Hingegen stieß die Offerte der Neuen Seidenstraße in Osteuropa, bei den Staaten des vormaligen sozialistischen Lagers, auf beachtliches Interesse. Dort waren die Vorbehalte nicht so groß wie bei den westeuropäischen Mitgliedsländern der EU. Auf Chinas Initiative wurde 2012 in Budapest eine Kooperation zwischen China und mittel- und osteuropäischen Ländern

(Cooperation between China and Central and Eastern European Countries, verkürzt China-CEEC oder 17+1*)* begründet. Bereits im Jahr zuvor hatte ein mehrtägiges, bilaterales Treffen zwischen dem ungarischen Premier und seinem chinesischen Amtskollegen stattgefunden, bei dem Ungarn wirtschaftliche Unterstützung durch den Kauf von Staatsanleihen und Investitionen zugesichert wurde. China hatte bewusst die strategische Partnerschaft mit diesen 17 mittel- und osteuropäischen Ländern (MOEL) gesucht und sie auch gewonnen. Insbesondere sollen dadurch Projekte der Neuen Seidenstraße gefördert werden, die dem Ausbau des Handels mit Europa dienen sollen. Seit 2012 existiert im chinesischen Außenministerium ein spezielles Sekretariat für die Kooperation mit der MOEL-Region.

Deutschland gehört zu den Wortführern der propagandistischen Abwehrfront in Europa, zugleich aber zu den größten wirtschaftlichen Partnern Chinas. 2018 betrug der deutsche Investitionsbestand in China etwa 86,2 Milliarden Euro, hingegen der von China im gleichen Jahr in der Bundesrepublik 3,2 Milliarden. Das war immerhin sechs Mal so viel wie 2004, aber dennoch beschämend gering für die stärkste Wirtschaftsmacht Europas.

Zum Vergleich: Ungarn 2,7 Milliarden, Griechenland 1,8 Milliarden und Rumänien 1,3 Milliarden Euro.

Bis 2020 schlossen 18 der 27 Mitgliedsstaaten der EU ein Abkommen im Rahmen der *Belt and Road Initiative* mit China. Rumänien war 2015 der erste Unterzeichner. Deutschland und Frankreich gehören zu den Staaten, die der BRI nicht offiziell beitraten, obgleich sich deutsche und französische Unternehmen als Unterauftragnehmer an BRI-Projekten in Drittländern beteiligen.

Die Motive für die Teilnahme an der Neuen Seidenstraße sind verschieden. An erster Stelle werden die Bahnverbindungen von China, auch von Japan und Südkorea, über die verschiedenen Routen nach Westeuropa genannt, die von Interesse sind. Dann folgt das Interesse an Häfen wie Piräus, Triest und Rotterdam, an denen sich China mit Investitionen beteiligt. Zum Dritten werden Finanz- und Baubeteiligungen an Infrastrukturprojekten auf dem Balkan positiv gesehen und zum Vierten schätzt man die direkten Beteiligungen, Übernahmen und sogenannte Greenfield-Investitionen – das sind Investitionen auf der »grünen Wiese« durch ausländische Unternehmen, die Tochterunternehmen von Grund auf neu begründen und entwickeln.

2014/15, in der Startphase der Neuen Seidenstraße, verkehrten wöchentlich etwa dreißig Züge zwischen China und Westeuropa. Im Jahr 2021 waren es mehr als dreißig – an einem Tag. Ein Drittel davon endete in Duisburg in Nordrhein-Westfalen. Logistikunternehmen entlang der *Belt and Road Initiative* haben Fahrpläne entwickelt, so dass der Schienenverkehr kontinuierlich und reibungslos beispielsweise von Chongqing nach Duisburg und von Wuwei nach Hamburg, von Hanoi nach Lüttich und von Yiwu nach Madrid rollt.

In Xi'an werden die meisten Züge abgefertigt, also zusammengestellt und auf den Weg gebracht. Von der Zwölf-Millionen-Stadt im Zentrum des Landes startet der China-Europa-Güterzugdienst. Auf siebzig Routen werden 45 Städte in Asien und Europa angesteuert.

Auf Grund der hohen Auslastung der Route über Polen nach Deutschland wurden in der zweiten Hälfte 2021 verstärkt die südlichen Routen durch die Ukraine, die Slowakei und Ungarn genutzt. Zu diesem Zweck war im Dezember 2021 ein spezielles russisch-ungarisch-österreichisches Gemeinschaftsunternehmen gegründet worden.

Mit einem Zug werden bei normaler Auslastung 80 Standardcontainer befördert, mit einem modernen Containerschiff um die 20 000. Das sind etwa 250 Züge, was der Menge einer Woche entspricht. Die Relation macht deutlich, dass Bahntransporte den Überseeverkehr mit China nicht ersetzen werden. Aber sie können ihn ergänzen, und, was ein wichtiges Faktum ist, sie stellen eine Alternative dar, wenn der Seetransport gestört oder gestoppt wird.

Duisburg als größter europäischer Binnenhafen ist Ende und Anfang der Bahnverbindung nach Asien. Die Investitionen von deutscher und chinesischer Seite in diesen Hafen waren zugleich auch ein Beitrag in die wirtschaftliche Umstrukturierung der Region; das Ende von Kohleförderung und Stahlproduktion im Ruhrgebiet konnte teilweise durch solche Maßnahmen kompensiert werden.

Die in Duisburg umgeschlagenen Container werden per Bahn oder auf der Straße über ganz Europa verteilt. Hier arbeitet ein für den ganzen Kontinent wichtiges Logistikzentrum, in welchem sich auch andere Logistikunternehmen, Handels- und Transportfirmen angesiedelt haben, darunter auch chinesische.

Auch für die Türkei gewinnt die Anbindung Chinas über die Eisenbahn mehr und mehr Bedeutung. Der mittlere Korridor aus China durch Kasachstan über Baku-Tiflis-Kar führt durch den Eisenbahntunnel unter dem Bosporus und schließt dort an das europäische Eisenbahnnetz an. Im November 2019 passierte der erste Containerzug aus Xi'an den Marmaray-Tunnel von Istanbul und eröffnete damit diese transkontinentale Schienenverbindung. Die Reisezeit betrug 14 Tage.

Im Dezember 2020 wurde der wöchentliche Verkehr über die 8700 Kilometer lange Strecke wieder aufgenommen, seitdem nahm der Güteraustausch kontinuierlich zu. Von Istanbul gehen Transporte weiter nach Bulgarien, Serbien, Ungarn bis nach Prag. Von der Bahnverbindung nach Istanbul profitieren nicht nur die Türkei und China, sondern – ganz im Geiste der Neuen Seidenstraße – auch die Transitländer. Dieser mittlere Korridor ist dabei, die gleiche wirtschaftliche Bedeutung zu bekommen wie der nördliche nach Deutschland. Dieser wird gewiss wegen der aktuellen Sanktionen gegen Russland an Bedeutung verlieren.

Der maritime Brückenkopf der Neuen Seidenstraße in Europa ist der griechische Hafen Piräus, an dem die chinesische Reederei COSCO beteiligt ist. Das Staatsunternehmen pachtete für 500 Millionen Dollar zwei der drei Containerterminals, der Vertrag gilt von 2009 bis 2044. Zusätzlich müssen jährlich 100 Millionen für die Nutzung an den Hafenbetreiber PPA entrichtet werden. COSCO steigerte die Produktivität der beiden Terminals erheblich und damit auch Ansehen und Bedeutung des Hafen. Chinesische Exporteure verlegten ihre Logistikeinrichtungen von anderen europäischen Häfen nach Piräus, so beispielsweise das auf Kommunikationsequipment spezialisierte Unternehmen ZTE sowie Hewlett Packard. Wurden 2011 insgesamt 1,6 Millionen Container umgeschlagen, waren es 2020 bereits 5,4 Millionen.

Mit den chinesischen Investitionen in Piräus entstanden etwa dreitausend neue Arbeitsplätze, das wachsende Steueraufkommen kam der Stadt zugute. Alle Aufträge für den Hafenausbau gingen an griechische Firmen, der Baukonzern Tekal erhielt jüngst einen Auftrag im Wert von 136 Millionen Euro.

Piräus blühte dank der Chinesen auf und nimmt hinter Rotterdam, Antwerpen und Hamburg Rang 4 unter den europäischen Häfen ein. Geplant ist die Erweiterung des Terminals für Kreuzfahrtschiffe. Irgendwann werden dort die schwimmenden Hotels der neuen Generation festmachen; man rechnet mit einer halben Million Touristen aus China, die Griechenland von Piräus aus entdecken werden. Im Januar 2018 übernahm Huawei – nach einer Ausschreibung – Planung, Erneuerung und Modernisierung der digitalen Infrastruktur der Hafengesellschaft, eingeschlossen darin das Rechenzentrum und das Sicherheitssystem. Über Piräus hinaus begann die griechische Wirtschaft neue chinesische Investmentgruppen anzuziehen, die auf die Finanzierung von Dienstleistungen, Versicherungen, Banken und Tourismus zielen.

Alles in allem kann Piräus auch als ein erfolgreiches Pilotprojekt gesehen werden, als Beispiel für andere Häfen im Mittelmeerraum und generell als Hinweis für Skeptiker und Kritiker der Neuen Seidenstraße, wie dieses interkontinentale Infrastrukturprojekt Wachstumsimpulse auslöst.

Italien erwartet nach dem Beitritt zur BRI ebenfalls mehr als nur eine Belebung des Warenaustauschs. Da ist ohnehin noch sehr viel Luft nach oben, wie man sagt. Deutschland exportiert derzeit sieben Mal so viel nach China wie Italien, selbst die Schweiz schickt doppelt so viel Waren nach China wie die drittstärkste Volkswirtschaft der EU.

Allerdings erfuhr Italien wegen seines 2019 unterzeichneten Memorandum of Understanding mit China große Kritik aus der EU. Letztlich wurde aufgrund dieser ideologisch motivierten Reaktionen die Realisierung des geplanten Ausbaus des Ölterminals in Triest wegen der chinesischen Beteiligung gestoppt. Chinas Part übernahm die Hamburger Hafen und Logistik AG, somit ist nun Deutschland mit einer Mehrheitsbeteiligung von 50,01 Prozent im Hafen von Triest dabei.

Allerdings wurde ein Containerterminal gemeinsam mit COSCO und einer Tochter der dänischen Reederei Maersk gebaut. Am Vorhaben in der kleinen Stadt Vado Ligure, fünfzig Kilometer abseits von Genua gelegen, sind neben COSCO auch der chinesische Hafen Qingdao beteiligt, der chinesische Anteil liegt bei 49,9 Prozent. Von dort aus gehen Containerexporte nach Norditalien, Frankreich, in die Schweiz und nach Süddeutschland. Auch in Vado Ligure beobachten wir einen Piräus-Effekt: Die Region blüht auf. Es gibt neue Arbeitsplätze, eine Belebung der Wirtschaft und höhere Steuereinnahmen für die Kommune.

Italiens Erwartungen in Bezug auf die handelspolitischen Effekte aufgrund seines Beitritts zur Neuen Seidenstraße wurden nicht enttäuscht. Allein in den ersten acht Monaten des Jahres 2021 stiegen die Warenexporte auf 20,6 Milliarden Dollar, das war eine Steigerung um 60 Prozent. Im gesamten Vorjahr hatte man Waren und Dienstleistungen für 14,5 Milliarden Dollar nach China verkauft, 2018 waren es 15,5 Milliarden gewesen. Etwa ein Drittel dieser Exporte machten Maschinen aus, gefolgt von Pharmazeutika. Was gewiss auch mit der Pandemie zusammenhing, die allerdings auch dafür sorgte, dass etliche Projekte wegen der Schutzmaßnahmen auf Eis gelegt werden mussten.

Portugal ist der einzige am Atlantik gelegene EU-Staat, der sich der Neuen Seidenstraße angeschlossen hat. Es bestanden bereits bilaterale Beziehungen zu China, was mit der einstigen portugiesischen Kolonie Macao zusammenhing. Seit 2010 investierte China in Portugal und half damit dem hochverschuldeten Land, die Folgen der westlichen Finanzkrise

2008/09 zu überstehen. Kein anderes Land in der Euro-Zone erfuhr eine derart starke Unterstützung durch China. Der »Rettungsschirm« der EU, der mit der Forderung nach einem harten Sparkurs gespannt worden war, verschärfte noch die Krise, unter der insbesondere Portugal, Griechenland und Spanien litten. Auch Portugal geriet in eine Verschuldungsspirale, weil es seine Banken mit Milliardenhilfen stützen musste. Allerdings kam es auch am schnellsten aus der Krise heraus, weil das Land seinen eigenen Weg ging und dem Druck aus Washington und Brüssel nicht nachgab, etwa chinesischen Investoren wie Huawei die kalte Schulter zu zeigen. Portugal wurde zu einem der größten Empfänger chinesischer Investitionen in Europa.

In den ersten acht Monaten des Jahres 2021 stiegen die Warenexporte nach China im Vergleich zum Vorjahreszeitraum um über 48 Prozent. Diese 2,8 Milliarden Dollar lagen weit über den Ausfuhren von 2019 (674 Millionen Dollar) und 2018 (845 Millionen).

Das Kapital folgt dem Handel! Entsprechend investieren COSCO und andere staatliche Transport-, Logistik- und Bauunternehmen aus China in die wichtigen Verkehrsknotenpunkte Europas, insbesondere in die Häfen. Diese Anstrengungen zielen auf die Sicherung chinesischer Handelsströme, um eventuelle Blockaden oder Sanktionen zu umgehen. COSCO und ihre Schwesterfirmen besitzen eigene Terminals oder Anteile an Hafengesellschaften in 14 europäischen Ports – von Rotterdam und Antwerpen über Le Havre, Bilbao, Valencia, Marseille bis nach Malta.

Ungarn, wie schon erwähnt, unterzeichnete als erstes EU-Land einen Kooperationsvertrag mit der VR China im Zusammenhang mit der Neuen Seidenstraße. Die bilateralen Beziehungen wurden 2019 in den Rang einer strategischen Partnerschaft gehoben.

Ende 2014 schlossen die Regierungschefs von China, Serbien und Ungarn einen Vertrag zum Ausbau der Bahnstrecke Budapest-Belgrad, um eine durchgehende, 360 Kilometer lange Bahnverbindung zwischen der ungarischen und der serbischen Hauptstadt (und weiter zum griechischen Piräus) herzustellen. Der erste Abschnitt in Serbien soll bis 2024 und der ungarische Teil bis 2025 realisiert werden. Das Vorhaben – Gesamtkosten etwa zwei Milliarden Dollar – wird zu 85 Prozent durch die chinesische Exim Bank kreditiert.

Es besteht die Absicht – und die Eisenbahnverbindung ist Teil dieser Planung –, Ungarn zu einem zentralen Transitknoten für Transporte von China nach Europa zu entwickeln. Dazu wird auch die Kleinstadt Zahony an der ukrainisch-ungarischen Grenze ausgebaut – dort wird von der russischen Breitspur auf die Normalspur bzw. umkehrt »umgespurt«. Die Anlage soll 2022 fertiggestellt werden. Die Kapazität ist auf ungefähr eine Million Container ausgelegt, was dem gegenwärtigen Gesamtvolumen der Bahntransporte von China nach Europa entspricht. Ein Teil der durch Belarus und Polen nach Mitteleuropa rollenden Containerzüge wird dann über diese Route geleitet werden, was die Transportkapazität per Bahn nach Europa theoretisch verdoppeln könnte.

Ein anderer Punkt der Planungen für den ungarischen Logistikknoten ist die Erweiterung des Frachtterminals des Budapester Airports. Er soll der zentrale Frachtflughafen für chinesische Fluglinien in Europa werden.

Rumänien, die größte Volkswirtschaft auf dem Balkan und offizielles BRI-Mitglied, erzeugt ein Bruttoinlandsprodukt von 250 Milliarden Dollar. Der bilaterale Handel mit China erreichte 2021 einen neuen Rekord, er verzeichnete ein Wachstum zum Vorjahr um 61 Prozent und erreichte 2,4 Milliarden. (2019: 850 Millionen, 2018: 884 Millionen).

Der Großteil der Exporte entfiel auf mechanische und elektrische Maschinen und ist dadurch erklärbar, dass Unternehmen aus Deutschland, Frankreich und der Schweiz Niederlassungen ins Billiglohnland Rumänien ausgelagert hatten und ihre Ausfuhren nach China von dort abwickelten. Im Gegenzug investieren auch chinesische Firmen wie Haier – das Unternehmen produziert seit 2021 Kühlschränke im Industriepark Allianso bei Aricestii Rahtivani, 70 Kilometer vor Bukarest.

In Rumänien in chinesischen Unternehmen hergestellte Erzeugnisse tragen das Etikett »Made in Europe« und sind auf dem EU-Markt leichter zu verkaufen. So werden nach dem Aufbau eines Werkes für 20 Millionen Dollar in Deva in Siebenbürgen konventionelle und E-Fahrräder für den europäischen Markt produziert. In der Hafenstadt Constanta am Schwarzen Meer betreibt das chinesische Handelsunternehmen COFCO ein Getreideterminal mit einer Kapazität von mehr als drei Millionen Tonnen. Und in der Nähe der Hauptstadt wurde ein Handelszentrum für chinesische Konsumgüter errichtet.

Während Rumäniens Handel mit China Fahrt aufnahm, stagnierten die Investitionen Chinas. Das wird auf die wachsenden Spannungen zwischen Bukarest und Peking zurückgeführt. Rumänien ist seit 2004 NATO-Mitglied und spielt in den geostrategischen Überlegungen der USA eine zunehmend wichtigere Rolle. Rumänien ist Nachbar der Ukraine und Anrainer des Schwarzen Meeres, das auch an die Gestade Russlands schwappt. Bukarest passt sich gern transatlantischen Strategien an und reagiert auch auf Hinweise aus Brüssel, wenn diese denn dem eigenen Vorteil dienen. So blockte es denn große Infrastrukturprojekte im Bereich Energieerzeugung und Telekommunikation. 2021 wurde der geplante Bau eines Kernkraftwerkes mit zwei chinesischen Reaktoren – Auftragnehmer war die *China General Nuclear Power Corporation* – aufgegeben. Allerdings nicht, weil Bukarest plötzlich Atomstrom ablehnte, sondern weil das Vorhaben dem Aufbau enger Verteidigungs- und Sicherheitsbeziehungen zu den USA nicht dienlich war. Aus gleichem Grund boykottierte man den Ausbau des 5G-Netzes durch Huawei, obgleich das Unternehmen seit Jahren in Rumänien präsent war.

Hingegen nahm Serbien gern Kredite aus China, zwischen 2007 und 2017 insgesamt drei Milliarden Dollar. In der Folgezeit verabredete man Infrastrukturprojekte mit einem Volumen von sechs Milliarden. Zu den größten Projekten gehört der schon erwähnte Bau der Eisenbahnlinie von Belgrad nach Budapest sowie eine Brücke über die Donau und eine Autobahn zur Küstenstadt Bar in Montenegro.

Hebei Iron and Steel (HBIS) erwarb für 46 Millionen Dollar das Stahlwerk in Smederevo bei Belgrad, modernisierte es, sicherte damit 5000 Arbeitsplätze und einen wichtigen Industriestandort der serbischen Wirtschaft.

Der Handel der meisten Balkanstaaten mit China erfuhr im Kontext mit der Neuen Seidenstraße eine bemerkenswerte Entwicklung. Griechenland, Slowenien und Bulgarien erlebten 2021 Wachstumsraten von mehr als 40 Prozent, Kroatien sogar von 211 Prozent. Serbien und Bosnien verzeichneten einen Anstieg der Warenexporte um 99 bzw. 97 Prozent, während Nordmazedoniens Handel mit China um 150 Prozent anstieg. Lediglich Montenegro erfuhr 2021 einen Exportrückgang um 74 Prozent.

Der Großteil des Exports (und folglich auch seines Wachstums) besteht aus Rohstoffen wie nichtmetallischen Mineralien, Holz und Marmor sowie Stahl. Positiv ist auch die Zunahme von Produkten wie Automobilteilen und Transportausrüstungen. Die Ausweitung der Erzeugnispalette verrät, dass der Balkan durch die *Belt and Road Initiative* Teil der internationalen Lieferketten Chinas geworden ist.

Ein Teil dieses Exportwachstums kann der von China finanzierten modernen Infrastruktur auf dem Balkan zugeschrieben werden. Sie sind nicht nur Alternativ-Angebote zu den Investitionen aus der EU, der Türkei oder aus den Golfstaaten, sondern gehören zum Konzept der Herstellung langfristiger Wirtschaftsbeziehungen und -partnerschaften. Es ist eine klassische Win-Win-Situation. Auf den Balkan erfährt man die Vorzüge der Beteiligung an der Neuen Seidenstraße, und China profitiert ebenfalls von diesen Beziehungen.

Nach Polen flossen zwischen 2000 und 2018 etwa 1,4 Milliarden Euro in Form von ausländischen Direktinvestitionen. Damit ist Polen nächst Ungarn das Land in Mittel- und Osteuropa mit den meisten Investitionen. Für den Schienenverkehr auf der Neuen Seidenstraße spielt der Transit durch Polen eine zentrale Rolle – 80 Prozent der Züge von China in die EU passieren das Land. Folglich fanden die meisten Investitionen im Logistik-Sektor statt: Ausbau der Gleise, der Terminals für den Umschlag von der russischen Breitspur auf die europäische Spurweite, Digitalisierung der kommerziellen Prozesse, Entwicklung von Logistik-Hubs. Nahe der Grenze zu Belarus und östlich von Warschau entstanden chinesische Handelszentren zur Verteilung der Konsumgüter-Importe aus China.

Ein weiteres Gebiet chinesischer Investitionen ist der umstrittene Kohlebergbau. Weil sukzessive der Kohleabbau in Europa reduziert wird, sind die europäischen Banken nicht bereit, diesen Bereich der Wirtschaft weiter zu unterstützen. Allerdings wird sich auch China aus diesem Geschäft zurückziehen, nachdem Staats- und Parteichef Xi Jinping 2021 erklärt hat, keine weiteren Kohlekraftwerke im Ausland zu errichten bzw. zu finanzieren.

Auch in Belarus unterstützt China den Ausbau der Transitstrecken. In unmittelbarer Nähe zum internationalen Flughafen von Minsk wurde eine Sonderwirtschaftszone eingerichtet. Dieser *China-Belarus Industrial Park* »Great Stone« soll nach chinesischem Muster zu einem Zentrum für die Hightech-Branche, einem Knotenpunkt für Logistik und zu einer »Öko-Stadt« ausgebaut werden.

Belarus hat eine sehr unausgeglichene Handelsbilanz mit China. Mit Hilfe der Neuen Seidenstraße will Minsk den Export nach China bis 2025 verzehnfachen, um das Defizit auszugleichen. Das ist gut möglich, weil die Spannungen zwischen der EU und Belarus in der letzten Zeit gewachsen sind und darum begehrte Exportgüter wie Fleisch, Trockenmilch und Holz nunmehr nach China geliefert werden können.

Mit der Neuen Seidenstraße versucht auch die Ukraine, von ihrer verkehrsstrategischen Lage zu profitieren. Kiew ist in Kokurrenz zu Belarus bemüht, sein Schienennetz für den Transit anzubieten. Dazu werden zwei Logistik-Center an der Grenze zur EU ausgebaut. Investitionen der EU in der Ukraine sind allerdings an Bedingungen geknüpft, welche die Ukraine im Dialog mit China bislang zu umgehen versucht. Das wird sich nun wohl im Kontext mit dem Krieg ändern. Es ist zu vermuten, dass alle Restriktionen der EU gegenüber der Ukraine und umgekehrt sich erledigen werden.

China investiert in der Ukraine in die Solar- und Windenergie. Je zwei Milliarden Dollar sollen in den Bau einer neuen U-Bahnlinie in Kiew und in eine Ringstraße um die Hauptstadt fließen. Hinzu kommen noch bis zu 200 Millionen Dollar für den Ausbau der Straße Odessa-Mykolajiw-Cherson. Die Errichtung einer neuen Dnjepr-Brücke bei Krementschuk soll knapp 340 Millionen Dollar kosten.

Angesichts der breit über den ganz Kontinent gestreuten Investitionen ist die Behauptung, China wolle mit seiner im Kontext der Neuen Seidenstraße praktizierten Investitionspolitik Europa spalten, reichlich absurd. Diese These wird vornehmlich in den deutschen und französischen Medien kolportiert, was besonders widersinnig ist: Die Bundesrepublik und Frankreich sind die größten Nutznießer der chinesischen Investitionen. In keinem anderen europäischen Land wird mehr investiert als in Deutschland oder in Frankreich.

Lateinamerika

Bereits vor der *Belt and Road Initiative* bestanden Beziehungen zwischen China und den Ländern Lateinamerikas. China sah sich als ein Land des globalen Südens, zu dem sich alle einst kolonial unterdrückten und ausgebeuteten Staaten bekannten. »Globaler Süden« war Afrika, Lateinamerika und viele Staaten Asiens.

Staaten, die die USA als ihren Hinterhof betrachten, wollen sich aus dieser Abhängigkeit lösen. Politische Unabhängigkeit ist ohne wirtschaftliche Selbstständigkeit kaum möglich. Die ökonomische Basis der meisten Staaten in Lateinamerika ist schwach, oft sind die Bodenschätze das einzige Kapital, über das sie verfügen.

Nach Staatsbesuchen schlossen große chinesische Unternehmen langfristige Kreditverträge über Investitionen im Rohstoffsektor, die mit Rohstofflieferungen bezahlt wurden. Auch hier galt der »Peking Konsensus«: Zusammenarbeit ohne verpflichtende Zwänge, keine Einmischung in innere Angelegenheiten und keine politischen Bedingungen für die Kooperation.

Mit dieser Einstellung ist China in Lateinamerika sehr willkommen. Im Gegensatz zur Weltbank oder dem IWF geben chinesische Banken ohne große Auflagen viel Geld für die Infrastrukturprojekte, die die Region dringend braucht. China exportiert keinen Neoliberalismus, der die Ungleichheit zwischen Norden und Süden vertieft, innere soziale Konflikte befeuert und Kriege provoziert.

Schon vor 2013 schloss China mit Chile, Peru, Costa Rica und Kolumbien Freihandelsverträge ab, mit Brasilien, Venezuela, Mexiko und Argentinien wurden strategische Partnerschaften vereinbart. Das waren langfristige Verträge, die nicht auf kurzfristige Gewinne orientierten, sondern auf strategische Interessen ausgerichtet waren. Aufgrund nicht nur der steigenden Rohstoffpreise konnten die Armut und die Zahl der Armen in diesen Ländern reduziert werden. Zwischen 2002 und 2014 sank sie in Lateinamerika von 44 auf 28 Prozent.

Mit seiner Politik, in die auch die kulturelle und wissenschaftlich-technische Zusammenarbeit eingebunden wurde, unterstützte China vor allem Mitte-Links-Regierungen in diesem Teil der Erde. In China studierten junge Menschen aus diesen Ländern, in Chinas Städten eröffneten brasilianische und argentinische Restaurants. Die argentinischen Steaks erfreuten sich bei den jungen Chinesen wachsender Beliebtheit wie etwa die Salsa-Tanzclubs ... Nach Angaben der Interamerikanischen Entwicklungsbank stieg das Handelsvolumen zwischen lateinamerikanischen Staaten und der Volksrepublik innerhalb von 15 Jahren von weniger als 10 Milliarden Dollar auf 200 Milliarden Dollar im Jahr 2014.

Das vielseitige chinesische Engagement in ihrem vermeintlichen Hinterhof missfällt den USA, die unverändert an der seit 1823 geltenden Monroe-Doktrin festhalten. Der seinerzeitige US-Präsident James Monroe hatte in einer Rede vorm Kongress die Grundzüge einer langfristigen Außenpolitik entworfen. Mit der Parole »Amerika den Amerikanern« sollte jeglicher Einfluss einstiger europäischer Kolonialmächte auf die nunmehr unabhängigen Staaten Lateinamerikas abgewehrt werden. Aus dieser Haltung leiteten die USA aufgrund ihrer Stärke im Laufe der Jahrzehnte eine Führungsrolle gegenüber den Nachbarn auf dem Kontinent ab, die sie vormundschaftlich ausüben und notfalls auch mit militärischen, geheimdienstlichen und ökonomischen Mitteln diktatorisch durchsetzen.

Unbeeindruckt davon forcierte die 2010 in Mexico City gegründete *Gemeinschaft der Lateinamerikanischen und Karibischen Staaten* (Comunidad de Estados Latinoamericanos y Caribeños, CELAC) die Zusammenarbeit mit der Volksrepublik China. Erste gemeinschaftliche Treffen fanden 2014/15 statt.

Der chinesische Präsident postulierte den »Kooperationsplan 1+3+6«. Dabei steht die 1 für China, die 3 für die drei Motoren Handel, Investitionen und Finanzhilfe und die 6 für die sechs Bereiche der Zusammenarbeit: Energie, Rohstoffe,

Infrastruktur, Landwirtschaft, Industrie, wissenschaftlich-technische Innovationen und Informationsaustausch. Weitere Treffen in den Folgejahren trugen zur Intensivierung der gegenseitigen Kooperation bei. China entwickelte sich in Lateinamerika zum stärksten Wirtschaftspartner nach den USA. Die Struktur des Handels veränderte sich, inzwischen werden nicht nur Rohstoffe aus der Region importiert, sondern mehr und mehr landwirtschaftliche und Industrieprodukte.

Nach chinesischen Angaben sind in Lateinamerika und den karibischen Ländern über zweitausend chinesische Unternehmen mit Millionen von Arbeitsplätzen tätig.

Während eines Aufenthaltes in Nassau, der Hauptstadt der Bahamas, traf ich mit einer Gruppe von chinesischen Experten zusammen, die an Infrastrukturprojekten im Inselstaat arbeiteten. Die einstige britische Kolonie, nordöstlich von Kuba gelegen, ist erst seit 1973 unabhängig, untersteht aber noch immer der britischen Krone. Auf den über 700 Inseln, von denen aber nur dreißig bewohnt sind, leben keine 400 000 Menschen. Das Land verfügt über keine nennenswerten Bodenschätze, hat eine unterentwickelte Landwirtschaft und lebt im wesentlichen vom Tourismus (50 Prozent des Bruttoinlandsprodukts) und der Finanzwirtschaft (400 Finanzunternehmen sind dort registriert) – die Bahamas stehen auf der Schwarzen Liste der Steueroasen, weshalb sie im Fokus der weltweit tätigen Steuerfahnder stehen.

Die an der *Belt and Road Initiative* beteiligten Staaten bewerten Chinas Agieren in der Region positiv, was auch daran ablesbar ist, dass Pekings »Ein-China-Politik« Zustimmung erfährt. Nicaragua hatte im Dezember 2021 als eines der letzten Länder die diplomatischen Beziehungen zu Taiwan beendet. In den Jahren 2017 und 2018 hatten die lateinamerikanischen Staaten Panama, Dominikanische Republik und El Salvador zugunsten Chinas mit Taiwan gebrochen. Weltweit gibt es nur noch 13 Länder und den Vatikan, die Taiwan formal diplomatisch anerkennen.

Zwischen China und Kuba bestehen freundschaftliche Verbindungen seit dem Sturz des Batista-Regimes Ende der fünfziger Jahre. Nach dem Ende der Sowjetunion und dem Untergang der sozialistischen Staaten in Europa verlor Kuba seine ökonomischen und politischen Partner. Hinzu kam die Embargo- und Blockade-Politik der USA, die die wirtschaftliche Lage des Landes – groß wie die DDR und von elf Millionen Menschen bewohnt – dramatisch verschlechterte.

Unmittelbar nach meiner Arbeitsaufnahme in Peking zu Beginn der neunziger Jahre traf ich dort eine Mitarbeiterin der kubanischen Überseereederei *Cuflet,* mit der ich als Vertreter der DDR-Speditionsfirma Deutrans Jahre zuvor in Havanna verhandelt hatte. Sie berichtete mir, dass man dabei sei, die Wirtschaftsbeziehungen mit China zu intensivieren. Man plane die Eröffnung eines Übersee-Liniendienstes Kuba-China.

Heute ist China – neben Venezuela – der größte Handelspartner Kubas. In Havanna ist das beispielsweise an den Autotypen erkennbar –, neben den amerikanischen Oldtimern und den alten sowjetischen Ladas fahren immer mehr neue chinesische Autos und Busse. Aber China liefert nicht nur PKW und Busse, sondern auch Traktoren, Maschinen und Ausrüstungen für die Industrie. Im Gegenzug gehen Zucker, Rum und medizinische Erzeugnisse über den Pazifik. Im Rahmen der Neuen Seidenstraße investiert China in die kubanische Infrastruktur und in eine Fabrik zur Produktion von Laptops und Computern.

Die Distanz zwischen Peking und Havanna beträgt fast 13 000 Kilometer, der Flug dauert nicht nur wegen der Datumsgrenze einen ganzen Tag, die reine Flugzeit beträgt nahezu 16 Stunden. Darum ist das touristische Interesse in China an der Karibik nicht so groß wie an nahegelegenen Regionen. Trotzdem wollen sehr viele Chinesen Kuba besuchen. Auch, um ein Zeichen der Solidarität gegen die westliche Embargopolitik zu setzen.

Mit ähnlichen Überlegungen engagiert sich Kuba in Venezuela. Das über 900 000 Quadratkilometer große Land mit 32 Millionen Menschen verfügt über die größten nachgewiesenen Erdölreserven der Welt. Seit 1999 versteht sich das Land als sozialistisch, was – ähnlich wie bei Kuba – den Unmut der vereinten westlichen Welt hervorrief. Insbesondere die USA unternahm wiederholt Versuche eines Regimewechsels, die bislang alle scheiterten. Da Venezuela vom Öl lebt (2014 stammten 96 Prozent der Staatseinnahmen aus dem Ölgeschäft), besteht eine extrem große Abhängigkeit vom Ölpreis auf dem Weltmarkt. Da die Regierung unter Hugo Chavez die Einnahmen vorrangig in Sozialleistungen steckte und kaum in die Erneuerung der Petroindustrie, ging – auch durch den Boykott der USA und ihrer Verbündeten – die Ölförderung stetig zurück, was wiederum zur – in Washington politisch gewünschten – Verschlechterung der wirtschaftlichen und sozialen Lage im Lande und zu einer beachtlichen Fluchtbewegung führte. 2020 produzierte Venezuela ungefähr so viel Öl wie in den dreißiger Jahren.

China stellte Kredite in Höhe von 20 Milliarden Dollar für Investitionen zur Erneuerung von Ölindustrie und Infrastruktur zur Verfügung. Die Kredite wurden mit Öl getilgt. Auch sonst beteiligt sich China an der Wiederinstandsetzung, der Umrüstung und dem Betrieb von Öl-Förderanlagen und der Erschließung neuer Öl-Felder. Weitere Beteiligungen und Investitionen flossen und fließen in Industriebetriebe für den Fahrzeugbau und die Telekommunikation. Allerdings gehört zur Wahrheit auch, dass die Zusammenarbeit in den letzten Jahren unter Korruption und Misswirtschaft litt. Wichtigster Handelspartner Venezuelas sind die Vereinigten Staaten, China und Brasilien, dahinter folgen Kolumbien, Argentinien, Mexiko und Deutschland.

Auch Panama schloss sich 2017 der *Belt and Road Initiative* an und vereinbarte den Bau von Containerumschlagsplätzen am Panamakanal. Der Kanal stellt für China im Handel mit dem gesamten amerikanischen Kontinent ein wichtiges Logistik-Scharnier dar. Mehr als 20 Prozent der chinesischen Exporte in die USA passieren die künstliche Wasserstraße zwischen Nord- und Südamerika bzw. zwischen Pazifik und Atlantik. China beteiligt sich an der parallel zum Kanal verlaufenden Bahnstrecke und an einer Freihandelszone mit Krediten, die mit den Gebühren für die Schiffspassagen verrechnet werden sollten. Dadurch hätten beide Seiten von diesen Geschäften profitiert, es war eine klassische Win-Win-Situation.

Die USA fühlten sich allerdings durch die chinesisch-panamaischen Verträge provoziert und übten diplomatischen Druck auf Panama aus, dass es die Projekte mit China widerrief und den geplanten Eisenbahnbau absagte.

Auch der geplante und vertraglich bereits fixierte Bau eines Kanals durch Nicaragua, der die beiden Ozeane verbinden sollte, wurde auf Druck der USA bisher verhindert. Begründet wurde die Absage mit Umweltschutz-Zwängen.

Die Präsidenten von zwölf lateinamerikanischen Staaten initiierten 2000 das Projekt einer 5000 Kilometer langen Eisenbahnverbindung vom Atlantik zum Pazifik quer durch Brasilien und Bolivien bis nach Peru, um – alternativ zum Panamakanal – die internationale Wettbewerbsfähigkeit der südamerikanischen Länder zu fördern. Insbesondere für das Binnenland Bolivien würde die Bahnstrecke einen wirtschaftlichen Schub mit Investitionen und Projekten auslösen. Das entspricht der Philosophie der Neuen Seidenstraße, durch verbindende Infrastruktur die Wirtschaft zu entwickeln, die Armut zu überwinden und den Wohlstand zu erhöhen. Obwohl der Bau der Bahn durch einen Vertrag zwischen Brasilien und China 2015 praktisch beschlossen wurde – unter Beteiligung deutscher und Schweizer Unternehmen –, wurde der Baubeginn auf Druck der USA immer wieder verzögert. Im Juli 2021 bekräftigten die neu gewählten Präsidenten von Bolivien und Peru die Entschlossenheit ihrer Länder, trotz der Widerstände von außen am Bauvorhaben festzuhalten.

Eines der global interessantesten BRI-Projekte in Brasilien ist die Errichtung des Wasserkraftwerkes Belo Monte in Altamira und ein Netz zur Übertragung von Hochspannungs-Gleichstrom *(High Voltage Direct Current, HVDC)*. Das Netz dient der Übertragung von elektrischer Energie über Entfernungen bis zu einigen tausend Kilometern. In der Vergangenheit wurden für die überregionale Energieübertragung Hochspannungsleitungen auf der Basis von Drehstrom benutzt. Der Vorteil dieser HVDC-Technik liegt in der einfachen Transformierbarkeit der Energie. Obwohl die Mitte-Links-Regierung, die das Vorhaben mit China vereinbart hatte, 2016 durch eine rechtskonservative, USA-hörige Regierung abgelöst wurde, hielt sie an diesem Vorhaben fest. Allein das Stromnetz umfasst ein Investitionsvolumen von 25 Milliarden Dollar, wovon der größte Teil vom brasilianischen Staat finanziert wird. China hat aber durch diese Beteiligung die Option, sich an weiteren Energie-Projekten zu beteiligen.

Das Wasserkraftwerk im Norden des Amazonas-Gebietes ist einer der größten Energieerzeuger der Welt, es produziert mehr als 11 000 Megawatt und versorgt etwa sechzig Millionen Menschen mit Energie. Die 2534 km lange Leitung vom Kraftwerk nach Sao Paulo soll Teil eines globalen Gleichstromnetzes werden. Das chinesische Unternehmen State Grid erarbeitete 2015 ein »Globales Energy Internet«, ein weltweites Energienetz auf der Basis der HVDC-Technik, das bis 2050 realisiert werden soll. Die Dimension dieses Projektes wird die Welt der Energieversorgung verändern.

Bei den Verhandlungen der BRICS-Staaten Brasilien, Russland, Indien, China und Südafrika 2019 wurden auf Antrag von Brasilien keine politischen Themen oder Fragen der Entwicklung Lateinamerikas besprochen. Das erfolgte offensichtlich auf Druck der USA. Dennoch ist davon auszugehen, dass die BRICS-Länder ihren Kurs fortsetzen, durch Innovationen und Verbesserung der Infrastruktur die Wirtschaft zur Wohlfahrt der Völker zu entwickeln. Trotz des Widerstandes der USA und des unter Joe Biden modifizierten »America First« wird sich dieser Trend auch im Hinterhof der USA nicht aufhalten lassen.

Pazifik

Im pazifischen Raum wurden bisher elf Abkommen im Rahmen der *Belt and Road Initiative* geschlossen. Während Neuseeland 2017 ein BRI-Abkommen mit China vereinbarte, sprach sich das Nachbarland Australien gegen eine Teilnahme aus. Der Australische Bundesstaat Victoria unterzeichnete jedoch zum Missfallen der australischen Regierung im Jahr 2018 ein eigenes *Memory of Understanding* mit China.

Digitale Neue Seidenstraße

Im aktuellen Fünfjahrplan 2021 bis 2025 hat die chinesische Hightech-Entwicklung ihren Platz. Die Ausgaben für Forschung und Entwicklung werden jährlich um mehr als sieben Prozent steigen, allein die Ausgaben für die Grundlagenforschung um 10,6 Prozent. Die Zahl der Patente soll sich bis 2025 verdoppeln, der Anteil der digitalen Wirtschaft von 7,8 auf 10 Prozent wachsen. 2020 hatte China weltweit die meisten Entwicklungen und Entdeckungen zum Patent angemeldet: 58 990. Die USA brachten es auf 44 300.

Die Wirtschaftspolitik der »Dualen Zirkulation« gibt die Richtung vor: eine starke Ausrichtung auf den Binnenmarkt. Das erfordert die Ausweitung des E-Commerce, des Kaufs und Verkaufs von Produkten übers Internet, um die ländlichen Regionen zu erreichen. Mit der Steigerung der eigenen technologischen Kompetenz soll die Abhängigkeit von ausländischen Wirtschaftsfaktoren reduziert werden.

2021 nahm die chinesische Regierung wichtige Regelungen vor, um den digitalen Markt neu zu ordnen, was direkte Auswirkungen auf die digitale *Belt and Road Initiative* hat.

Mit dem Verbot der Börsennotierung der Alibaba-Tochterfirma Antfin setzte die Regierung eine lange geplante Maßnahme, die Antimonopol-Gesetzgebung, um. Wie in der westlichen Welt, in der Internet-Giganten der USA globale Wertschöpfungsketten beherrschen, setzte diese Tendenz auch in China ein. Die Internet-Unternehmen Alibaba und Tencent begannen den digitalen Markt in China zu kontrollieren und damit den Wettbewerb und die Innovationen zu beeinflussen.

Neben dem Kartellrecht wurden neue Bestimmungen für die Cybersicherheit erlassen, für den nationalen und internationalen Datenschutz und den Umgang mit den Big Data, jener Riesenmenge an strukturierten und unstrukturierten

Daten, die Unternehmen Tag für Tag einsammeln. Mit diesen Entscheidungen der Pekinger Regierung sollte auch den Ländern, die in der *Belt and Road Initiative* zusammenwirken, eine größere Sicherheit bei der digitalen Zusammenarbeit und beim Aufbau der Kommunikations- und Sicherheitsnetzwerke garantiert werden. Das ist wichtig, weil die mit dem Klimawandel verbundene Hinwendung zu erneuerbaren Energien, zu neuen Technologien der Energiegewinnung und -übertragung eine stärkere Einbindung in die digitalen Prozesse erfordert.

China hat beste Voraussetzungen, die digitale Herausforderung erfolgreich zu meistern. 2017 war China der größte Produzent und Exporteur von elektronischen und Telekomequipment. Vom weltweiten Aufkommen entfielen 32 Prozent auf China. Diesen Spitzenplatz wird das Land nicht zuletzt dadurch behaupten, dass es über die ertragreichsten Quellen der Seltenen Erden, die für Schlüsseltechnologien benötigt werden, und über Abkommen für die Förderung des besonders für die Batterieproduktion unverzichtbaren Kobalts verfügt.

China hat die Ultrahochspannungstechnik (High Voltage Direct Current, HVDC) entwickelt und verfügt inzwischen über die meisten Erfahrungen beim Aufbau smarter Stromnetze, die zwischen den zentralasiatischen Ländern einschließlich Russland und China installiert wurden und werden. Smarte Stromnetze sind eine der wichtigsten Voraussetzungen globaler Digitalisierung, sie basieren auf »grünen Energien« und ermöglichen es, unterschiedlichen Bedarf mit unterschiedlichen Einspeisungen auszugleichen. Für die Energiewende investiert China jährlich etwa 100 Milliarden Dollar in den Ausbau grüner Technologien – laut dem McKinsey Global Institute ist das mehr als die USA und Europa zusammen dafür aufbringen.

2015 rief China im Rahmen der *Belt and Road Initiative* die *Digitale Seidenstraße* (Digital Silk Road, DSR) ins Leben. Sie ist zu einem wichtigen Teil der gesamten BRI-Strategie Pekings geworden, Mitgliedsstaaten zu unterstützen, damit diese Anschluss an die Ökonomie des 21. Jahrhunderts finden. Die DSR-Hilfe dient der Verbesserung oder dem primären Aufbau der Telekommunikationsnetze in den betreffenden Ländern, der

Entwicklung von künstlicher Intelligenz und des Cloud Computing, von E-Commerce und mobilen Zahlungssystemen, von Sicherheitstechnologien und anderen Hightech-Bereichen.

China schloss bereits Abkommen mit mindestens sechzehn afrikanischen Ländern über die DSR-Zusammenarbeit und entsprechende Investitionen. Wahrscheinlich ist die Zahl der Vereinbarungen und Investitionen größer, weil viele Maßnahmen nicht explizit als DSR-Projekte ausgewiesen sind. Schätzungen besagen, dass ein Drittel der an der Neuen Seidenstraße beteiligten Länder auch bei DSR-Projekten zusammenarbeiten. In Afrika zum Beispiel stellt China mehr Mittel für Informations- und Kommunikationstechnologien zur Verfügung als alle multilateral tätigen Organisationen und die führenden westlichen Länder zusammen.

Länder in Afrika, dem Nahen Osten und Teilen Osteuropas, Lateinamerikas und Südostasiens benötigen dringend kostengünstige, qualitativ hochwertige Technologien, um ihre Mobilfunknetze und die Breitband-Internetabdeckung auszubauen. Insgesamt wird die weltweite Finanzierungslücke in der Infrastruktur bis 2040 voraussichtlich fast 15 Billionen Dollar erreichen. DSR-bezogene Investitionen können dazu beitragen, diese Lücke zu schließen und das Wachstum anzukurbeln, indem sie diese kritische Infrastruktur bereitstellen oder finanzieren. Die chinesische BRI bringt den Entwicklungsländern zusätzliche Vorteile, indem sie Ausbildungszentren sowie Forschungs- und Entwicklungsprogramme einrichtet, um die Zusammenarbeit zwischen Wissenschaftlern und Ingenieuren in diesen Ländern und ihren chinesischen Kollegen zu fördern und technisches Wissen unter anderem in Bereichen wie Smart Cities, künstliche Intelligenz und Robotik sowie erneuerbare Energien zu transferieren.

China gab bis 2020 schätzungsweise mindestens 79 Milliarden Dollar für DSR-bezogene Projekte aus. Auf großen, von China gesponserten internationalen Treffen wie der *World Internet Conference* und dem *Belt and Road Forum* steht die Digitale Seidenstraße ganz vorn auf der Agenda. Sie ist die technologische Dimension der *Belt and Road Initiative* und umfasst Seekabelverbindungen, drahtlose Netzwerke, 5G-Technologien, Sicherheitstechnik, Raumfahrt und dergleichen.

In den 1990er und 2000er Jahren, als US-Unternehmen ihr Hauptaugenmerk auf die Eroberung neuer profitabler Märkte richteten und dabei große Profite erzielten, begannen chinesische Anbieter, einkommensschwächere und ländliche Märkte zu bedienen: Russland, Kenia, Irak, Afghanistan, Mexiko und sogar das ländliche Amerika. Heute, da chinesische Technologieunternehmen in den Industrieländern auf Druck der dominierenden Tech-Konzerne limitiert werden, konzentrieren sich diese auf die Länder des Südens, wo der Großteil des weltweiten Bevölkerungswachstums erwartet wird. Die günstigeren, erschwinglicheren und den gegebenen Bedingungen angepassten chinesischen Technologien entsprechen viel eher den Bedürfnissen in diesen Regionen.

Von den westlichen Ländern wird China vorgeworfen, dass es mit seiner Telekommunikationstechnik auch Technologien für die Überwachung der Bevölkerung liefere, von der diktatorische Regimes lebten und woran auch der Lieferant, also China, partizipiere. Gegen solche Unterstellungen verwahrt sich China vehement und verweist auf die Grundsätze der Zusammenarbeit im Rahmen der Neuen Seidenstraße: keine Einmischung in die inneren Angelegenheiten der beteiligten Länder, keine Spionage, keine Datensammlung für eigene Zwecke.

Bislang wurde kein einziger Fall bekannt, bei dem China gegen diese Grundsätze verstoßen hätte. Hingegen ist es gängige Praxis der US-Nachrichten- und Geheimdienste, sich unerlaubt in die Telekommunikationsnetze selbst der Verbündeten einzuschalten, diese abzuhören und zu bespitzeln.

Trotz chinesischer Beteuerungen, sich nicht solcher Praktiken zu bedienen, verhindern die USA, Australien, Japan und einige europäische Staaten die Verbreitung chinesischer G5-Technologien in ihren Einflussbereichen. Der reale Kern solcher Boykotte ist jedoch die Ausschaltung eines erfolgreichen Konkurrenten, die Furcht vor Ausspähung nur der propagandistische Nebel für die eigene Bevölkerung. Washington geht es um die Vormachtstellung der US-Technologiekonzerne.

Auch in diesem Bereich gilt »America First«. In der gegenwärtigen technologischen Entwicklung haben Besitz und Handel mit Chips eine Schlüsselstellung, sie ist vergleichbar mit der Verfügung über Erdöl im 20. Jahrhunderts. Es war der Treibstoff der Weltwirtschaft, um den Kriege geführt wurden. Aus verschiedenen Gründen schwindet seine Bedeutung, nicht zuletzt wegen der durch die Verbrennung verursachten Veränderung des Weltklimas. Die Digitalisierung hilft nicht nur fossile Brennstoffe einzusparen und letztlich zu überwinden, sondern sorgt insgesamt dafür, dass weniger Ressourcen verbraucht werden.

Die Pandemie hat die weltweite Auseinandersetzung um die **Chip-Produktion** deutlich werden lassen. Es fehlten plötzlich überall Halbleiter für Hightech-Industrien. Als Folge der US-Sanktionen gegen etliche chinesische Elektronikunternehmen deckten sich andere prophylaktisch mit Chips ein. Dann kamen die coronabedingten Störungen hinzu, so dass Produktion und Handel den Bedarf an Chips nicht mehr deckten. Die Autoindustrie, die über keine Vorratslagerung für Bauteile verfügt, musste zeitweilig die Produktion reduzieren oder einstellen. Schätzungen gehen davon aus, dass der globalen Autoindustrie 2020/21 rund 60 Milliarden Dollar verloren gingen.

Zweierlei wurde in dieser Situation sichtbar: einmal die Monopolisierung der Chip-Produktion durch wenige Unternehmen, zum anderen die Ver- und Auslagerung dieser Produktion. Beide Momente erweisen sich als Achillesferse der Globalisierung.

Die USA sind das Mutterland der kleinen Bauteile, der Halbleiter, die die Grundlage der digitalen Revolution des 21. Jahrhunderts darstellen. Das US-Unternehmen Intel, heute noch der größte Hersteller von Halbleitern, wurde 1968 gegründet. Doch Amerikas Stärken liegen heute vor allem im Design der Chips, bei der dazu nötigen Software und bei den Maschinen, die diese Teile produzieren und verarbeiten. Auf US-Patente, Software und Maschinen ist praktisch jeder Hersteller von Chips angewiesen. Auf diesem Feld wollen die USA ihre Position behaupten. Dafür verfolgen sie eine Doppelstrategie:

die eigene Wertschöpfung ausbauen und China durch Exportverbote auf Abstand halten.

Dazu dient der »Chips for America Act«, das im Januar 2021 verabschiedete Gesetz, mit dem eine Reihe von Programmen zur Förderung der Forschung, Entwicklung und Herstellung von Halbleitern in den Vereinigten Staaten auf den Weg gebracht werden sollen. Halbleiter oder Chips, die siliziumbasierten Bausteine für alles, von Haushaltsgeschirrspülern bis hin zu Hyperschall-Lenkflugkörpern, haben als Technologie, die eine bedeutende heimische Herstellung rechtfertigt, erhebliche Aufmerksamkeit auch der US-Gesetzgeber auf sich gezogen. Seit der Forderung der Trump-Administration nach einem gesamtstaatlichen Ansatz, um dem strategischen Wettbewerb der Vereinigten Staaten mit der Volksrepublik China zu begegnen, steht die Sicherung der wirtschaftlichen Wettbewerbsfähigkeit und Dominanz der USA bei kritischen Technologien auch ganz oben auf der Gesetzgebungsagenda. Nach Angaben des *Congressional Research Service* (CRS) ist der Anteil der Vereinigten Staaten an der globalen Halbleiterfertigungskapazität seit Jahrzehnten rückläufig. Sie sank von etwa 40 Prozent im Jahr 1990 auf etwa 12 Prozent im Jahr 2020. Wegen der hohen Kosten und der Komplexität der Chipherstellung gingen viele US-Halbleiterfirmen dazu über, die höherwertigen Designelemente für neue, leistungsfähigere Chips zu kreieren und die Fertigung selbst ins Ausland auszulagern, hauptsächlich nach Ostasien, wo inzwischen fast 80 Prozent der weltweiten Chipherstellung erfolgt. Einige der größten amerikanischen Technologieunternehmen, darunter Google, Apple und Amazon, verlassen sich bei fast 90 Prozent ihrer Chipproduktion allein auf Taiwans TSMC.

2020 begannen die USA, die Chipproduktion »zurückzuholen«. Intel stoppte seine Programme, die Produktion teilweise auszulagern und will stattdessen zwei Fabriken in Arizona bauen. Samsung erwägt eine weitere Produktionsstätte in den USA. Das taiwanesische Unternehmen TSMC hat erklärt, ebenfalls eine Fabrik in Arizona aufzubauen. Das macht ökonomisch wenig Sinn, da die Produktionskosten in den USA höher sind als in China – es sei denn, dass die Produktion subventioniert wird. Davon kann ausgegangen werden.

Den amerikanischen Vorsprung beim Design der Chips und dem Bau der Produktionsmaschinen nutzen die USA vor allem dazu, wie schon erwähnt, um China auf Abstand zu halten. Das für Smartphones weltweit führende Unternehmen Huawei konnte durch die zielgerichteten Sanktionen von seinem Spitzenplatz verdrängt werden.

Schon bevor die Trump-Administration chinesische Unternehmen mit Sanktionen überzog und von der Belieferung mit Chips auszuschließen begann, strebte China nach Unabhängigkeit und Autonomie auch auf diesem Feld. Mit Zuschüssen von 50 Milliarden Dollar 2014 und 2019 konnte der Rückstand lediglich verkürzt, aber nicht überwunden werden. Für die Forschung stehen weitere 100 Milliarden Dollar bereit.

Der in Shanghai ansässige Hersteller SMIC ist zwar der fünftgrößte Chip-Hersteller, steht aber auf der US-amerikanischen Sanktionsliste ganz oben. Die Strategie »Made in China« formuliert für 2025 das Ziel, 70 Prozent des heimischen Bedarfs zu bedienen, 2030 sollen es 80 Prozent sein. An vorderer Stelle steht dabei, den Rückstand beim Design und den Werkzeugen für das »Upgrading« des Designs und dessen Maschinen aufzuholen. Trotz aller Bemühungen ist China nach wie vor auf ausländische Hilfe angewiesen. Als ergänzende Strategie werden ausländische Ingenieure und Spezialisten angeworben, um ein Ökosystem aus hochspezialisierten Firmen aufzubauen. Im Dezember 2021 wurden bereits erste Erfolgsmeldungen über spezielle Halbleiter für die Technologien der Künstlichen Intelligenz, der »Logik-Chips«, verbreitet.

Europa hat sich dagegen aus den Wertschöpfungsketten der Chip-Produktion weitgehend abgemeldet. Für die Politik der Neuen Seidenstraße bedeutet das, dass es künftig zwei Hauptlinien der Entwicklung auf diesem Feld geben wird – die von den USA dominierte und mit den amerikanischen Standards ausgestattete Linie und die chinesische.

Die im Juni 2021 von der Gruppe der Sieben (G7) gestartete internationale Wirtschaftsinitiative »Build Back Better World«

(B3W) soll – natürlich unter Führung der USA – eine Alternative zu Chinas *Belt and Road Initiative* für die Infrastrukturentwicklung von Ländern mit niedrigem und mittlerem Einkommen bieten. Sie zielt aber insbesondere auf die Durchsetzung und Nutzung der US-Standards bei der Digitalisierung. Allerdings bislang mit unterschiedlichem Erfolg. Obwohl die USA und die Mehrheit der westlichen Länder die **5G-Technik** von Huawei ablehnen, setzte sich die Huawei-Technik in den BRI-Ländern durch. Nach einem Bericht des Berliner Merics Institutes deckt China damit 70 Prozent aller weltweiten 5G-Stationen ab. In China selbst nutzten Ende Oktober 2021 bereits 470 Millionen Kunden diese Technik. Alle Industriezentren und Provinzhauptstädte sind vollständig mit dem 5G-Netz erschlossen, es existieren etwa 1,4 Millionen lokale Stationen im Land.

In den USA dagegen wurde die für den 1. Januar 2022 geplante Schaltung der ersten 5G-Netze verschoben – wegen vermeintlicher Sicherheitsbedenken.

In Shenzhen treibt die 5G-Technik die Hightech-Entwicklung weiter voran. Seit April 2021 sind dort bereits »smarte Autos«, also Fahrzeuge ohne Fahrer, unterwegs. Die Technik wird als open source zur Verfügung gestellt und kann auch in den Ländern der Neuen Seidenstraße genutzt werden.

Bis 2023 sollen je 10 000 Einwohner achtzehn 5G-Stationen installiert werden, die dann 40 Prozent der mobilen Kommunikation und 50 Prozent des mobilen Internets abdecken sollen. Die Wachstumsrate bei den Geräten – nutzbar in der Industrie, der Medizin oder in privaten Haushalten – soll 200 Prozent betragen, also sich Jahr um Jahr verdoppeln. Damit setzt China Standards und eilt dem Westen um Jahre voraus.

Sambias Mobilfunkanbieter MTN startete Anfang Januar 2022 ein neues Huawei-betriebenes 5G-Pilotnetzwerk. Obwohl es sich noch in der Testphase befindet, sagte der sambische Minister für Wissenschaft und Technologie, dass die Partnerschaft mit Huawei es dem Land ermögliche, zu den ersten von nur zehn afrikanischen Staaten mit 5G-Technologie zu gehören. Huawei und MTN arbeiten in Sambia zusammen, seit sie 2013 gemeinsam ein 4G-Netzwerk gestartet haben.

Das von den USA sanktionierte Hightech-Unternehmen Huawei konzentriert sich, nachdem es wegen der Sanktionen aus dem Mobilphone-Markt ausgestiegen war, auf die Künstliche Intelligenz mittels 5G-Technologie. So werden zum Beispiel in der Stadt Taiyuan in der Provinz Shanxi vollautomatische, intelligente Bergbaumaschinen entwickelt, die in Gruben in Ländern der Neuen Seidenstraße eingesetzt werden sollen. Sie erhöhen die Produktivität und reduzieren das Risiko, dass Menschen untertage zu Schaden kommen. Diese Technologie gewinnt an Bedeutung, da die für die Produktion von Halbleitern benötigten Erze und Seltenen Erden oft unter sehr schwierigen Bedingungen abgebaut und gefördert werden müssen.

Die Coronavirus-Pandemie hat viele Regierungen veranlasst, **Sicherheitstechnik** einzuführen, was zu erhöhter Nachfrage nach chinesischen Telekommunikations- und Sicherungstechnologien führte. Chinas Hightech-Giganten, die auf dem Binnenmarkt schnell gewachsen waren, bedienten die globalen Märkte. Die Unternehmen Hikvision und Dahua lieferten fast 40 Prozent der weltweiten Sicherheitstechnik. Nur in China arbeiten Unternehmen, die bei jedem Schritt der globalen Terrorbekämpfung wettbewerbsfähig sind – von der Kamera-Herstellung über die Schulung von KI bis hin zur Bereitstellung von Analysen. Diese chinesische Technologie wird in mehr als achtzig Ländern eingesetzt, auf allen Kontinenten – außer in Australien und in der Antarktis. Die US-Unternehmen haben hier den Anschluss und ihre Dominanz verloren. Deshalb werden die chinesischen Hersteller von den USA sanktioniert.

Im chinesischen Binnenhandel hat man bereits die Bedeutung des **Online-Handels** für die ländlichen Regionen außerhalb der Ballungszentren erkannt. Nach den Vorgaben des Fünfjahrplanes wird der grenzüberschreitende Online-Handel bis 2025 um 48 Prozent wachsen. Notwendig dazu sind Erleichterungen im Zahlungsverkehr und auf Währungsplattformen außerhalb der Dollar-Kontrolle, vorzugsweise auf Yuan-Basis. Plattformen wie *Alipay* wurden in China erfolgreich getestet und haben sich landesweit mit einer sehr hohen Durchdringungsrate bewährt. Schrittweise werden diese mit Unterstützung des Staates auf den internationalen Online-Handel ausgedehnt.

Der chinesische Staat nimmt jedoch auch Einfluss auf die Expansion eigener Technologieunternehmen wie Alibaba. Der chinesische Konzern war früh in den südasiatischen E-Commerce eingestiegen. Pakistan (220 Millionen Einwohner) und Bangladesch (167 Millionen) zogen internationale Start-ups und Investoren an, so auch Alibaba. Diesen finanziellen Erfolg will der Konzern in Russland (127 Millionen) wiederholen. Gemeinsam mit Russen investierte Alibaba allein im 4. Quartal 2019 rund eine Milliarde Dollar in ein chinesisch-russisches Joint Venture »AliExpress Russia«. Es arbeitet wie andere Alibaba-Tochtergesellschaften als offene Plattform. Damit unterscheidet sich AliExpress Russia vom amerikanischen Unternehmen Amazon, da es nur als Plattform fungiert und nicht direkt an die Verbraucher verkauft.

Gegenwärtig weitet AliExpress Russia seine E-Commerce-Tätigkeit auf alle Länder Zentralasiens und die Länder entlang der Wirtschaftskorridore aus. Dies kann durchaus als dortiger Reflex auf die Wahrnehmung der Vereinigten Staaten als unzuverlässiger Handelspartner gesehen werden. Dieser Eindruck entwickelte sich mit den 2014 einsetzenden Sanktionen gegen Russland und dem seit 2017 mit China geführten Handelskrieg.

Der russische E-Commerce-Markt trat in einen vielversprechenden Entwicklungszyklus ein. Der Markt für physische Güter hatte zum Zeitpunkt der Gründung des Joint Ventures einen Umfang von 23 Milliarden Dollar, einschließlich 5 Milliarden Dollar bei grenzüberschreitenden Verkäufen zwischen China und Russland. Das Wachstum wurde auf etwa 20 Prozent pro Jahr geschätzt. Tatsächlich wuchs der bilaterale Handel zwischen China und Russland von Januar bis August 2021 um 30 Prozent auf 89 Milliarden Dollar. Chinas Exporte nach Russland stiegen in diesem Zeitraum um 32 Prozent gegenüber dem Vorjahreszeitraum.

China und Russland verpflichteten sich, den bilateralen Handel zwischen ihren Staaten bis 2024 auf 200 Milliarden Dollar zu erhöhen. Dabei kommt AliExpress Russia als digitaler Plattform eine Schlüsselrolle zu. Die Entwicklung der wachsenden digitalen Wirtschaft in Russland wird beschleunigt, indem AliExpress die Ressourcen und Erfahrungen aller Aktionäre bündelt. Das Ziel besteht darin, AliExpress auch zu einem der größten elektronischen Marktplätze in Europa werden zu lassen. Es ist bereits in Italien, Deutschland, Polen, den Niederlanden, Spanien und der Türkei tätig und hat eine schnell wachsende Präsenz in Brasilien und Indonesien.

Es wird gegenwärtig weniger erwartet, dass das Unternehmen Profite erzielt, sondern dass sich mit seiner Hilfe der regionale Handel entwickelt. Diese Strategie zielt darauf ab, Produzenten entlang der Neuen Seidenstraße zu protegieren, die ihre Waren auf AliExpress verkaufen sollen.

Ein Schlüsselerlebnis ganz eigener Art veranlasste die Chinesen, ein eigenes **Navigationssystem** zu entwickeln. 1996 erfuhr das chinesische Militär eine große Demütigung. Bei einem Raketenmanöver im Südchinesischen Meer stürzten die beiden Projektile ab, was, wie sich bald erwies, die USA mit dem von ihnen betriebenen und kontrollierten *Global Position System* (GPS) veranlasst hatten. Schon zwei Jahre zuvor hatte China mit der Arbeit an einem eigenen Ortungs-System begonnen, doch diese Erfahrung veranlasste die Zuständigen, die Forschungen zu intensivieren. 2000 wurden die ersten Satelliten in die Umlaufbahn gebracht. Zwanzig Jahre später ist das System arbeitsfähig für den militärischen und kommerziellen, also auch den zivilen Gebrauch. Das BeiDou-System ist genauer als das GPS im asiatisch-pazifischen Raum, in den anderen Regionen der Welt ist es etwas ungenauer als GPS. Es erfüllt neben der Satellitennavigation aber auch weitere Funktionen, etwa die der Satellitenlokalisation und -kommunikation.

Das chinesische BeiDou-System als Alternative zu GPS wird von den Ländern der Neuen Seidenstraße in Zentralasien, in Südostasien und in den afrikanischen Ländern genutzt. Es wurde bereits in mehr als 120 Länder und Regionen exportiert und wird von mehr als 100 Millionen Usern gebraucht. In den chinesischen Smartphones der letzten Generationen, die weltweit, aber vor allem in den Ländern der BRI verkauft werden, ist es bereits eingebaut. Innerhalb Chinas wurde das System bis zum ersten Quartal 2021 in 36 000 Post- und Lieferfahrzeugen, in mehr als sieben Millionen privaten Fahrzeugen und in allen neu ausgelieferten Hochseeschiffen und Flugzeugen installiert.

China hat begonnen, BeiDou als Verkaufsargument beim Verkauf von Waffen an Partner zu verwenden. Strategisch verringerte China damit seine Abhängigkeit von GPS und erhöhte die Abhängigkeit der Welt von BeiDou.

Für mich als Transportökonom, der viele Jahre im Eisenbahnverkehr zwischen China und Europa tätig war, ist es beeindruckend, wie sich die Transportzeit von China nach Europa verkürzt hat. Möglich war das nur auf der Basis der kommerziellen und technischen Digitalisierung. Heute werden keine Frachtbriefe mehr per Hand ausgefüllt, die Fracht- und Zolldokumente werden ausschließlich digital ausgefertigt und versandt. Der Lauf der Container in den Zügen und während des Umschlages auf die Eisenbahnwagen einer anderen Spurbreite werden über BeiDou verfolgt.

Die weltweite Datenkommunikation erfolgt zwischen den Kontinenten über Unterseekabel. Diese waren bislang Eigentum europäischer und amerikanischer Gesellschaften, die über 95 Prozent der internationalen Daten der Welt transportieren. China hat sich in den letzten zwanzig Jahren aus der Abhängigkeit von ausländischen Unternehmen befreit, die die Seekabel kontrollieren. Ein Joint Venture der Huawei-Gruppe verlegte bis 2020 transkontinentale Verbindungen von Asien nach Afrika und von Afrika nach Südamerika. Diese Verbindungen umgehen absichtsvoll das Territorium und die Festlandsockel der USA und ihrer Verbündeten.

China wird in Pakistan den letzten Abschnitt eines grenzüberschreitenden Glasfaserkabels verlegen, das an ein 15 000 Kilometer langes **Unterwasserkabel-System** im Arabischen Meer angeschlossen wird. Es bedient Länder, die an der

Neuen Seidenstraße beteiligt sind. Dieses Projekt wird von der Peace Cable International Network Co. Ltd., einer hundertprozentigen Tochter der chinesischen Hengtong Optic-Electric, ausgeführt

Das Netz im Arabischen Meer wird von den Hafenstädten Karatschi und Gwadar mit dem pakistanischen Knoten in Rawalpindi verbunden. Von dort geht ein 850 Kilometer langes Glasfaserkabel zum zentralen Knoten in der Provinz Xinjiang. Der nördliche Abschnitt dieses Netzwerkes ist seit 2018 in Betrieb.

Das Kabelsystem ist eine weiterer Schritt für die Unabhängigkeit von den USA – wie das BeiDou-Satellitensystem und die Landverbindungen für feste und flüssige Güter per Bahn, Straße oder Pipeline. Und es ist eine Alternative für die Länder der *Belt and Road Initiative* im globalen Süden, um sich vom Neokolonialismus der früheren Kolonialmächte zu befreien.

Die Neue Seidenstraße und der Klimawandel

Mit der Industrialisierung (auch der Landwirtschaft) und der Urbanisierung wächst der Energieverbrauch, das ist eine Binsenweisheit. Und Energie wurde jahrhundertelang mit fossilen Brennstoffen erzeugt, die wiederum beim Verbrennen Kohlendioxid erzeugen, was in die Atmosphäre geht und dafür sorgt, dass immer weniger Sonnenenergie ins Weltall entweicht. Den Vorgang nennt man Treibhauseffekt. Auf diesen haben auch andere Gase Einfluss, doch CO_2 ist das wichtigste, weil unablässig weltweit produziert. Die steigende Erderwärmung sorgt nicht nur dafür, dass Polkappen und Gletscher schmelzen, wodurch der Meeresspiegel steigt, sondern bringt auch das Weltklima durcheinander und sorgt für Naturkatastrophen wie auch für die Versteppung von Landstrichen. Darum ist es eine vorrangige Aufgabe, die Produktion von Kohlendioxid zu stoppen, mindestens zu reduzieren, um die Erderwärmung zu verlangsamen. Denn aufhalten lässt sie sich nicht mehr – dazu wurde in der Vergangenheit zu viel Kohle, Erdöl, Benzin, Diesel und Holz verbrannt.

Zur Wahrheit gehört aber auch, dass wachsender Wohlstand und Industrialisierung kausal miteinander verknüpft waren und sind, weshalb – in der heutigen Wahrnehmung – der »reiche Norden« auch mehr Kohlendioxid produziert hat und noch immer in die Erdatmosphäre bläst als der »arme Süden«, wo es weniger Industrie und weniger Autos gibt.

Das hat man auch in den kapitalistischen Industriestaaten begriffen, weshalb sie eine Energiewende im Interesse der eigenen Existenz vollziehen wollen – weg von der traditionellen Energiegewinnung mit fossilen Brennstoffen und hin zu den erneuerbaren Energien, also Wasserkraft, Wind und

Sonne. Dabei gibt es mindestens zwei Probleme: Es geht aus verschiedenen Gründen nicht so schnell, wie es nötig wäre, und man verlangt von den armen Staaten des Südens, dass sie ebenso handelten. Dabei ignorieren die Industriestaaten die Tatsache, dass diese Länder vorzugsweise auf ihre lokalen und regionalen Energieträger zurückgreifen müssen. Denn diese sind preiswerter und rascher verfügbar als Hightech-Pholtaikanlagen und Windparks, und wenn teure Wasserkraftwerke errichtet werden, kritisiert das reiche Ausland, dass Natur, Flora und Fauna irreversibel zerstört werden. Atomkraft ist nach Katastrophen wie der in Tschernobyl und Fukushima auch keine Option, weil schließlich die strahlende Hinterlassenschaft die Menschheit noch Jahrhunderte belasten wird.

Und alle diese Fragen müssen beantwortet werden vor dem Hintergrund des stetig wachsenden Bedarfs an Energie. Jede neue Fabrik braucht Strom, jedes neue Bauwerk braucht Licht und Wärme, jede neue Stadt benötigt Nahverkehr, jede neu erschlossene Rohstoffquelle muss mit der verarbeitenden Industrie verbunden werden, jede produzierte Ware muss zum Markt und jede Banane zum Verbraucher gebracht werden und so weiter.

In den reichen, wohlhabenden Ländern steigen mehr und mehr Menschen aus dem kapitalistischen Hamsterrad aus. Sie ziehen aufs Land, leben von dem, was der Garten hergibt und verzichten auf Fleisch, sie kehren »zu den Wurzeln« zurück und »entschleunigen« und preisen diese natürliche Lebensweise als ideal, weshalb ihr alle folgen sollten. Das ist illusionär. Inzwischen leben einige Milliarden Menschen auf der Erde, und die meisten davon in ärmsten Verhältnissen, denen man nicht zynisch Bescheidenheit predigen darf, sondern die man aus ihrem Elend befreien muss. Und das möglichst rasch, und das möglichst spürbar.

China hat sich mit seinen inzwischen 1,4 Milliarden Menschen, einem Fünftel der Weltbevölkerung, vor wenigen Jahrzehnten auf den Weg der Industrialisierung begeben mit dem Anspruch, seine Staatsbürger aus der Armut zu befreien. Der Preis: Das Land ist mit mehr als 30 Prozent an der weltweiten

Emission von Treibhausgasen beteiligt, es wird vom Westen als größter Umweltverschmutzer auf der Erde gegeißelt. Stolz verweisen die USA als stärkste Wirtschaftsmacht darauf, dass sie mit lediglich 14 Prozent dabei sind, und Deutschland mit ganzen 1,85 Prozent. Dabei wird so getan, als sei das schon immer so gewesen, als habe man bis vor Kurzem nicht erst die Erderwärmung mit ungezügelter Energieverschwendung in Gang gesetzt. Und: als würden die Chinesen mit Vorsatz die Umwelt schädigen und dabei keinen Gedanken an das Morgen verschwenden.

Das ist politische Propaganda. Es ist so, als schreie der Täter: Haltet den Dieb!

Nur nebenbei: Wenn jeder Chinese bei den jetzt üblichen Umständen einen ähnlich hohen Lebensstandard haben wollte wie etwa ein durchschnittlicher Bürger der USA oder der Bundesrepublik Deutschland gegenwärtig, bedeutete dies eine Vervierfachung des CO_2-Ausstoßes. Es gilt allerdings auch der Umkehrschluss: Die USA oder die Bundesrepublik müssten ihre Emissionen auf ein Viertel reduzieren, um auf das chinesische Prokopf-Niveau zu kommen.

Derartige Argumentationsmuster retten jedoch das Weltklima so wenig wie der Emissionshandel. Es muss anders gehandelt werden. Das weiß die chinesische Führung – und das tut sie auch. Ihre Entscheidungen trifft sie nicht im Rahmen einer Legislaturperiode und mit Blick auf die nächste Wahl, und sie plant auch nicht nur im nationalen Kontext, sondern global, weil ja schließlich das Klima nicht vor Landesgrenzen Halt macht. Die Große Mauer stoppte zwar Eindringlinge von außen, schützt aber nicht vor *Global Warming*.

Allerdings, auch dessen ist sich China bewusst, hat es im Interesse des raschen wirtschaftlichen Aufschwungs in die Länder der Neuen Seidenstraße auch in Kohlekraftwerke und in die Erschließung von Erdöl- und Erdgasquellen investiert. Bei der Fortsetzung eines solchen Kurses würde die Erderwärmung nicht um zwei, sondern um drei Grad steigen. Deshalb hat China in einem ersten Schritt beschlossen, keine weiteren Kohlekraftwerke im Ausland zu errichten und im Inland

Maßnahmen zu ergreifen, dass China bis 2060 klimaneutral produzieren wird.

Die Entscheidung, eine gigantische, von Kohle dominierte Wirtschaft völlig neu auszurichten, wurde im Wesentlichen von Klimaforschern an der Pekinger Tsinghua-Universität herbeigeführt. Diese hatten in jahrelangen und keineswegs öffentlichen Untersuchungen die denkbare Entwicklung des Weltklimas prognostiziert und wie dem zu begegnen ist. Auch dazu hatten sie verschiedene Modelle entwickelt.

Industriestaaten wie Großbritannien oder Frankreich haben in den 1990er Jahren den Höhepunkt ihres CO_2-Ausstoßes, den »Peak Carbon« erreicht, sie vollziehen eine Klimawende und werden etwa fünfzig Jahre bis zur Klimaneutralität brauchen.

China, die zweitgrößte Volkswirtschaft der Welt, will das in dreißig Jahren erreichen, denn der »Peak Carbon« wird voraussichtlich dort erst um 2030 erreicht sein. Es wird die Energiewende also wesentlich schneller vollziehen als die kapitalistischen Industriestaaten und dabei auch die Länder in den Korridoren der Neuen Seidenstraße mitziehen. Das ist eine gewaltige technologische Herausforderung.

Darüber sprach Chinas Präsident auf der 26. Weltklimakonferenz in Glasgow im November 2021, auf der COP26. Xi Jinping bekannte sich dort vor allem zum Multilateralismus im Klimaschutz. Alle Staaten müssten intensiver als bisher zusammenarbeiten und das wechselseitige Vertrauen stärken. Ohne es explizit auszusprechen war nahezu allen Teilnehmern klar, dass die Politik der USA und ihrer Verbündeten eher auf Spaltung denn auf die Vereinigung aller Anstrengungen zielt. Monate zuvor erst war auf dem G7-Gipfel auf Initiative des US-Präsidenten das Infrastrukturprogramm *Build Back Better World* (B3W) als Alternative zur Neuen Seidenstraße beschlossen worden. Alternative heißt im Klartext immer: gegen. Und kurz nach Glasgow präsentierte die EU-Kommission die neue europäische Strategie »Gobal Gateway«.

Bis 2027 wolle man die Wettbewerbsfähigkeit seiner Partner mit 300 Milliarden Euro bei Digitalisierung, Energie und Verkehr fördern.

In seinen Ausführungen in Glasgow mahnte der chinesische Präsident die Einhaltung von Zusagen an. Mangelnde Vertragstreue etwa der Industrieländer untergrabe deren Glaubwürdigkeit und Verlässlichkeit. Die Industrieländer müssten nicht nur selbst mehr tun, sondern auch den Entwicklungsländern jene Unterstützung endlich gewähren, die sie ihnen immer wieder versprechen. Etwa diesen Ländern die Gelegenheit geben, Innovationen in Wissenschaft und Technologie zu nutzen, um eine grüne Wirtschaft und Gesellschaft zu fördern. Gemeinsam müsse man Wege erkunden, wie Entwicklung mit Naturschutz verbunden werden könne.

Das war ein Hinweis auf die *Belt and Road Initiative* und die Entwicklung einer Globalen Energiepartnerschaft entlang der Neuen Seidenstraße, der 2019 bereits 30 Länder beigetreten waren. Dieses Projekt zielt darauf ab, sich auf die Finanzierung und den Bau der Energieinfrastruktur unter den Mitgliedern zu konzentrieren.

Im November 2021 veröffentlichte die Nationale Reform- und Entwicklungskommission Chinas (NDRC) die Arbeitsleitlinien für die Begrenzung der Kohlendioxidemission und die Klimaneutralität. Die Pläne sehen vor, dass der Anteil am Verbrauch nichtfossiler Brennstoffe bis 2030 auf 25 Prozent ansteigen und gleichzeitig der CO_2-Ausstoß um mehr als 65 Prozent (bezogen auf das Niveau des Jahres 2005) reduziert werden wird.

Der Aktionsplan umreißt die wichtigsten Aufgaben, um noch vor 2030 den »Peak Carbon« zu erreichen, einschließlich der Förderung eines umweltfreundlichen und kohlenstoffarmen Verkehrs, der Förderung einer Kreislaufwirtschaft und der Unterstützung technologischer Innovationen.

Aufgrund meiner Erfahrungen in China weiß ich, dass 2022 entsprechende Verordnungen und Gesetze folgen werden, die für die konsequente Durchsetzung dieser Vorgaben auf allen Ebenen sorgen werden. Eine Ausweitung der entsprechenden Verordnungen und Gesetze auf die Aktivitäten der chinesischen Institutionen und Unternehmen im Rahmen der Neuen Seidenstraße ist ebenfalls zu erwarten.

China begann bereits in den Wüsten Gobi und Taklamakan mit dem Bau von Wind- und Photovoltaikanlagen, die einmal 100 Millionen Kilowattstunden liefern werden.

Mit den 30 Ländern entlang der Neuen Seidenstraße, die der Energiepartnerschaft beigetreten waren, wurden Vereinbarungen über die Umstellung auf kohlenstoffarme Energiegewinnung und Übergangstechnologien geschlossen. Als Übergangstechnologien gelten auch Kohlekraftwerke mit reduziertem CO_2-Ausstoß. In China selbst wurden seit 2017 mehr Kohlekraftwerke stillgelegt als neue in Betrieb genommen. Im Jahr 2021 kam nicht ein einziges neues hinzu.

China ist inzwischen führend bei Produktion, Installation und Investition von Anlagen zur Stromerzeugung mit erneuerbaren Energien: Wasser, Wind und Sonne. Ein Viertel der weltweit mit Wasserkraft erzeugten Energie kommt aus China, das sind 352 Gigawatt. 2018 wurden eine Million E-Autos in China verkauft – mehr als in der restlichen Welt zusammen. Und: 30 Prozent aller »grünen« Jobs entstanden in China.

Die Nutzung der Solarenergie erfolgt nicht nur in Form der Solarparks in den sonnenintensiven Wüstenregionen. Die Nationale Energiebehörde informierte, dass fortan alle öffentlichen Gebäude, einschließlich der Regierungsgebäude und staatseigenen Unternehmen auf der Stadt- und Kreisebene, ihre Dächer mindestens zur Hälfte mit Solarzellen auszustatten haben. Diese Anordnung gilt auch für private Unternehmen und Wohngebäude in ländlichen Gebieten.

Um den Übergang zur Elektrifizierung im Straßenverkehr zu fördern, bieten die chinesische Zentralregierung und die lokalen Behörden eine Reihe von Steueranreizen, um die Automobilhersteller zu ermutigen, *New Energy Vehicles* (NEV) zu produzieren. Das sind Subventionen, die einerseits die NEVs für die Verbraucher erschwinglich machen und andererseits ökonomische Anreize für die Industrie schaffen sollen, um die technologische Innovation in diesem Sektor zu beschleunigen. Die Gesamtzahl der NEVs – einschließlich vollelektrischer Fahrzeuge, Plug-in-Hybride und Brennstoffzellenfahrzeuge – könnte nach den Plänen und eingeleiteten

Förderungen bis 2025 auf 5,42 Millionen Einheiten steigen (2020: 1,17 Millionen). Das wären 20 Prozent aller Neuwagen.

Bis 2035 soll ein Fahrzeug von zwei verkauften Neuwagen ein NEV sein, von derzeit nur 5 Prozent, so eine Prognose der *China Society of Automotive Engineers* (CSAE). Batteriebetriebene Autos sollen 2045 bereits 95 Prozent der NEV-Verkäufe ausmachen. Der Rest sind Fahrzeuge mit Plug-in-Antrieb. Es wird keine Auto mehr mit klassischem Verbrenner-Motor geben.

Die Nutzung von Wasserstoff auch für die Mobilität wird mit verschiedenen staatlichen Programmen intensiv gefördert. Geplant sind bis 2025 Investitionen in die Wasserstoffproduktion und in Wasserstoffautos. Man beginnt momentan auch den Bau großer Demonstrationsprojekte zur Erzeugung von Wasserstoff aus Wind- und Sonnenenergie.

Das Finanzministerium und vier weitere Regierungsstellen haben Anordnungen herausgegeben, die Industrialisierung von Brennstoffzellentechnologien zu fördern und bisherige Programme für den Kauf von Elektrofahrzeugen partiell zu ersetzen. Statt die Verbraucher zu subventionieren, werden auf diese Weise Anreize für Unternehmen geschaffen, neue Brennstoffzellentechnologien zu entwickeln, zu testen und auf den Markt zu bringen. Augenscheinlich sehen die Verantwortlichen die E-Mobilität auch nicht als das letzte Wort. Die Speicherkapazität der Batterien lässt sich nicht unendlich steigern, und auch die spätere Entsorgung der Energiespeicher ist nicht final geklärt. Es entsteht ein ähnliches Problem wie mit der Entsorgung von Atommüll oder des Dämmmaterials, das bei der energetischen Isolierung von Gebäuden eingesetzt wird. Beides ist nach heutigem Kenntnisstand nicht recycelbar und damit ein Problem der uns folgenden Generationen.

2020 machte die Kernenergie nur etwa fünf Prozent der landesweit erzeugten Energie aus. Nach Fukushima wurde auch in China über die Abschaltung von KKW nachgedacht. Doch die chinesische Führung sieht in der Kernenergie eine wichtige, derzeit noch unverzichtbare Alternative zur Kohleverstromung. Insbesondere in den Ballungszentren und zur Abdeckung des Basisbedarfes sollen Kernkraftwerke die

Grundlast beim Stromverbrauch abdecken. Anfang 2021 ging das erste in China entwickelte und gebaute KKW in Betrieb. Die Druckwasserreaktoren fußen auf einer französisch-deutschen Technologie, die von den Chinesen weiterentwickelt wurde. Die Reaktoren der dritten Generation verfügen über eine besondere Sicherheitstechnik, die auch bei den Reaktoren in Frankreich eingesetzt wird.

Bis 2020 waren insgesamt 49 Reaktorblöcke in China am Netz, weitere 15 befinden sich im Bau bzw. in der Planung.

Das selbstentwickelte KKW-Modell wird auch Ländern an der Neuen Seidenstraße angeboten. Bis 2030 sollen dreißig Kernkraftwerke exportiert werden – als Alternative zu den nicht mehr gelieferten Kohlekraftwerken.

Die weitere Industrialisierung entlang der BRI-Korridore bedeutet natürlich auch weitere Eingriffe in die Natur. Das Prinzip »Wasch mir den Pelz, aber mach mich nicht nass« funktioniert nicht. Die Folge sind Zerstörung von Lebensräumen, das Verschwinden von Wäldern und Landschaften, die zur CO_2-Reduzierung in der Luft beitragen, Umweltverschmutzung und dergleichen. Geplante Projekte der Neuen Seidenstraße kreuzen 46 Hotspots der biologischen Vielfalt und mehr als 1700 Vogelschutz-Gebiete. Dem gegenüber stehen Chinas immense Anstrengungen bei Aufforstungsprojekten. Das weltweit größte Umweltprogramm mit einer Laufzeit von 72 Jahren (und in jedem Jahr werden fünf Milliarden Dollar investiert) ist ein gigantisches Aufforstungsprogramm. Auf 400 000 Quadratkilometern – eine Fläche größer als Deutschland – werden Bäume gepflanzt und wird ein riesiger Wald entstehen.

Gibt es dennoch globale, also gemeinsame Anstrengungen zur Rettung des Weltklimas? Nach Glasgow haben die USA und China die Bildung einer gemeinsamen Arbeitsgruppe beschlossen. Honeywell International Inc., ein US-amerikanischer Mischkonzern, und die China Baowu Steel Group Corp. wollen ein Joint Ventures gründen. Das plant die weltweit größte Anlage zur Erzeugung von Wasserstoffenergie, um die Kohlenstoffemissionen im Stahlsektor zu reduzieren.

Das sind zarte Entwicklungen, die hoffen lassen.

Die Neue Seidenstraße der Gesundheit

Während meiner 27 Jahre in China beobachtete ich aufmerksam die Entwicklung des Gesundheitswesens. Zunächst fiel auf, dass man insbesondere darauf achtet, keine Krankheiten aus anderen Ländern zu importieren. (Das erklärt im Übrigen auch die strengen Schutzmaßnahmen während der Olympischen Winterspiele 2022, die eben nicht – wie mit penetranter Boshaftigkeit in den Westmedien behauptet – politisch konnotiert waren.)

Unmittelbar nach Beantragung der Arbeitserlaubnis musste ich mich einer strengen Gesundheitskontrolle unterziehen. Gesprächen mit meinen Mitarbeiten entnahm ich, dass in den fünfziger und sechziger Jahren häufig pandemische Krankheiten ausgebrochen waren und sich das Gesundheitswesen auf die Bekämpfung von TBC, Hepatitis und Geschlechtskrankheiten konzentrierte. Schon in den ersten Jahren der Volksrepublik bildete die Gesundheitspolitik einen Schwerpunkt der Sozialpolitik. Zunächst wurden verstärkt Schutzimpfungen durchgeführt und unter Hochdruck medizinisches Personal ausgebildet. Dann folgten Massengesundheitskampagnen und Reihenuntersuchungen.

Aufenthalte in chinesischen Krankenhäusern waren für Ausländer auch in den neunziger Jahren noch recht abenteuerlich. Das änderte sich allerdings schnell, als neue Krankenhäuser und kleine Kliniken eröffnet wurden. Die obligatorischen Gesundheitsuntersuchungen vor Ausstellung einer Arbeitserlaubnis für Ausländer änderten sich nicht. Doch die penible Untersuchung findet heute in modernen, sehr gut organisierten Kliniken statt und wird von offensichtlich gut ausgebildeten Ärzten und Schwestern vorgenommen.

Schon an der äußeren Erscheinung der Kliniken und deren Ausstattung ist zu sehen, dass der chinesische Staat große Summen in das Gesundheitswesen investiert hat. Neben den staatlichen Krankenhäusern öffneten auch Kliniken als Joint Ventures, in die ausländische Investitionen und deren Gesundheitsservice einflossen. Dort sind die Aufwendungen höher als in chinesischen Einrichtungen, sie bewegen sich auf europäischem Preisniveau. Allerdings besuchte ich nicht nur wegen der hohen Behandlungskosten – diese übernahm meine Versicherung – in den letzten Jahren meines Chinaaufenthaltes nur noch chinesische Kliniken. Das war dem guten Service und der Kompetenz der Ärzte geschuldet.

Die VR China unterstützte in den fünfziger und sechziger Jahren die antikolonialen Bewegungen in Asien und Afrika mit der Entsendung von medizinischem Personal und Equipment. Nachdem die chinesische *Go out-Politik* in den neunziger Jahren Fahrt aufgenommen hatte, sorgte sich Peking um die medizinische Versorgung ihrer Ingenieure und Experten in Afrika. Das zog strukturelle medizinische Hilfe nach sich. Es wurden Impf- und Hygienekampagnen unterstützt oder welche initiiert. So wurde die Bekämpfung der Malaria erfolgreich angegangen. Und man übertrug Erfahrungen aus China und bot sie in Afrika und in asiatischen Ländern an.

Im Zusammenhang mit der Neuen Seidenstraße wird die internationale Gesundheitskooperation als wichtiges Element der Kommunikation zwischen Menschen und Völkern gesehen und darum gefördert.

2015 warnten chinesische Gesundheitsbehörden vor den Risiken, die grenzüberschreitende menschliche Beziehungen mit sich bringen. Die Gefahr der Ausbreitung von Infektionskrankheiten sei real gegeben. Deshalb müsse die Kooperation der nationalen Gesundheitsbehörden entwickelt werden. Besser noch: so schnell wie möglich ein medizinisches Netzwerk aufbauen. Das wurde umgehend in Angriff genommen, es soll 2022 stehen.

Eine weitere Initiative der chinesischen Regierung für eine »Gesundheitsseidenstraße«, die *Health Silk Road* (HSK), war (und ist) das Programm *Health China 2030*, das 2016 vorgestellt wurde. In diesem Programm legt sich China fest, eine »globale Gesundheitsstrategie« zu verfolgen und die internationale Gesundheitszusammenarbeit umfassend zu fördern. Auf dieser Grundlage werde der Austausch von Arbeitskräften und der Reiseverkehr zwischen den Ländern der Neuen Seidenstraße sicherer, hieß es.

Mit der BRI investierten chinesische Unternehmen aus dem Gesundheitssektor auch in westlichen Industrieländer, um dort Wissen und Kompetenz zu erwerben. Nach veröffentlichten Informationen erreichten die chinesischen Auslandsinvestitionen bei Herstellern von Medizinprodukten und Gesundheitsdienstleistern im Jahr 2017 etwa 4,2 Milliarden Dollar (drei Jahre zuvor waren es noch 130 Millionen).

Gleichzeitig investierten in China auch ausländische Unternehmen. Von 2012 bis 2016 flossen insgesamt 12,35 Milliarden Dollar in Unternehmen der Pharmazie, Biotechnologie, Medizinprodukteherstellung und Gesundheitsdienstleistungen. In den verschiedenen Großstädten öffneten internationale Krankenhäuser.

Der Ausbau des Gesundheitssektor, der Pharmaindustrie und der Pflegebranche in China erfolgt parallel zur Entwicklung der Neuen Seidenstraße. Auch in den Fünfjahrplänen finden sich entsprechende Festlegungen zum nationalen Gesundheitswesen in Verbindung mit dem internationalen Engagement auf diesem Feld.

Nach dem Ausbruch der COVID 19-Pandemie erhielt die *Health Silk Road* eine neue Dimension. Weltweit fehlten Schutzausrüstungen, Beatmungsgeräte, chirurgische Masken, Schutzkleidung und dergleichen. Die USA und die Länder der EU verfügten nicht über ausreichende Produktionskapazitäten.

Am 16. März 2020, als Italien unter dem Ausbruch der Pandemie massiv litt, telefonierte der chinesische Präsident Xi Jinping mit dem italienischen Premierminister Giuseppe Conte. Neben der Zusage, medizinische Hilfsmittel und Personal zu schicken, wurde im Gespräch auch die Idee entwickelt, gemeinsam eine »Gesundheitsseidenstraße« zu bauen. Seitdem hat China die diplomatischen Bemühungen verdoppelt, seine medizinische Hilfe weltweit anzubieten.

China produziert die Hälfte des globalen Bedarfs an Schutzequipment für das Gesundheitswesen. Da das Land nach anfänglichen Schwierigkeiten die Pandemie durch radikale Maßnahmen unter Kontrolle halten konnte, war China in der Lage, Material und Ausrüstungen weltweit anzubieten und zu exportieren. Auch die Erfahrungen beim Aufbau von Notkrankenhäusern wurden weitergegeben. Peking entsandte zudem Teams von Gesundheitsexperten in befreundete Länder der Neuen Seidenstraße und nach Afrika.

Die westlichen Länder, die sonst auf China herabschauen und keine Möglichkeit auslassen, in ihren Medien abfällig oder aggressiv über die Volksrepublik zu berichten, waren plötzlich auf deren Hilfe angewiesen. Unbeeindruckt von diesem – für den Westen beschämenden – Vorgang, vielleicht aber auch, um ihn hinter dieser Nebelwand verschwinden zu lassen, wurde behauptet, dass das Virus Folge eines Unfalls in einem chinesischen Labor gewesen sein könnte, in dem biologische Waffen entwickelt würden. Andere Verschwörungstheorien kolportierten, dass die Pandemie zur Strategie Pekings gehöre, sich die Welt zu unterwerfen. Das China-Bashing nahm deutlich zu und treibt bis heute aberwitzige Blüten.

Die *Health Silk Road* ist dennoch eine Erfolgsgeschichte. Nach den jahrelangen Anstrengungen und Investitionen in das eigene Gesundheitssystem, die Pharmaindustrie und in die Aufklärung der eigenen Bevölkerung war es keineswegs Zufall, dass China als erstes Land die Pandemie unter Kontrolle bringen konnte. Das Leben normalisierte sich, die Wirtschaft nahm wieder Fahrt auf und holte die Rückstände auf. Der Inlandtourismus kam wieder in Schwung, meine chinesischen Freunde schickten Fotos von ihren Reisen. Vor allem die touristischen Sehenswürdigkeiten und Naturschönheiten in der Provinz Xinjiang oder in Tibet wurden besucht. Xinjiang war augenscheinlich besonders gefragt, da dort aufgrund der Schreckensmeldungen über die Uiguren und wegen der strengen Quarantänebestimmungen kaum ausländische Touristen hinreisten, was dazu führte, dass die üblichen Sicherheitskontrollen für die einheimischen Touristen weniger intensiv waren. Die Reisekosten waren ebenfalls erschwinglich.

Der Preis für die Beherrschung der Pandemie war hingegen hoch: strikte Einreisekontrollen, harte Quarantänebestimmungen. Touristische Reisen nach China waren unmöglich und geschäftliche unterlagen strengen Vorschriften. Das brachte den internationalen Geschäftsreiseverkehr fast zum Erliegen. Das wirkte sich auf die Ökonomie – den Tourismus ausgenommen – allerdings nur marginal aus.

Dank der vorhandenen Kapazitäten der medizintechnischen Industrie und der uneingeschränkten Arbeitsfähigkeit der Unternehmen konnte die chinesische Wirtschaft die Welt mit medizinischen Ausrüstungen versorgen. Die Länder Afrikas und Asiens nahmen die Bereitschaft Chinas zur Hilfe an und schätzten diese hoch. Wie mir chinesische Freunde erklärten, hat China nicht vergessen, dass gerade diese Länder der Volksrepublik in den siebziger Jahren halfen, in der UNO Fuß zu fassen und sie auf der internationalen Bühne unterstützten. Auf diese Weise revanchierte man sich für die damals erwiesene Hilfe und bewiesene Freundschaft.

Von einigen westlichen Ländern wurde China vorgeworfen, es habe die Pandemie für politische Zwecke missbraucht, es ging die Rede von der »Masken-Diplomatie«. In der *Frankfurter Allgemeinen Sonntagszeitung* hieß es am 20. Februar 2022 unter der Überschrift »Pekings Spritzendiplomatie«, die Pandemie sei für die Chinesen »ein lohnendes Geschäft – nicht nur finanziell«. So überrascht es denn auch nicht, dass die Verdopplung des chinesischen Beitrages etwa für die Weltgesundheitsorganisation (WHO) und andere UNO-Einrichtungen im Westen keineswegs positiv, sondern ausschließlich kritisch gesehen wurde. Dem Generaldirektor der WHO wurde vorgeworfen, er wäre von China beeinflusst, wenn nicht gar gekauft worden. Der ehemalige Außenminister und Ex-Gesundheitsminister Äthiopiens hatte nämlich erklärt: »China setzt derzeit neue Maßstäbe bei der Reaktion auf einen Ausbruch.« Man muss kein Prophet sein, um zu ahnen, dass Tedros

Adhanom Ghebreyesus nach dem Ende seiner fünfjährigen Amtszeit im Mai 2022 vermutlich nicht wieder zum WHO-Generaldirektor gewählt werden wird.

Gleiches Misstrauen wurde im Westen gegen die in China und Russland entwickelten Vakzine gesät. Selbst in diesen Staaten, so die westliche Propaganda, sei die Ablehnung sehr hoch, weshalb sich Chinesen und Russen kaum impfen ließen.

Bis Ende November 2021 ließen sich 83 Prozent der chinesischen Bevölkerung impfen. Auch erfüllen die Impfstoffe die erwarteten Effekte bei der Bekämpfung der Pandemie.

Seit Anfang 2022 tauchten in der deutschen Presse Berichte auf, wonach der chinesische Impfstoff nicht vor neuen Corona-Varianten schütze. Chinesische Statistiken zeigen aber, dass der chinesische Impfstoff gut auch gegen neue Mutationen wie Omikron wirkt.

Die meisten Impfstoffe wurden bis Ende 2021 in China, Europa und den USA hergestellt, insgesamt 6,8 Milliarden Dosen, ausreichend, um alle relevanten Erdenbewohner zu impfen. Aus afrikanischen und asiatischen Ländern kommen Klagen, dass die Europäer die Impfstoffe für den eigenen Verbrauch zurückhielten. In Afrika und Asien liegen die nationalen Impfquoten in der Regel unter zehn Prozent. Das liegt nicht an der mangelnden Impfbereitschaft, sondern an den fehlenden Mitteln, um Impfstoffe auf dem globalen Markt kaufen zu können. Die kostenreduzierte Verteilung durch die internationale UN-Organisation COVAX reicht nicht aus. China ist bislang das einzige Land, welches sowohl die Patente als auch das Produktionsverfahren für die Herstellung eines Impfstoffes freigab. Bis Ende 2021 nahmen Pharmazieunternehmen in Ägypten und Marokko das Angebot an und produzieren den chinesischen Impfstoff. Die großen westlichen Pharmakonzerne AstraZeneca, Pfizer/BioNTech, Johnson & Johnson und Moderna liefern ihre Impfstoffe fast ausschließlich in reiche Länder, chinesische und russische Unternehmen hingegen an Länder mit mittlerem und niedrigerem BIP, so das *ZDF* am 2. Januar 2022.

Bis Ende November 2021 stellte China 1,3 Milliarden Impfdosen anderen Ländern zur Verfügung, davon gingen 65 Prozent an Länder in Asien, 22 Prozent nach Lateinamerika und 10 Prozent nach Afrika, das waren 117 Millionen Dosen. Der winzige Rest ging nach Europa.

Auf dem letzte FOCAC-Treffen im November 2021 in Dakar informierte der chinesische Präsident, dass im Jahre 2022 eine Milliarde Impfdosen an Afrika geliefert werden. (Die EU wird 28 Millionen Dosen bereitstellen.)

Eines ist während der Corona-Pandemie ebenfalls deutlich geworden: Eine Versorgung mit sauberem Wasser und eine ordentliche Entsorgung der Abwässer (einschließlich Toiletten) sowie die Bereitstellung von Gesundheitsequipment sind von entscheidender Bedeutung. Darüber hinaus unterstreicht die Pandemie auch die Notwendigkeit, die öffentliche Gesundheitsinfrastruktur in die Informations- und Kommunikationsinfrastruktur zu integrieren. Mobile Computer und ein stabiler Internetzugang ermöglichen es, rechtzeitig auf medizinische Probleme aufmerksam zu werden und darauf reagieren zu können. Die schwer in Gang gekommene Bekämpfung der Pandemie in Deutschland ist wesentlich auf die unterentwickelte digitale Infrastruktur zurückzuführen.

China ist bereits heute der größte Exporteur von medizinischen Schutzausrüstungen und bestimmten Medikamenten. Das Land ist bestrebt, in die Herstellung und den Export anspruchsvoller medizinischer Geräte einzusteigen. Angesichts der begrenzten Produktionskapazitäten einiger dieser Produkte in den Entwicklungsländern wird China seine Investitionen in die Herstellung grundlegender Gesundheitsausrüstungen in diesen Ländern erhöhen. Besonders in den Industrieparks, die bereits im Rahmen der Neuen Seidenstraße geschaffen wurden, sollen solche Produktionsstätten entstehen.

Die Bezeichnung *Health Silk Road* wird nicht nur von China verwendet, sondern auch in Afrika, Asien und Lateinamerika. Das weist auf eine Tradition. Die »Gesundheitsseidenstraße« knüpft an frühere Erfahrungen an. Aber es zeigt auch, dass China während der Coronavirus-Pandemie eine globale Führungsrolle im Gesundheitsbereich übernommen hatte.

Die chinesische Regierung leistete medizinische Hilfe und Beratung auf bilateraler Basis, oft direkt von lokalen chinesischen Botschaften wie denen in Malaysia, den Philippinen und Griechenland. In anderen Fällen wurde die medizinische Versorgung von Unternehmen bereitgestellt, die sich an Seidenstraßen-Projekten im Ausland beteiligen, etwa Huawei oder die China Communications Construction Company. Jack Ma und seine Alibaba Foundations haben Hilfspakete in Dutzende von Ländern geliefert, von Uganda über die Ukraine bis hin zu den Vereinigten Staaten. China gewährte einigen betroffenen Ländern wirtschaftliche Unterstützung, damit sich diese medizinische Hilfsmittel und Vakzine auf dem Weltmarkt kaufen konnten. So ging ein weiteres Darlehen in Höhe von 500 Millionen Dollar an Sri Lanka.

China übernahm eine koordinierende Funktion in multilateralen Foren. Der chinesische Präsident sprach zum Thema auf dem virtuellen Treffen der Staats- und Regierungschefs der G20, und chinesische Vertreter beschäftigten sich damit auf Zusammenkünften der ASEAN-Staaten, des europäischen Verbundes »17+1« und der Afrikanischen Union.

Die Schuldenfalle
und der Neokolonialismus

Mit seiner Finanzpolitik im Kontext der Neuen Seidenstraße betreibe China Schuldendiplomatie, was eine besondere Form des Neokolonialismus darstelle. So verbreiten die westlichen Medien. Peking wird gerügt, weil es mit seinen Krediten einerseits Staaten abhängig mache, sie in eine Schuldenfalle treibe, und andererseits damit sich immer mehr Märkte und Ressourcen erschlösse.

Selbst wenn zuträfe, dass dieser Plan hinter allen chinesischen Aktivitäten steckte: Er wäre so neu und einzigartig nicht. Nicht anders handeln nämlich die imperialistischen Staaten – in denen diese Medien solches verbreiten – seit nunmehr wohl 150 Jahren. Die Chinesen hätten wohl keinen Anspruch auf ein Copyright.

Allerdings ist diese Unterstellung unzutreffend, China wolle die Weltherrschaft und den Völker sein Gesellschaftsmodell aufzwingen. Es ist eine zweckdienliche Propaganda-Lüge, mit der Furcht vor einer vermeintlichen Bedrohung geschürt wird.

Nach dem Zweiten Weltkrieg zerbrachen die jahrhundertealten Kolonialreiche, endeten Ausbeutung und Unterdrückung entrechteter Völker auf drei Kontinenten. Die Entlassung in die Selbstständigkeit beendete jedoch keineswegs die Probleme, sondern offenbarte neue. Die Überwindung von Rückständigkeit, von Not und Elend, von ethnischen Konflikten und andere Hinterlassenschaften der Kolonialmächte überforderten oft jene, die nun die politische Herrschaft übernahmen.

Die einstigen Kolonialmächte machten sich anheischig, Entwicklungshilfe zu leisten. Mit dem Geld finanzierten sie oft eine neue nationale Bourgeoisie, die dafür sorgte, dass Ruhe im Land herrschte und die nationalen Reichtümer wie gewohnt geplündert wurden. Es wurden da und dort auch Schulen und Betriebe errichtet, Brunnen gebohrt und Brücken gebaut, aber diese Investitionen stellten keine nachhaltige und systematische Entwicklungspolitik dar. Im Gegenteil: Sie zerstörten traditionelle Lebensweisen und ruinierten die dominierende Landwirtschaft. Die auf afrikanischen Märkten angebotenen hochsubventionierten Lebensmittel aus der EU werden zu Preisen angeboten, die unter den Herstellungskosten der einheimischen Bauern liegen, welche dadurch ruiniert werden. Es werden auf riesigen Plantagen Cash Crops angebaut, landwirtschaftliche Kulturen ausschließlich für Exportzwecke, womit diese Flächen der Eigenversorgung verloren gehen. Es wird der Müll aus den Industrieländern entsorgt, aus dem die Menschen verwertbare Reste klauben. Rohstoffe werden mit primitiven Mitteln unter lebensgefährlichen Umständen aus der Erde geholt und für kleines Geld in die reichen, vormals Kolonialstaaten verbracht ... Dieses neokoloniale Joch drückt nicht minder als das frühere koloniale Joch.

Davon wollen sich immer mehr Gesellschaften im »armen Süden« befreien. Die Volksrepublik bietet Alternativen zu dem Modell, das der Westen als »Freiheit des Marktes« anbietet.

Zur Freiheit des Marktes, zum weltweit ungehinderten Zugang zu allen nationalen Märkten und dem vermeintlich freien Wettbewerb aller Bewerber, gehört auch die Freiheit des Kapitals und das von ihm ausgeübte Recht des Stärkeren. Es bestimmt die Bedingungen, die auf dem Markt herrschen. Die Öffnung der Märkte des Südens bedeutet nicht, dass die Märkte der Industriestaaten auch für die Waren des Südens geöffnet werden. Da sind Zolltarife und Importbestimmungen davor.

Freie Märkte heißt auch Kapitalexport, um sich die Wirtschaft im Süden anzueignen, um beispielsweise arbeitsintensive und meist auch umweltschädliche Produktionen dorthin zu verlagern. Die Landeswährungen werden auf dem Finanzmarkt freigegeben, als Ware gehandelt, und sind damit konjunkturellen Schwankungen ausgeliefert. Die Leitwährung US-Dollar ist ein wirksames Werkzeug zur Durchsetzung von politischen Forderungen in Form von Sanktionen.

Straßen und Eisenbahnen sind nur von den Rohstoffquellen zu den Exporthäfen notwendig. Reisen innerhalb des Kontinents und innerhalb des Landes bringt keinen Nutzen für das Kapital aus dem »Norden«. Die Folge: keine Investitionen für innerkontinentale oder Inlandsinfrastrukturen.

Es werden den Ländern des Südens Kredite zu günstigen Zinsbedingungen offeriert, die aber verbunden sind mit politischen und wirtschaftlichen Konditionen. Diese Forderungen zielen allerdings nicht auf die Erhöhung der Produktivität in der Wirtschaft, nicht auf die Verbesserung der sozialen Lage der Menschen im Lande, nicht auf die Stärkung von Institutionen des Staates, der den Kredit nimmt, und damit zur Hebung seines Selbstbewusstseins. Die Parole heißt *freedom and democrazy* – kurz, es geht um die Übernahme des politischen Systems, das in den einstigen Kolonialmächten herrscht, welche sich »Demokratien« nennen.

Letztlich sollen die Kreditnehmer dafür sorgen, dass es bei ihnen so wird wie bei den Kreditgebern. Das funktioniert nicht: Geschichte, Tradition, Erfahrung, Geografie, Bildungsstand, Wirtschaftsniveau und dergleichen sprechen entschieden dagegen.

China berücksichtigt diese Faktoren, reagiert sensibler auf die Unterschiede und unterlässt es, Einfluss zu nehmen auf die inneren Verhältnisse. Dadurch wird es als Partner akzeptiert.

Die Schuldenfallen-Behauptung ist ein ideologischer Kampfbegriff, den die USA in die Welt brachten. Im März 2019 erhob US-Außenminister Pompeo den Vorwurf, China vergebe aus geostrategischen Interessen gezielt Kredite an mittellose Länder, die sie nicht zurückzahlen könnten, um sie dadurch abhängig zu machen. Als Beweis für diese steile These – es ist das einzige Beispiel, sonst würde dieser Fall nicht immer wieder zitiert, sondern auch mal durch einen anderen ersetzt werden – gilt der Hafen Hambantota auf Sri Lanka.

Sri Lanka überschrieb im Dezember 2017 China die Nutzungsrechte für 99 Jahre, weil es seine Verbindlichkeiten nicht mehr bedienen konnte. Die Idee für den Hafenneubau kam jedoch nicht aus China, sondern war Bestandteil des offiziellen Entwicklungsplanes Sri Lankas. Zur Finanzierung lieh sich Sri Lanka Gelder bei chinesischen Staatsbanken, doch aufgrund der Unwirtschaftlichkeit des Hafens und anderer Fehler konnte das Land die Kredite nicht mehr bedienen, weshalb trotz verschiedener Umschuldungsversuche nur eine Option blieb: die Übertragung der Nutzungsrechte an China.

Die Rhodium Group – ein in den USA ansässiges und unabhängiges Unternehmen, das seit Jahrzehnten Wirtschaftsdaten analysiert – untersuchte danach vierzig Fälle, in denen Kredite chinesischer Staatsbanken nachverhandelt worden waren. Das gilt immer als Indiz für gewisse Unregelmäßigkeiten. Die Forscher urteilten danach, dass die Übernahme von Vermögenswerten, wie in Sri Lanka geschehen, »ein sehr seltener Vorgang« sei.

In sechzehn der vierzig analysierten Fälle habe China die Schulden abgeschrieben, elf Mal die Rückzahlungsfristen verlängert und in jeweils vier Fällen eine Refinanzierung, eine Neuverhandlung der Konditionen oder einen Abbruch der Zahlungen vereinbart. »Das weist einerseits darauf hin, dass Peking sich durchaus gesprächsbereit zeigt, wenn Länder in Zahlungsschwierigkeiten geraten. Andererseits zeigt die hohe Zahl an Nachverhandlungen, dass die von China finanzierten Projekte sich häufig als wirtschaftlich nicht tragfähig erwiesen haben«, konstatierte die *Frankfurter Allgemeine Zeitung* am 6. Mai 2019.

Von Wirtschaft, das kann man unterstellen, verstehen die Chinesen inzwischen ein wenig. Wenn sie also ihre auf dem Weltmarkt verdienten Devisen in Projekte stecken, die sich nicht rechnen, kann wohl kaum Profitstreben sie zum Handeln veranlasst haben. Was also dann?

Prof. Deborah Brautigam von der Johns Hopkins University in Baltimore/USA untersucht ebenfalls seit Jahren die chinesischen Finanzströme. In einem Beitrag in der *New York Times* (»Is China the World's Loan Shark?«, »Ist China der Kredithai der Welt?«, 26. April 2019) widersprach sie der Behauptung, die Chinesen würden vorzugsweise in unwirtschaftliche Projekte investieren, um dadurch strategische Vorteile zu erlangen.

Von den siebzehn afrikanischen Staaten, die derzeit in einer Schuldenkrise steckten, stünden lediglich drei vornehmlich bei den Chinesen in der Kreide ...

Also die Behauptung einer Schuldenfallen-Politik, vorzugsweise mit dem von den Chinesen verfolgten interkontinentalen Infrastrukturprojekt Neue Seidenstraße penetriert, erweist sich bei genauer Betrachtung als Schimäre.

Die chinesische Hafengesellschaft von Hambantota auf Sri Lanka verzeichnete übrigens im ersten Halbjahr 2021 erstmals Gewinne. Es wurden 1,2 Millionen Tonnen Ladung und 281 000 PKW umgeschlagen.

Der Flughafen nahebei wird auch gern als ein Beispiel für die angebliche Schuldenfallen-Diplomatie Chinas genannt, da er in den ersten Jahren praktisch nicht genutzt wurde. Das hängt aber vor allem mit einigen unglücklichen Umständen zusammen. Erstens wurde wegen des Regierungswechsels verschiedene Objekte nicht weitergeführt, wie die Autobahn nach Colombo oder die touristischen Einrichtungen im Yala National Park, und zweitens brach der Tourismus auf Grund der terroristischen Anschläge Anfang 2019 und wegen der nachfolgenden Corona-Pandemie zusammen.

Bis 2023 soll auch die Eisenbahnverbindung zwischen Colombo und Hambantota fertiggestellt werden.

Ein indisch geführtes Unternehmen, Meghraj, schloss sich dem in Großbritannien ansässigen Ingenieurbüro Atkins Limited in einem internationalen Konsortium an, um den langfristigen Plan für den Hafen und die Region von Hambantota und für die Entwicklung einer neuen Geschäftszone zu entwerfen.

Shiran Illanperuma, ein Forschungsanalyst bei *Econsult Asia,* der führenden Finanzberatung in Sri Lanka, erklärte in einem Interview am 3. Dezember 2021, die Schulden Sri Lankas bei China betrügen nur 10 Prozent seiner Verbindlichkeiten. Fünfzig Prozent, also die Hälfte, entfielen auf internationale Staatsanleihen, von denen die meisten von US-Banken und -Finanzinstituten gehalten würden. Sri Lanka stünde bei China nicht tiefer in der Kreide als bei Japan oder der *Asia*

Development Bank (ADB). Niemand würde aber behaupten, dass Sri Lanka in eine japanische oder ADB-Schuldenfalle gelockt worden sei.

Auch Seidenstraßen-Projekte in Malaysia gerieten in die Diskussion über eine mögliche Schuldenfalle. Während eines Staatsbesuches des malaysischen Präsidenten in China vereinbarten beide Staaten Investitionen in den *East Coast Railway Link,* jene bereits im Buch behandelte Eisenbahnverbindung von China bis nach Singapur, und in zwei Öl-Pipelines. Kreditvolumen: 23 Milliarden Dollar. Nach einem Regierungswechsel 2018 kündigte der neue Präsident die Verträge mit der Begründung, die Projekte seien zu teuer und schafften keine Arbeitsplätze. Malaysia könne die Kredite niemals zurückzahlen und sei in eine Schuldenfalle gelockt worden.

Im Zusammenhang mit der Aufnahme einer chinesisch-malaysischen Autoproduktion wurden die Verträge allerdings erneut verhandelt. Im Jahr 2019 wurde der Vertrag für den Bau der 670 Kilometer langen Eisenbahntrasse fixiert. Der Streckenverlauf war verändert, die Leistungen reduziert worden. Investitionsvolumen: 10,6 Milliarden Dollar. Im Gegenzug wollte China in den nächsten fünf Jahren zusätzlich 1,9 Millionen Tonnen Palmöl importieren. Also ein ausgeglichenes Geschäft.

Die jüngsten Anschuldigungen beziehen sich auf den Flughafen Entebbe in Uganda, der angeblich von China wegen fehlender Schuldenbedienung beschlagnahmt worden sei.

Im Jahr 2017 erhielt Uganda von der chinesischen Export-Import-Bank ein Darlehen in Höhe von 207 Millionen Dollar für den hauptstädtischen Airport. Die Rückzahlung sollte über zwanzig Jahre gestreckt werden – mit einer tilgungsfreien Zeit von sieben Jahren.

Ende November 2021 wurde berichtet, dass Entebbe International kurz davor stehe, von China übernommen zu werden, nachdem die ugandische Regierung mit dem Kredit in Verzug geraten war. Die Regierung dementierte dieses Gerücht und kündigte an, das Darlehen zurückzuzahlen. Auch die chinesische Botschaft in Uganda wies das Gerücht von einer Übernahme des Flughafens in einer Erklärung auf Twitter als böswillig zurück.

Ursächlich war nicht böser Wille, sondern Unfähigkeit. Ein Lokalreporter hatte aus dem Vertrag etwas herausgelesen, was dort nicht stand. Sein Bericht wurde von der Presse im Ausland gern aufgegriffen, weil er das bestehende Vorurteil von der chinesischen Schuldenfalle zu bestätigen schien.

Refinitiv, ein US-amerikanisches Dienstleistungsunternehmen, das Wirtschaftsdaten aufbereitet und an Banken, Investmentunternehmen und andere Organisationen verkauft, kam zu dem Schluss, dass im Rahmen der Neuen Seidenstraße bis 2019 Projekte über 516 Milliarden Dollar abgeschlossen wurden – bei einer Stornierungsrate von nur 0,3 Prozent. Die Studie listete weltweit 2631 verschiedene Projekte in mehr als 120 Ländern auf.

Die Studie von Refinitiv entkräftete die Warnungen vor einer »Schuldenfalle«, in der die teilnehmenden Länder geraten könnten. Die Teilnahme an der *Belt and Road Initiative* sei keinem Staat aufgenötigt oder gar aufgezwungen worden. Der Umgang der Chinesen mit den Partnern sei weder dogmatisch noch monolithisch, Peking sei flexibler und pragmatischer, als man es der chinesischen Führung zugetraut habe. Würden BRI-Projekte als zu teuer oder unpopulär wahrgenommen, dann verhandelten die Partnerländer mit China, das seine Position in der Regel entsprechend anpasst.

Die Vorstellung, dass Entwicklungsländer blind und naiv einseitige Bedingungen akzeptierten und für sich nachteilige Vereinbarungen träfen, ist beleidigend. Dieser Gedanke fußt auf dem Denkmuster des Westens als »Heilsbringer«, mit dem seit Jahrhunderten Kolonialismus und Herrschaft gerechtfertigt werden. Es besteht ein erstaunlicher Mangel an historischem Bewusstsein und Sensibilität bei denen, die solche Behauptungen vertreten.

Build Back Better World und Global Gateway

In den neunziger Jahren wurde ich in vielen Diskussionen mit der These konfrontiert, das chinesische Regime werde bald zusammenbrechen. Diese Meinung wurde von Kollegen aus verschiedenen Ländern Westeuropas geäußert, mit denen ich in Peking zusammen arbeitete. Wegen des geschlossenen Finanzsystems und wegen der vielen, die freie Wirtschaft einschränkenden Vorschriften.

Mit meinen bis dahin geringen Erfahrungen mit der Finanzwelt konnte ich die Substanz dieser Prognosen nicht beurteilen. Ich sah lediglich die flexible Politik der chinesischen Führung, die zwar an dem Prinzip »Beschränkung und Kontrolle des ausländischen Kapitals« festhielt, aber schrittweise mehr ökonomische Freiräume öffnete. Ich konnte das sehr gut an unserem Logistik-Joint Venture festmachen. Erst erlaubte unsere Lizenz, nur in der Sonderwirtschaftszone von Tianjin (TEDA) Transporte zu akquirieren, dann in der Provinz und bald in ganz China. Auch im privaten Leben änderte sich alles schnell. Erst durften wir nur in besonders kontrollierten Hotels leben, dann in Wohnblocks für Ausländer ziehen, aber schon bald konnte ich überall in Peking nach einer Bleibe Ausschau halten. Die Regierung reagierte auf schnelle Veränderungen des sozialen Lebens und öffnete einen Bereich nach dem anderen. Die prophezeite harte Landung blieb aus. Das freute mich, da somit mein Arbeitsplatz weiter gesichert war.

Im nachfolgenden Jahrzehnt kamen aus der gleichen Ecke neue Untergangsprophezeiungen. Die wachsende Mittelklasse werde politische Freiheiten einfordern, die privaten Unternehmer würden die staatskapitalistische Wirtschaft transformieren und die Politik sich dem westlichen System annähern. In wenigen Jahren schon werden die kommunistischen Staatskapitalisten, die vom Volk abgehobene korrupte Schicht, verschwunden sein. Neue NGOs verbreiteten immer neuen Wahrsagungen, die doch immer die alten waren: Dieses System hat keine Zukunft, es wird nicht einmal die Gegenwart überleben.

Ich wunderte mich. Wo lebten diese Leute?

Und sah: Sie lebten in geschlossenen Ausländerblasen. Einer Bubble, wie es immer in der Olympia-Berichterstattung hieß. Ich lebte in jener Zeit schon lange mit meiner chinesischen Frau in einer Wohnsiedlung mit überwiegend chinesischen Einwohnern zusammen und sah ein anderes China.

Der »Wandel« blieb bis heute aus. China hat den Westen betrogen. China hat vom Westen alles genommen, sich aber nicht verändert, hieß nun die These. Vor allem hat China dem Westen die Arbeitsplätze weggenommen und die Welt mit billigen Produkten überflutet.

Und dann verkündete der neue Präsident eine *Belt and Road Initiative*. China wolle in nahen und fernen Ländern Infrastrukturen entwickeln und ihnen helfen, für Wohlstand zu sorgen.

Die westlichen »China-Experten« lachten, die Medien und Politiker übertrafen sich in hämischen Kommentaren: China übernimmt sich. China entzieht der eigenen Bevölkerung die finanziellen Mittel für den weiteren Aufbau. Die Neue Seidenstraßen Initiative wird schon bald als Propagandablase platzen.

Als das nicht geschah, sondern immer mehr Länder an den Konferenzen teilnahmen – über 100 im Jahre 2015 –, wurden neben den Theorien vom baldigen Abebben der Euphorie neue Hypothesen kreiert: Schuldenfalle, Neokolonialismus, Aggression, Weltherrschaftspläne, Bedrohung der Demokratie …

Wie absurd das alles war, machte mir ein Student aus Ghana, den ich in Peking traf, mit einfachen Sätzen bewusst: »In England oder Deutschland könnte ich zwar besser leben, aber würde als Mensch zweiter Klasse behandelt werden. Hier in China treffen Menschen wie ich auf Verständnis. Die Chinesen haben wie wir unter dem europäischen Kolonialismus gelitten. Auch wenn die Chinesen heute sehr stolz sind, sich selbstbewusst als sehr erfolgreiche Nation sehen, behandeln sie uns gleichberechtigt.«

Der chinesische Präsident reist regelmäßig nach Afrika oder empfängt afrikanische Staatsoberhäupter in Peking, spricht mit ihnen wie mit Seinesgleichen. Was machen dagegen die europäischen Staatsoberhäupter oder der US-Präsident? Trump bezeichnete im Januar 2018 die armen Staaten als »Drecklöcher«. 54 afrikanische Staaten forderten daraufhin eine offizielle Entschuldigung des US-Präsidenten – die Aussage sei rassistisch und fremdenfeindlich. Die Entschuldigung blieb natürlich aus.

Im April 2018 berichtete die deutsche Wirtschaftszeitung *Handelsblatt,* dass 27 von 28 Botschaftern der EU in Peking einen Bericht erstellt haben, in dem sie den Vorwurf erhoben, die Neue Seidenstraße schränke den Freihandel ein und verschaffte subventionierten chinesischen Unternehmen Vorteile auf unfaire Weise. Der Einzige, der sich verweigerte, dieses denunziatorische Schreiben zu unterzeichnen, war der Botschafter Ungarns.

In Europa gab und gibt es Bedenken, dass China durch die *Belt and Road Initiative* versuche, industrielle Überkapazitäten im Inland abzufangen, indem es Waren und Dienstleistungen unter den Produktionskosten auf dem Weltmarkt anbietet. Das wäre eine Verzerrung des Wettbewerbs, heißt es. Darüber hinaus befürchten die politischen Entscheidungsträger in der EU, dass Peking die globalen Regeln für Handel und Investitionen neu gestalten würde – dass China die alten Regeln außer Kraft setzte.

Um 2020 begriffen die ersten westlichen Politiker, dass die Politik der VR China mit ihrer Strategie der Neuen Seidenstraße erfolgreich ist. Sie wird von der überwiegenden Zahl der UNO-Mitgliedsstaaten – ausgenommen die ehemaligen Kolonialmächte – geachtet, mindestens aber gebilligt. Die Zustimmung wächst. Also, da war man sich in den Hauptstädten der führenden Industriestaaten einig, müsse etwas dagegen unternommen werden. Es genüge nicht, das Regime zu kritisieren und verbal zu attackieren – man braucht eine Gegenstrategie.

Washington gründete eine Agentur, die US-International Development Finance Corporation, die bis zu 60 Milliarden Dollar ausgeben kann, um Chinas wachsendem Einfluss im Ausland entgegenzuwirken. Die EU hat eine eigene Strategie der Konnektivität für den eurasischen Raum verabschiedet.

US-Präsident Joe Biden erklärte im Juni 2021 auf dem Gipfeltreffen der G7-Staaten, dass die USA die Initiative *Build Back Better World* (B3W) als Antwort auf die *Belt and Road Initiative* ins Leben rufen werde und forderte Frankreich, Italien, Großbritannien, Deutschland, Japan und Kanada zur Mitwirkung auf – also jene Staaten, deren heutiger Wohlstand auf der jahrhundertelangen Unterdrückung anderer Nationen und Völker gründet. Sie wollen nun eine bessere Welt für die ehemals unterdrückten Völker bauen, nachdem sie seit mehr als sechzig Jahren die Unabhängigkeit dieser Völker erfolgreich verhindert haben.

Warum jetzt?

Weil China etwas getan hat, was endlich, nach so vielen Jahren, einen realistischen Aufbruch der armen Länder in eine bessere Zukunft signalisiert.

Also geht es den USA und ihren Bundesgenossen nicht um eine bessere Welt, sondern einzig und allein gegen China.

B3W sei eine auf westlichen Werten fußende Infrastrukturpartnerschaft mit einem Finanzvolumen von 40 Trillionen Dollar, die bis 2035 in Entwicklungsländer investiert werden sollen.

Als Joe Biden in Washington seinen Investmentplan für die USA vorstellte, sprach er die Zielstellung klar aus. Die Erneuerung der amerikanischen Infrastruktur ist Teil des Wettbewerbs mit China. Die USA müssen stark gemacht werden, um global gegen China gewappnet zu sein.

Das entworfene Konzept verfolgt ähnliche Ziele und Methoden wie die Neue Seidenstraße. Das heißt: Bereitstellung von Krediten und finanziellen Hilfeleistungen, um in den weniger entwickelten Regionen Infrastrukturprojekte voranzutreiben. Neben den Infrastrukturinvestitionen müsse auf

Klima, Gesundheit und Gesundheitsschutz, digitale Technologie und Geschlechtergleichstellung geachtet werden. Das müsse mit den westlich definierten Werten von Demokratie, Freiheit, Gleichheit, Rechtsstaatlichkeit, Respekt gegenüber den Menschenrechten verbunden werden. Dabei wird unterschieden zwischen »guten Ländern«, die bereit sind, dem westlichen Modell zu folgen, und jenen, die dies nicht vorhaben.

Damit wird keine »bessere Welt« entstehen, sondern deren Spaltung vertieft werden.

Bisher wurden keine Details bekannt außer den Versprechungen, die US-Außenminister Antony Blinken im Oktober 2021 vor der Versammlung der westafrikanischen Staatengemeinschaft (Economic Community Of West African States, ECOWAS) in Nigerias Hauptstadt Abuja mitteilte. Unmissverständlich machte er jedoch auch klar, dass es um amerikanische und weniger um afrikanische Arbeitsplätze gehe: »Wir werden mit unseren Partnern zusammenarbeiten, um die Regeln der wachsenden digitalen Wirtschaft zu Schlüsselthemen wie Datenschutz und -sicherheit zu gestalten, aber auf eine Weise, die unsere Werte widerspiegelt und Chancen für unsere Mitarbeiter eröffnet. Denn wenn wir sie nicht formen, werden es andere tun. Und es besteht eine gute Chance, dass sie es auf eine Weise tun werden, die unsere gemeinsamen Interessen oder unsere gemeinsamen Werte nicht fördert.«

Die Reaktionen der afrikanischen Länder waren deutlich. Die Bekämpfung des Klimawandels durch die Reduzierung der Energieträger bedeutet, dass diesen Ländern die wirtschaftliche Grundlage entzogen wird. Da verweigerten sie die Gefolgschaft.

Präsident Xi hingegen präsentierte eine einfache und klare Agenda: eine Milliarde Impfdosen, 300 Milliarden Dollar an erweitertem Handel, 10 Milliarden Dollar an Exportkrediten, 1500 Frauen und Männer medizinisches Personal und so weiter. Die Chinesen konzentrieren sich auf die kritischen Themen, auf Impfstoffe, Arbeitsplätze und Handel, die für jeden afrikanischen Präsidenten oder Premierminister ganz oben auf der Prioritätenliste stehen.

Werteorientierte Politik des Westens! Das heißt im Umkehrschluss, dass Afrika oder China keine werteorientierte Politik verfolgen, weil sie keine Werte haben.

Die heißen jedoch: gegenseitige und gleichberechtigte Anerkennung, Nichteinmischung, keine politischen Bedingungen und Harmonie anstatt Hegemonie eines Partners.

Die EU-Kommissionspräsidentin von der Leyen präsentierte am 1. Dezember 2021 die *Global Gateway Initiative*. Es sollte der europäische Beitrag zu B3W und die Antwort der EU auf Chinas Neue Seidenstraße sein. Investvolumen: 350 Milliarden Dollar. Wie bei B3W werden die Projekte zur globalen Vernetzung ebenfalls auf der Grundlage der »strategischen Interessen« der EU und nicht nur auf der Grundlage von Entwicklungshilfekriterien der alten Schule entschieden.

Das Konzept, welches hinter der Global Gateway Initiative steht, ist für die EU nicht neu. Schon 2018 hatte die EU eine Konnektivitätsstrategie für den eurasischen Raum vorgelegt. Auch das sollte als Antwort auf die BRI verstanden werden. Allerdings ist in den Jahren seither nicht viel passiert. Vermutlich passiert auch jetzt nichts. Bisher liegen noch keine Details über eventuelle Projekte der neu formulierten Strategie vor. Eine erste Bestandsaufnahmesitzung sei für Juni 2022 geplant, heißt es.

Aus Afrika kam sofort die Frage, ob diese Initiative für Afrika oder lediglich gegen China sei.

Wenn die EU Afrika, Asien und Lateinamerika wirklich helfen wollte, müsste sie gemeinsam mit China eine Entwicklungsstrategie ausarbeiten. Zentralasien und Südostasien brauchten die EU nicht mehr.

Es gibt aber Hoffnung: Die Europäische Bank für Wiederaufbau wird gemeinsam mit der Asiatischen Infrastruktur-Investitionsbank eine Studie über mögliche Eisenbahnkorridore durch Länder wie den Iran, Syrien, Indien, Pakistan, Irak, Afghanistan bis nach China erstellen.

Harmonie statt Hegemonie

Ein chinesisches Sprichwort lautet: Ein Tropfen Güte wird mit einer sprudelnden Quelle an Güte zurückgegeben.

China ist eines der wenigen oder sogar das einzige Entwicklungsland, welches in den letzten Jahrzehnten die absolute Armut überwunden hat. Nach der Beendigung des Bürgerkrieges und der Gründung der Volksrepublik Chinas durchlebte das Land eine Phase der Versuche, eine neue, bessere Gesellschaft aufzubauen. Es gelang, die Nation zu vereinen und dem Volk das Selbstbewusstsein wieder zurückzugeben. Der Lebensstandard der Menschen verbesserte sich jedoch nicht wesentlich. 1978 gehörte China noch immer zu den ärmsten Ländern der Welt. Es wurde gehungert. Das BIP pro Kopf betrug nur zwei Prozent zu dem in den USA und zehn Prozent von dem sowjetischen Bruttoinlandsprodukt pro Person. Über 80 Prozent der Bevölkerung lebten auf dem Land, 80 Prozent der Chinesen waren Analphabeten.

Das Land hatte in den vergangenen Jahrzehnten tiefgreifende Erschütterungen erlebt: Krieg gegen Japan und Bürgerkrieg, Spaltung der Gesellschaft in Anhänger der Kuomintang und die des neuen kommunistischen Chinas. Jegliches Privateigentum wurde abgeschafft und das kulturelle chinesische Erbe während der Kulturrevolution in den sechziger Jahren in Frage gestellt. Das gesellschaftliche System der Sowjetunion und deren Hilfe und Vorherrschaft wurden übernommen und ökonomische Experimente mit dramatischen Folgen initiiert. Die Wirtschaft lag in den siebziger Jahren praktisch am Boden.

Kein halbes Jahrhundert später ist China die zweitstärkste Wirtschaftskraft nach den USA, gemessen an der Kaufkraftparität sogar die größte der Welt, zudem diejenige mit der höchsten Innovationsdynamik und den höchsten Wachstumsraten.

Das Bruttoinlandsprodukt 1980 betrug 191 Milliarden Dollar, zwanzig Jahre später war es etwa sechs Mal so viel. In den folgenden zwei Jahrzehnten wuchs es auf 13 608 Milliarden (2019).

Mit dem BIP pro Kopf liegt China heute im Mittelfeld. China ist kein Niedriglohnland mehr, es ist ein Industrieland mit einem stark wachsenden Anteil an Dienstleistungen. Waren seinerzeit noch vier Fünftel der Bevölkerung in der Landwirtschaft tätig, sind es heute keine dreißig Prozent.

Die existenzielle Unsicherheit, eine normale Erscheinung des Kapitalismus, ist in China fast vollständig überwunden. Es gibt ein landesweites, umfassendes Sozialversicherungssystem für alle Beschäftigten. Die Lebenserwartungen stiegen von etwa 45 Jahren (1955) auf 75 im Jahr 2020.

Seit dem Jahr 2000 sind doppelt so viel Chinesen in die Mittelschicht aufgestiegen wie Amerikaner. Und: Seit der Jahrtausendwende hat sich das Vermögen der Chinesen vervierfacht – China stellt derzeit 20 Prozent der Weltbevölkerung und besitzt nach aktuellen Zahlen 10 Prozent des globalen Vermögens.

Ein Vergleich der BIP pro Kopf zwischen Indien und China zeigt die enorme Entwicklung Chinas am deutlichsten, denn beide Länder befanden sich nach der Befreiung 1949 auf gleichem Niveau. 2019 war das BIP/Kopf in China fünf Mal so hoch wie in Indien: 10 522 Dollar zu 2098 Dollar.

Wie war das möglich?

China leitete 1978 einen einmaligen Reformprozess ein. Die Führung der zentralistisch regierten VR China, die Kommunistische Partei Chinas, hatte erkannt, dass die Abschaffung des Privateigentums und die zentrale Planung der Volkswirtschaft bis ins letzte Detail – als sowjetische Kopie – nicht zum erwünschten Erfolg führten. Motivation und Eigeninitiative gingen verloren, der sozialistische Wettbewerb konnte dies nicht ersetzen. Der Reformer Deng Xiaoping initiierte einen komplexen gesellschaftlichen Umbruch.

Als erstes sollte die Landwirtschaft mobilisiert werden, indem die dortigen Volkskommunen aufgelöst und die Nutzungsrechte auf die Bauernfamilien übertragen wurden. Das war der Startschuss für ein schnelles Wachstum der chinesischen Landwirtschaft und letztlich auch der Industrialisierung. Dabei wurden drei Grundprinzipien formuliert:

1. Kein privates Eigentum an Grund und Boden, aber Eigentum der Kommunen,
2. die Nutzungsrechte werden auf die Produzenten übertragen, die die Rechte selbst ausüben oder auch weiter reichen können, und
3. die Nutzer des Grunds und Bodens sind für die profitable Bewirtschaftung verantwortlich.

Gewinne aus der Nutzung des kommunalen Bodens wurden nach Erfüllung der staatlichen Abgaben privatisiert. Durch die Steigerung der landwirtschaftlichen Produktivität wurden Arbeitskräfte freigesetzt, die in lokalen Produktionseinheiten Güter des täglichen Bedarfs produzieren konnten. In der Folge kamen Dörfer zu Wohlstand und erweiterten ihre Möglichkeiten auf den Märkten. Andere freigesetzte landwirtschaftliche Arbeitskräfte wanderten in die Küstenregionen, in die neu entstehenden Sonderwirtschaftszonen. Die Periode der Arbeitsmigration setzte ein.

Nach der erfolgreichen Reform in der Landwirtschaft nahm die KPCh gemeinsam mit den Arbeitern und Ingenieuren die Reform der Industrie in Angriff. Man bemühte sich, moderne Technologien einzuführen und Industriezweige dem Weltmarkt zu öffnen. Dengs Reformen lassen sich mit Lenins Neuer Ökonomischer Politik (NÖP) vergleichen und folgten der Losung, dass es genüge, die Kommandohöhen der Wirtschaft zu besetzen.

Ab 1988 konnten private Unternehmen mit mehr als sieben Beschäftigten gegründet werden. In den strategisch wichtigen Industriezweigen wurden neben den Staatsbetrieben Joint Ventures mit einer über 50-prozentigen Beteiligung des Staates und einer Minderheitenbeteiligung von ausländischem Kapitals zugelassen. Staatsbetriebe, die bislang die Grundsicherung (»eiserne Reisschlüssel«) garantierten, wurden an Provinzbehörden übergeben oder in Aktiengesellschaften mit staatlicher Mehrheit umgewandelt.

2017 gab das Nationale Statistische Büro die Existenz von 27 Millionen privaten Firmen und 65 Millionen individuellen Unternehmen an. Diese privaten Unternehmen erwirtschafteten 60 Prozent des BIP und waren verantwortlich für 65 Prozent der angemeldeten Patente, für 80 Prozent der neuen Produktentwicklungen und für 90 Prozent der neu entstandenen Jobs.

Der Anteil des ausländischen Kapitals dagegen nahm tendenziell ab.

Heute gibt es nur noch etwa 100 große staatseigene Unternehmen, die einer ministeriumsähnlichen Institution unterstellt sind und ausschließlich in Sektoren der Grundversorgung tätig sind, darunter Infrastruktur, Telekommunikation, Energieversorgung, Finanz- und Versicherungswesen, Gesundheitswesen und Pharmazie. Statt Erzielung maximalen Profits besteht deren Aufgabe darin, das wirtschaftliche Rückgrat der sozialistischen Wirtschaft zu bilden, die Stabilität des Staates und die Grundabsicherung der Gesellschaft zu garantieren – entsprechend der Politik der KPCh.

Das durchschnittliche Einkommen in China lag 2020 im weltweiten Vergleich bei 15 000 Dollar pro Kopf und Jahr und damit über dem weltweiten Durchschnitt und noch vor dem in Russland oder Malaysia.

Mit diesem Lohnniveau war China im Billiglohn-Sektor nicht mehr konkurrenzfähig. Die internationalen Textil-, Pharma- und auch Elektronikkonzerne verlagerten darum ihre Produktion von China nach Indien, Bangladesch oder Vietnam. In der gleichen Zeit begann China zwangsläufig die eigene Industrie auf die Produktion hochwertiger Güter umzustellen und verlagerte eigene Produktionsstätten nach Afrika. China schafft damit dort neue Arbeitsplätze, fördert den Aufbau einer lokalen Industrie und trägt auf diese Weise zur Hebung des Lebensstandards dort bei. So baute China eine Textilfabrik in Äthiopien, eine Fabrik für die Herstellung von Glasfaser-Kabel in Ägypten und für Computer in Ghana.

Die Transformation von der Werkstatt der Welt zu einer innovativen, hochproduktiven Wirtschaft setzte Produktionskapazitäten und Arbeitskräfte frei, für die neue Verwertungsmöglichkeiten geschaffen werden mussten. Dieser Prozess setzte schon Anfang der neunziger Jahre ein und nannte sich Go out-Politik. Die VR China verfügte über gewaltige Bau- und Stahl-Überkapazitäten, über große Reserven von Facharbeitern, von Ingenieuren der Bau- und Kommunikationsindustrie, über Unternehmen mit langjährigen Erfahrungen und fähig, Mammut-Projekte zu realisieren.

Zugleich begann China infolge des Exportüberhangs große Währungsreserven anzuhäufen, die für Investitionen im Ausland genutzt werden konnten. Im Jahre 2010 betrugen die Reserven 2847 Milliarden Dollar, bis 2014 stiegen sie auf 3843 Milliarden. 500 Milliarden davon flossen bis 2016 in Projekte der 2013 gestarteten Neuen Seidenstraße

1990 gab es in China gerade einmal 2000 km Autobahnen und ein lückenhaftes eingleisiges Schienennetz. Heute hat das Land weit über 100 000 Autobahn-Kilometer, China ist durch ein komplettes Schienennetz erschlossen, mehr als 30 000 km sind für Hochgeschwindigkeitszüge ausgelegt. 80 Prozent der chinesischen Großstädte mit über einer Million Einwohner sind mittels der mit 350 km/h verkehrenden Züge verbunden.

In den neunziger Jahre wunderten sich Besucher, dass Peking von sechs Ringstraßen, oft sechsspurige Autobahnen, umschlossen wurde, obwohl es kaum Verkehr gab. Dabei handelte es sich nicht nur um Autobahnen, sondern es waren die Trassen einer komplexen Infrastruktur: Wasser und Abwasser, Strom und Kommunikationsverbindungen. Das war perspektivisch gedacht und funktionierte auch wie geplant: Systematisch siedelten sich neue Industrien und viele private Unternehmen an. Heute befinden sich rund um Peking riesige Industrie- und Wirtschaftsgebiete.

Und so geschah es auch in anderen Städten.

Der Ausbau der Infrastruktur in der VR China umfasste die Verbindung der Städte und Industriezentren mit dem Umland: Straßen, Bahnen einschließlich U-Bahnen, Kanalisation, Energieversorgung und Telekommunikation, Parks und Grünanlagen …

Zur Finanzierung dieser Projekte gewährte die staatliche China Development Bank den Provinzen und Städten Kredite mit niedrigen Zinsen und langen Laufzeiten, die ihrerseits an Stadt- und Industrie-Investoren weitergegeben wurden. Als Sicherheit diente das Land.

Die chinesische Regierung hatte einen beschleunigten Ausbau der Infrastruktur initiiert. Dadurch wuchsen die Kredite und stieg die Verschuldung gewaltig an, was westliche Beobachter zu der Annahme verführte, dass der Zusammenbruch der chinesischen Wirtschaft nahe sei und sich damit auch hier die zentralgeleitete kommunistische Wirtschaft als unfähig erwiesen habe.

Sie irrten. Die globale Finanzkrise 2008/09 verlangte große makroökonomische Impulse, die China plötzlich zu liefern imstande war. Die internationale Gemeinschaft lobte zu Recht Chinas Vorgehen. Die chinesische Führung zog aus dieser Erfahrung eine logische und eindeutige Schlussfolgerung: Ihre Interventionen im Finanzsektor erwiesen sich als erfolgreich.

Die VR China hat es vermocht, aus der weltweiten Wirtschaftsgeschichte zu lernen und sich in historisch kurzer Zeit aus einer Werkstatt für die Welt zu einer Gesellschaft zu werden, die das Tempo der technischen und sozialen Entwicklung im 21. Jahrhundert mit bestimmt, vielleicht sogar vorgibt und dabei mit Hilfe der Neuen Seidenstraße andere Staaten mitnimmt, ohne sie ihrer nationalen Besonderheiten zu berauben. Sie lässt diese Staaten ihren eigenen Weg gehen. China gibt keine Werte vor, diktiert keine Lebensformen, verlangt keine Unterwerfung. China liefert Hilfe zur Selbsthilfe.

Hundert Jahre nach der Gründung der KP China 1921 wurde das Ziel – Aufbau einer Gesellschaft mit bescheidenem Wohlstand – erreicht, hundert Jahre nach der Gründung der Volksrepublik 1949 soll der Aufbau eines modernen sozialistischen Landes, das reich, stark, demokratisch, zivilisiert und harmonisch ist, abgeschlossen sein. Xi Jinping sprach von der Erfüllung des chinesischen Traums, von der großen nationalen Renaissance: China, eine mehrere tausend Jahre alte Kulturnation, solle wieder zu alter Stärke finden.

Das geht nicht auf Kosten anderer Völker, sondern nur mit diesen. China lebt mit ihnen unter einem Himmel. Man muss in Harmonie miteinander leben und nicht versuchen, über andere zu herrschen. Nur wenn die gesamte Menschheit am Aufschwung partizipiert, kann sie sich auch gleichmäßig und in allen Teilen der Welt entwickeln.

Da China den Traum nur in einer Welt des Friedens und der weltweiten Kooperation erreichen wird, nur in Harmonie mit allen Menschen und der Umwelt, hat das Land die Neue Seidenstraße in die Verfassung des Landes aufgenommen.

Die deutsch-chinesischen Beziehungen in der subjektiven Sicht eines Politikers

Hans Modrow
Brückenbauer
Als sich Deutsche und Chinesen nahe kamen.
Eine persönliche Rückschau

236 Seiten, brosch.
mit Abb.
15,00 €
ISBN 978-3-947094-87-5

Ein exklusives zeitgeschichtliches Zeugnis. Hans Modrow behandelt die Beziehungen DDR/Deutschland zu China seit 1949 und verknüpft diese mit seinen persönlichen Erinnerungen, die er bei seinen Reisen als Abgeordneter der Volkskammer, des Deutschen Bundestages, des Europa-Parlaments sowie als Vorsitzender des Ältestenrates der PDS bzw. der Partei Die Linke in China gemacht hat. Es gibt keinen vergleichbaren Exkurs über die siebzig Jahre deutsch-chinesische Beziehungen. Der heute 94-jährige Modrow schlägt darin einen speziellen historischen Bogen und folgt damit etwa Helmut Schmidt oder Henry Kissinger, die in ähnlich verständnisvoller Zuneigung zu China standen. Deshalb reisten auch sie so oft ins Reich der Mitte.

Muss man sich vor China schützen?

Uwe Behrens
Feindbild China
Was wir alles nicht über
die Volksrepublik wissen

224 Seiten, brosch.
15,00 €
ISBN 978-3-360-01896-0

E-Book 9,99 €
ISBN 978-3-360-51050-1

China ist heute die zweitstärkste Volkswirtschaft der Welt, nach den USA. In Ökonomie und Ökologie marschiert das Land voran, und auch im Kampf gegen Corona zeigt es sich erfolgreicher als die westlichen Staaten. Der offensichtliche Fortschritt beunruhigt die Konkurrenz, daher ignoriert oder denunziert man ihn lieber. Objektive Berichte und Urteile hierzulande sind rar. Uwe Behrens redet nicht als Europäer über das wachsende Land im Osten, sondern als ein Beobachter, der es von innen kennt. Ist er, wie Helmut Schmidt, der die westliche Überheblichkeit kritisiert hat, ein »China-Versteher«? Bücher, die China erklären, gibt es genug. Mit genauer Kenntnis und Urteilen, die man nicht schon unzählige Male gehört hat, erklärt der Autor das Land nicht bloß, er hilft, es zu verstehen.

edition ost im Verlag Das Neue Berlin –
eine Marke der Eulenspiegel Verlagsgruppe Buchverlage

ISBN 978-3-360-02804-4

1. Auflage 2022
© Eulenspiegel Verlagsgruppe Buchverlage GmbH, Berlin
Alle Rechte der Verbreitung vorbehalten.
Ohne ausdrückliche Genehmigung des Verlages ist nicht gestattet,
dieses Werk oder Teile daraus auf fotomechanischem Weg
zu vervielfältigen oder in Datenbanken aufzunehmen.

Umschlaggestaltung: Verlag, Peter Tiefmann
Druck und Bindung: buchdruckerei.de, Berlin

www.eulenspiegel.com